高职高专旅游与酒店管理专业应用型精品规划教材

旅游市场营销

Tourism Marketing

主　编　王　宁
副主编　邓　迪　李挺山
陈　杨

广东高等教育出版社
Guangdong Higher Education Press
·广州·

图书在版编目（CIP）数据

旅游市场营销/王宁主编. —广州：广东高等教育出版社，2014.2
（高职高专旅游与酒店管理专业应用型精品规划教材）
ISBN 978-7-5361-4801-7

Ⅰ. ①旅… Ⅱ. ①王… Ⅲ. ①旅游市场-市场营销学-高等职业教育-教材 Ⅳ. ①F590.8

中国版本图书馆 CIP 数据核字（2013）第 131984 号

Lüyou Shichang Yingxiao

出版发行	广东高等教育出版社 社址：广州市天河区林和西横路 邮编：510500　营销电话：（020）87553335 http://www.gdgjs.com.cn
印　　刷	广州汉鼎印务有限公司
开　　本	787 毫米×1 092 毫米　1/16
印　　张	12.75
字　　数	295 千
版　　次	2014 年 2 月第 1 版
印　　次	2014 年 2 月第 1 次印刷
印　　数	1~2 000
定　　价	29.00 元

总 序

高等职业教育作为我国高等教育发展中的一个类型，肩负着培养面向生产、建设、服务和管理第一线需要的高素质技能型人才的使命，在我国现代化建设进程中具有不可替代的重要作用。步入21世纪，伴随着我国走新型城市化道路、建设创新型国家等发展战略的实施，高等职业教育迎来了新的发展机遇。在我国经济社会快速发展的过程中，各行业对高素质技能型人才的需求在数量和质量两方面均提出了更高的要求。对旅游业而言，据世界旅游组织预测，到2020年，中国将成为世界第一大旅游接待国和第四大客源输出国，这对旅游与酒店从业人员的素质同样提出了更高的要求。培养高素质、国际化的旅游、酒店服务与管理人才对于高职高专院校来说使命光荣、责任重大。

为了适应现代旅游产业发展对旅游、酒店管理专业人才的要求，进一步提升专业服务产业的水平，满足高职高专旅游与酒店管理专业人才培养和教学改革对教材建设的需要，进一步提高我国高职高专教育教学水平，加强广东省内各高职高专院校及广东省内与省外高职院校之间的交流与合作，根据《国家中长期教育改革和发展规划纲要（2010—2020年）》、《教育部关于加强高职高专教育人才培养工作的意见》等文件精神，广东高等教育出版社精心组织20多所高职院校教学和实践经验丰富的专家学者和旅游与酒店行业的业务骨干，成立了高职高专旅游与酒店管理专业应用型精品规划教材编审委员会，编写了这套高职高专旅游与酒店管理专业应用型精品规划教材。其目的是深入研究当前高职高专教育所面临的形势与任务，优化专业课程体系设置，强化特色教材建设。

基于高素质、技能型、国际化旅游与酒店人才培养的实际需要，我们努力打造一套体现基层服务与管理岗位职业技能要求的优质教材。本套教材凸显了以下几个特色：

一是突出能力本位。在教材内容的取舍上，根据旅游与酒店业相关职业岗位所需的服务与管理技能及职业素养来选择教学内容，以工作项目为导向，以工作任务为驱动，据此来组织编写思路，坚持岗位的针对性，提炼出旅游、酒店业各核心岗位的基本服务程序、服务标准与工作方法，将岗位服务与管理中最基础的能力要求传递给学生。

二是强化技能应用。本套教材力求表达简洁，对工作程序和标准的表述尽量图表化，对于基本工作技能的讲解注重可操作性，做到教、学、做一体，让学生易于理解、掌握和实践。为此，我们在本套教材的模块中设有“任务目标”“案例引入”“提出问题”“相关知识”“特别提示（事前或事后提示）”“知识拓展”“习题与实践”“本模块小结”等栏目，形式生动活泼，内容丰富有趣，以使本教材在学生的学习和教师的教学上，达到实用、好用、管用的效果。

三是注重双语教学。旅游产业的国际化，迫切要求我们培养的专业人才必须具有扎实的语言功底、国际化的服务意识和服务水平。本套教材在编写过程中特别强化了职业岗位英语的训练，并希望通过这套特色教材的编写和使用来切实推动高职高专旅游与酒店管理专业双语教学的实施。

四是结合职业考证。切实贯彻国家关于学历证书与职业资格证书并重的“双证书”制度，兼顾旅游、酒店的课程内容与职业资格考试考核的内容。因此，本套教材既可作为高职高专旅游管理、酒店管理等专业的教学用书，也可作为职业资格培训的教学用书，还可用于旅游、酒店在岗人员业务培训的参考用书。

本套教材是各相关高职高专院校、旅游与酒店行业企业通力合作与集体智慧的结晶。在编写过程中，我们也参考和引用了许多国内外学者的优秀成果，在此深表谢意。由于编者水平、经验所限，本套教材内容如有缺点、错漏，敬请各位专家、高职高专院校的同仁和广大读者给予指正赐教，以便修订时完善。

高职高专旅游与酒店管理专业
应用型精品规划教材编审委员会
2012 年 5 月

前 言

旅游市场营销在高等职业教育旅游管理及相关专业课程体系中占有重要地位。本书紧紧围绕职业教育人才培养目标，对旅游市场营销的工作流程进行了分析，充分开发最新的旅游市场营销的经典案例，贴近旅游行业和旅游企业实际。本书在编写过程中注重“工学结合、项目导向、任务驱动”的教学模式，与同类教材相比，具有以下特点：

1. 框架清晰，结构完整

在保证学科体系完整的前提下，本书充分体现“基础理论必须够用、专业知识重点保证、注重知识运用能力的培养”的原则。全书分为八大模块，从学生对旅游市场营销的认知入手，以完成一份完整的旅游市场营销计划作为归宿，使学生掌握旅游市场营销的相关理论知识，并具备旅游市场营销的实际技能。

2. 设计科学，注重需求

本教材定位于培养旅游专业学生的市场营销能力，参照旅游市场营销的任务和标准设计教学内容，注重培养学生自我学习的兴趣。章节内容以案例导入开始，引发学生的思考，在学习过程中拓展相关专业知识，进行师生互动的案例分析和讨论，有助于提升学生对理论知识的体会和实际技能的运用。

3. 体系创新，知识新颖

本教材克服了以往教材在案例和内容上的滞后性，选取了旅游市场营销最新的案例，体现了时代性。在旅游网络营销模块，加入了最新的“微信营销”和“大数据”等方面内容，有助于学生了解旅游市场营销的前沿和发展动态。

在本书的编写过程中，编者参考了众多专家和学者的相关著作、研究成果，以及大量的优秀教材，在此表示感谢。同时，部分资料来自互联网，在此对有关作者一并表示感谢！

本书编写时间紧张，加之编者水平有限，资料来源不全，难免有疏漏和欠妥之处，甚至可能是比较重要的疏漏或错误，真诚地希望各位专家、同行和读者进行批评与指正，以便修订完善。

编 者

2013 年 12 月

目　　录

模块1　走近旅游市场营销

任务目标

1. 通过学习掌握旅游市场、旅游市场营销等基本概念。
2. 了解旅游市场营销的研究内容及方法，掌握市场营销观念的演变过程。
3. 整体把握旅游市场营销课程的逻辑结构。

项目1　旅游市场与旅游市场营销

案例引入

连州地下河

1. 景区情况及困境

连州地下河位于粤西北最为偏远的贫困山区，地处粤湘赣三省交界之地，距离广州270多公里。长期以来，这里交通不便，人口稀少，经济发展相对落后，直到2002年才开始有旅游公司在此投资兴建连州地下河景区，但由于周边地区缺乏人口密集、经济发达的城市群，景区经营困难重重，直至2011年，连续9年一直处于持续投入却收益甚微的状态。究竟如何通过市场营销策略，摆脱市场困境，走出一条山区旅游发展的成功之路呢？

景区通过市场调研，发现连州地下河景区主要存在以下5个方面的问题：一是区位条件差，景区所在的连州市，市区只有十多万人口，周边地区缺乏散客市场，客源大部分来自珠江三角洲地区的旅行社；二是市场规模小，通往连州的山区公路崎岖难行，交通可进入性太差，导致客流量逐年下降，许多组团社已经取消了这条线路；三是品牌无影响力，景区虽已开业9年，也做过不少市场宣传，但品牌知名度局限于旅行社行业内，散客市场对景区缺乏认知；四是资源普遍性，连州地下河是一个溶洞类型的旅游景区，而溶洞在国内属于遍在性资源，不具有稀缺性和独特性；五是市场无信心，由于溶洞景区属于过气的观光型产品，同时溶洞景区本身难有新意，大多数旅行社对推广连州地下河信心不足。

2. 景区营销分析

连州地下河采取的传统营销手法根本无法推动市场。产品方面，作为开业已经9年的景区，还没经历过市场成长期，就在休闲度假旅游的浪潮裹挟之下，很悲催地步入了市场衰退期。渠道方面，在旅行社眼里，旅游线路就要求新求变，每年必须推陈出新，怎么可能主推老景区呢？价格方面，景区给旅行社的让利幅度已经很大，早已没有降价空间。促销方面，由于周边150公里范围内没有散客市场作为支撑，开展远距离和跨区域的大规模促销，只会事倍功半，无谓地消耗企业资源。

但从大环境上看，连州山奇水秀，而且作为一个边城，具有遥远感和神秘感。这里"十里不同言，邻村不同声"，是全国语言最丰富的地方（有二十六七种方言）；这里民族风情浓郁，是过山瑶的聚居地，同时瑶族布袋木狮舞是全国独一无二的道具舞蹈，属于广东省非物质文化遗产。这里是广东省内的最后一块净土，这些因素，正是连州旅游的核心竞争力。

3. 景区营销策划

在休闲度假游火爆的今天，应该如何通过市场营销战略开发连州呢？答案是激活连州的山水和人文资源，把连州作为一个旅游目的地来打造。让每天生活在灰霾中的都市人来此休闲度假和放松心情。对于每天生活在钢筋水泥丛林中的现代都市人来说，像连州这样的山水生态和人文环境，不正是他们梦寐以求和心驰神往的精神家园和心灵驿站吗？

（1）品牌定位。在产品层面，选择连州地下河景区为主打品牌，在挖掘、提炼和传播价值信号时，引导市场更多地关注景区所处的山水生态和人文环境。同时，通过创建5A国家级旅游景区，将其塑造为国内一线品牌形象，使其与同类景区形成市场区隔；在企业层面，通过对企业价值链的深度挖掘，提炼出一个能够激发市场想象的核心价值信号，面向市场加以广泛传播。将品牌定位为八个字：爱地旅游，完美体验。

（2）渠道创新。所谓的渠道问题，说到底就是一句话：旅行社愿不愿意主推连州旅游。之前旅行社为什么不愿意主推这条线路呢？无非是担心收客困难，无法实现规模盈利。

基于这样的认识，景区在渠道方面做了"三个集中"：一是关键资源向龙头旅行社集中，充分发挥龙头旅行社的市场带动作用；二是优惠政策向专线旅行社集中，让专线旅行社成为突击市场的主要力量；三是广告支持向地接旅行社集中，让地接旅行社协调组团社线路广告投放，这样做既加强了线路广告的市场针对性，又巩固了地接旅行社的行业地位。

并且，景区的营销中心前移至广州，营销人员与客源市场的媒体和旅行社亲密接触，从而实现了景区营销与市场需求的无缝对接。

（3）强势宣传。2011年8月28日，连州地下河被国家旅游局正式评定为5A国家级旅游景区。随即，景区展开了新一轮品牌宣传攻势。具体做法有四个方面：

一是集中资源。景区将全年广告费留到景区获得5A品牌之后，集中在一个多月内全部投放，从而确保五至十倍的资金放大效果。

二是定点引爆。景区选择发行量在华南地区排名第一的《广州日报》，在头版连续推出连州地下河的5A景区品牌广告。同时，以整版广告反复推出"爱地旅游，完美体验"的企业品牌形象，以半版广告对景区价值卖点展开系列诉求，取得了震撼性的市场效果。

三是价值传递。广告创意和设计上突出强调追求完美的企业价值观与5A景区品质之间的内在关联性，从而凸显企业经营的独特性和差异化。

四是借势借力。2012年以来，北京、上海、广州等大都市灰霾天气日益严重，成为全社会最关注的热点话题。于是，景区在2013年春节前以“逃城记”为主题，策划了一组品牌广告，号召大家暂别灰霾笼罩的大都市，去连州“走亲戚”，过大年，徜徉边城，纵情山水，畅享美食。广告投放之后，一石激起千层浪，引起了社会极大的反响，主流媒体和各大旅行社纷纷推出以“逃城”为主题的深度报道和旅游线路，春节期间连州所有酒店爆满。

2012年连州地下河团队人数增长51%，散客人数增长300%，收入增长128%；湟川三峡团队人数增长122%，散客人数增长209%，收入增长251%。在客流量大幅增长的前提下，连州地下河在两年内先后两次提升门票价格，大幅度提高了经营收入，但是旅游市场并未因此出现任何波动。

提出问题

为什么连州地下河在之前的9年一直得不到广东旅游市场的青睐？你认为，旅游市场营销对旅游景点有什么帮助？

我们小组的回答是：____

____

____

相关知识

企业只有一个正确而有效的定义：创造顾客。顾客是企业的基石，是企业存活的命脉，只有顾客才能创造就业机会。社会将能创造财富的资源托付给企业，是为了满足顾客的需求。

作为一名旅游业从业人员，你应该学习旅游市场营销。今天，旅游市场营销已经不仅仅属于旅游企业的其中一个职能，它也是一种经营哲学，一种企业思想方式。“顾客是上帝”已经成为大多数旅游企业的口号，满足顾客的需要是企业的第一任务。为了更有效地为旅游企业所选定的目标顾客服务，各家旅游企业必须提供相应的营销组合，从而比其他竞争企业更能为目标顾客实现价值。

一、市场与旅游市场

在市场经济条件下，从旅游企业到旅游者个人，都与旅游市场有着密切的联系，旅游市场反映着整个旅游行业及其相关行业的商品与服务的交换关系。通过旅游市场，旅游经营者及旅游者不断进行着商品、服务、资金、技术和信息的交换。旅游市场是旅游企业相互联系、相互竞争的传媒，也是旅游企业整体活动的中心。理解市场与旅游市场，对我们更深刻地理解旅游市场营销，有着重要的导向作用。

（一）市场

市场是社会分工的产物，随着社会的发展和社会分工的细化，市场的广度和深度也随之不断发展，不同的人从不同的角度，对市场形成不同的认识。从消费者的角度来看，每天开业的肉菜市场、超市、购物中心等就是市场；而从经济学家的角度来看，市场是商品交换的场所，它反映着买卖双方的供求经济关系。

当代著名市场营销学家菲利普·科特勒（Philip Kotler）把市场定义为“所有实际和潜在购买者的集合”。他从市场营销学的角度给出的市场定义是：市场是由一切具有特定的欲望和需求并且愿意和能够以交换来满足此欲望和需求的潜在顾客组成。

（二）旅游市场

旅游市场的产生是旅游这一特殊的消费活动在商品经济条件下的产物。

广义的旅游市场是指在旅游产品交换过程中反映的各种经济行为和经济关系的总和。旅游的供给者和旅游需求者之间的矛盾运动推动着旅游经济活动的发展。旅游经营者、供应商、中间商和需求者之间的各种关系，也会最终反映在旅游市场上。

狭义的旅游市场是指在一定时间、一定地点和条件下，具有旅游产品购买力、购买欲望和购买权利的群体，也被称为旅游需求市场或旅游客源市场。

旅游市场既是旅游企业生产经营活动的起点，也是终点，是旅游企业与外界建立合作关系、良性竞争关系的传导和媒介，更是旅游企业生活经营活动成功与否的裁判员。如何更好地认识旅游市场、适应旅游市场，是旅游市场营销活动的核心与关键。

旅游市场的发展与经济发展水平、人文地缘关系、旅游市场开发水平及政府旅游政策具有密切的关系。

（三）旅游市场的构成要素

旅游市场由三大要素组成：旅游市场主体、旅游市场客体和旅游市场媒介。

1. 旅游市场主体

旅游市场的主体是旅游者，旅游者是为了满足自身生理和心理的需求，暂时离开常住地，进行旅游、观光、休闲活动的人。我国对旅游者的定义分为国内游客和海外游客两类，国内游客是指任何因休闲、娱乐、观光、度假、探亲访友、就医疗养、购物、参加会议或从事经济、文化、体育、宗教活动而离开常住地到我国境内其他地方访问，连续停留时间不超过6个月，并且访问的主要目的不是通过所从事的活动获取报酬的人。国内游客也分为国内旅游者（过夜游客）和国内一日游游客两类。而海外游客是指来我国大陆观光、度假、探亲、会议或从事政治、经济、文化、体育宗教活动的外国人、华侨和港澳台同胞。

要成为旅游者，必须具备以下三个条件：一是有旅游的费用，决定一个人能否实现旅游的收入水平实际上指的是可随意支配收入的水平，可随意支配收入水平的高低影响着旅游者旅游消费水平的高低。二是要有闲暇时间，闲暇时间一般指周末、节假日和休假，闲暇时间的长短直接影响到旅游者的旅游距离和逗留时间。三是有旅游的欲望，如果已经有了旅游的费用和闲暇时间，但没有旅游的欲望，可能就会把费用和时间用在其他方面，例如到电影院去看电影、逛街购物、聚餐等。旅游的费用和闲暇时间是成为旅游者的物质基础，而旅游的欲望是决定旅游的关键因素，三者互相联系，缺一不可。

2. 旅游市场客体

旅游市场的客体是旅游资源。旅游资源指一切对旅游者构成吸引力的自然景观和人文景观等因素的总和。旅游资源一般可分为自然旅游资源、人文旅游资源以及自然与人文结合的旅游资源。

自然旅游资源又称自然风景旅游资源，指能使人们产生美感或兴趣的、由各种地理环境或生物构成的自然景观，如山地景观、喀斯特地貌、海洋、河流、湖泊、极光、云海等。

人文旅游资源又称人文景观旅游资源，指由各国各民族在漫长历史过程中所形成的各种社会环境、历史文物、文化艺术、民族风情等精神与物质财富，如古代建筑、历史文化名城、历史遗址、民族节日、民族风情、饮食等。

只有将人文旅游资源与自然旅游资源结合起来，才会有更强的旅游吸引力。如我国泰山、黄山、武夷山等景点被列入联合国文化和自然双重遗产，每年吸引着大量的中外游客前来参观。

3. 旅游市场媒介

旅游市场媒介主要指的是旅游业，旅游业是指直接或间接向旅游者提供服务的行业，是凭借旅游资源和设施，专门或者主要从事招徕、接待游客，为其提供交通、游览、住宿、餐饮、购物、文娱等六个环节的综合性行业。旅游市场媒介是旅游市场主体与旅游市场客体发生联系的桥梁，它为旅游者实现旅游愿望提供了可能。

（四）旅游市场的特点

旅游市场虽然具有一般市场的共性，但是旅游作为一类特殊商品，旅游市场又具有以下四个特点：

1. 旅游市场的季节性

第一，旅游者旅游闲暇时间分布的不均衡形成了旅游市场的淡季与旺季。旅游者一般利用节假日及带薪假期外出旅游，但由于带薪假期的长短不同，因此不同时期的客流量也有明显的差异。如我国国庆“黄金周”假期是旅游的旺季，各地旅游市场均呈现出“井喷”的特征。相反，在“黄金周”过后，旅游者大幅减少，市场经营竞争程度加大，旅游市场进入淡季。

第二，旅游目的地国家以及地区自然条件、气象条件的差异，造成旅游市场产生季节性。一般来说，每年的6—9月为温泉旅游区的淡季，由于天气炎热，较少旅游者光临温泉旅游区，形成淡季。而进入10月以后，气温开始下降，温泉旅游区旅游者增加，旺季来临。

2. 旅游市场的多样性

我国随着经济的发展和人民生活水平的进一步提高，旅游消费水平由低级向高级发展，旅游消费结构呈现多元化的状态。由于旅游者的消费受多种因素影响，所以旅游者的需求也存在着差异。这些因素可分为两大类：一类是外界因素，如政治因素、经济因素、文化因素、相关群体因素、企业营销策略因素等；另一类是旅游者的自身因素，由于旅游者的社会经历、经济收入、个人兴趣爱好、受教育程度、职业、性别等的差别，旅游者表现出不同的市场需求，这种市场需求随着旅游者需求的变化而变化，并呈现出多样性。

旅游市场的多样性主要表现在旅游产品种类的多样性、旅游购买形式的多样性及旅游交换关系的多样性等方面。

3．旅游市场的波动性

旅游市场的波动性起源于旅游需求和旅游供给两个方面。由于旅游是人们的一种高层次需求，各种因素都会影响着旅游需求的变化，从而使旅游市场具有较强的波动性。如社会经济、政治、战争等任一因素的影响，都会引起旅游市场的波动。

4．旅游市场的全球性

旅游市场的发展经历了一个由国内向国际的发展过程。由于早期人们的旅游活动是在国内不同地区间进行的，所以旅游市场最初是在一个国家的范围内形成的。第二次世界大战之前，由于邻近国家经济贸易关系的发展，促进了区域性旅游市场的出现，如欧洲与北美洲之间的旅游活动。第二次世界大战之后，生产力的提高、长距离旅游交通条件的改善和全球社会经济的发展，使国际旅游市场、旅游活动及区域性旅游市场经历变化，旅游活动扩展到全球范围，促使旅游市场全球性形成。

因此，现代旅游市场是一个以全球为活动范围的统一的国际旅游市场，在这个旅游市场上，旅游者的足迹遍布世界的各个地区和绝大多数国家，而世界各国也都积极支持和鼓励旅游业的发展。

（五）现代旅游产业部门

现代旅游产业部门由多个相关产业部门组成，这些产业部门分别是旅游酒店、旅游景点、旅行社、旅游交通及政府机构。

1．旅游酒店

旅游酒店（也称“酒店业”）在现代旅游经济中起着重要的作用。第一，酒店业是旅游业发展的物质基础。酒店发展到今天，已不再是仅限于提供食宿的场所，而是已经成为一种专业化、多功能化的商业性综合接待企业，为旅游业的发展提供了重要的物质基础。酒店的数量和服务质量往往是衡量一个国家或地区旅游业发展水平的重要尺度。第二，酒店业是旅游创收的重要基地。旅游者在目的地逗留期间需要住宿和用餐，食宿消费是旅游者的基本消费。因此，酒店业也就成为旅游业中的重要创收渠道。第三，酒店业是地区发展和创造就业的重要促进者。酒店的建造和经营为建筑业及其他有关行业发展提供了业务市场。酒店的设备、家具和陈设品由众多的制造商提供，酒店的食品、饮料及其他消费品需要由当地农业、水产业、食品饮料业以及煤、水、电等供应企业提供。因此，除了直接就业于酒店的人之外，酒店还为受雇于向饭店供应物资的行业的人带来了间接的就业机会。第四，酒店是旅游和社交活动的重要场所。在很多地区，特别是一些著名的疗养胜地，酒店在一定程度上已成为吸引游客的重要旅游吸引物。

2．旅游景点

旅游景点往往是旅游者来访的对象物，是旅游业的重要组成部分。旅游业的发展必须有丰富的旅游景区。旅游景区是旅游业的基础产业部门，是一个国家或地区旅游业赖以生存和发展的最基本条件。旅游景区主要通过向旅游者提供层次丰富、形式多样的各类旅游产品和服务，以满足人们多层次的精神需要。

3. 旅行社

旅行社在旅游经营活动中起到以下作用：第一，旅行社是旅游业各项产品的组织销售者；第二，旅行社是旅游者和旅游企业之间的媒介和协调者；第三，旅行社是旅游者顺利完成旅游计划的执行者。

4. 旅游交通

旅游交通，常被称为旅游业发展的命脉。现代旅游之所以发展成为世界性、大众性的活动，一个重要的原因是现代交通的发展。旅游交通解决了旅游者在定居地与旅游目的地之间的往返、从一个目的地到另外一个目的地，以及在一个目的地内的各地区间便利往来等问题。旅游交通包括航空运输、铁路运输、公路运输、水上运输、市内交通以及辅助性交通等。旅游者对于交通运输的普遍要求是安全、便利、快速、高效、舒适、经济。

一方面，旅游交通对旅游业的发展有着决定性的影响，旅游交通可以扩大旅游沿线城市的旅游市场需求，增加沿线城市之间的旅游流动并且增加沿线旅游产品的供给。而另一方面，旅游业的广泛开展，又对交通业的发展起着推动作用。

5. 政府机构

政府机构负责协调各地旅游企业协调发展，并对旅游业的发展进行干预，防止旅游发展为当地经济和居民生活带来负面的影响。我国的旅游行政组织主要包括国家旅游局，省、自治区和直辖市旅游局以及省级以下的地方旅游行政机构。全国性的旅游行业协会主要包括中国旅游协会、中国旅行社协会、中国旅游饭店协会、中国旅游车船协会等。

二、市场营销与旅游市场营销

市场营销是20世纪初起源于美国的一门新兴学科，美国企业管理大师彼得·德鲁克认为，市场营销最早于1650年前后产生于日本，19世纪中叶美国开始出现市场营销。美国作为市场营销的发源地，在1915年成立了全美广告协会，1931年成立专门讲授和研究市场的美国市场营销学会（AMS），1937年以上两大组织合并成为美国市场营销协会（AMA），并在全国几十个州设立分会。这些组织的成立，通过理论与实践相结合，丰富了营销理论，极大地促进了市场营销及市场营销学在美国的发展。

市场营销作为推销商品的手段和形式在我国自古有之。《易经》中所讲的“日中为市，致天下之民，聚天下之货，交易而退，各得其所”，就是对中国古代市场及其活动的具体而生动的描述。1978年开始，中国走上了改革开放的发展道路，开始重视发展商品经济和市场经济。由于市场营销适应商品经济发展的要求，与市场经济发展相辅相成，因而市场营销在中国才开始得到广泛的应用和发展。

在旅游企业管理活动中，市场营销是旅游企业整体活动的中心，市场营销部门是旅游企业的重要管理部门，因此，如何去认识市场、研究市场、适应市场乃至主动地驾驭市场，是旅游企业生产和发展时必须面临的首要问题。

（一）市场营销的概念

市场营销是与市场有关的人类活动，即以满足人类各种需要和欲望为目的，通过市场，变潜在交换为现实交换的活动。美国市场营销协会在2004年对市场营销的最新定义是：市场营销是一项有组织的活动，它包括创造“价值”，将“价值”通过沟通输送给顾客，以维系管理公司和顾客之间的关系，从而使公司及相关者收益的一系列过程。而菲利普·科特勒则认为市场营销是个人或组织通过生产和制造并同别人或其他组织交换产品或服务以满足需求和欲望的一种社会和管理过程。

市场营销是从生产前设计到售后服务的全面管理过程，包括营销分析、规划、执行和控制等工作，因而，市场营销又被称为营销管理。

（二）旅游市场营销的概念

旅游市场营销，是指以旅游消费需求为导向，进行旅游企业高效运营，提高旅游者满意度，实现企业经济效益和社会效益协调统一的活动。它以旅游者需求为中心，适应旅游市场环境的变化，实现旅游商品价值的交换。

旅游市场营销的概念有以下三重定义：

（1）旅游市场营销是一种活动，这种活动追求企业的高效运营、提升旅游者满意度和实现企业经济和社会效益协调统一。

（2）旅游市场营销是以旅游者需求为中心、旅游者消费需求为导向的。

（3）旅游市场营销可以在适应旅游市场环境变化的基础上，实现旅游商品价值的交换。

项目2　市场营销观念的发展

案例引入

酒店营销理念和方式面临变革

记者从日前在重庆召开的第六届中国会议经济与会议酒店发展大会上获悉，伴随着互联网和移动互联网的发展，酒店的营销理念和营销方式正面临变革。在新的营销环境下，如何争取更多的市场份额，如何看准趋势在营销方式上破旧出新，成为业内讨论的焦点。

利用新媒体搭建新渠道是必然趋势。截至2012年12月底，在网上预订过机票、酒店、火车票和旅行行程的中国网民达到1.12亿，占总网民比例的19.8%。其中，9.0%的中国网民在网上预订过机票，14.0%在网上预订过火车票，7.2%在网上预订过酒店，5.4%在网上预订过旅行行程。“互联网和移动互联网的出现，使酒店营销进入了前所未有的新时代。”华美酒店顾问机构首席知识官赵焕焱认为。

“你的客人都在互联网和移动端，你的营销自然也要针对互联网和移动端。”腾讯移动生活电商旅游事业部总经理荣强表示，利用新媒体搭建新渠道是必然趋势。德比软件（上海）有限公司总裁张焕杰则表示国外酒店对于网络营销相当重视，“纽约华尔道夫酒店为一个Google点击支付25美金，由此可见一斑”。

而据中国移动互联网产业联盟副秘书长杨晓明介绍，传统媒体内容由媒体向用户传播，单向流动。而基于网络的新媒体则实现了媒体和用户之间的双向交流，这是新媒体的一个重要特点。此外，大部分新媒体都具有强大的连通性，可将多种媒体融合到一起。

所以，酒店营销如果能利用好新媒体，将为销售带来极大便利。

安鹏投资咨询（上海）有限公司 PKF 合伙人梁兆华表示，中国独立酒店品牌达到77%，而美国的连锁酒店品牌占了大部分。相对于国外的酒店销售而言，国内单体酒店的营销压力较大。赵焕焱对此表示赞同："单体酒店联盟或将成未来发展的趋势，这样可以集中资源，聚集大家之力做好新的营销渠道。"

"网络评价对酒店的销售影响也很大。"慧评网销售总监葛秉杰表示，酒店的点评数据正越来越多，前面20年的累计数量和最近18个月的差不多。他认为，网络点评直接影响客户预订，一条不好的微博和点评甚至可以影响酒店10个月。葛秉杰认为，酒店可将顾客夸赞的点评转发到微博、微信、官网等平台上，从而吸引更多的消费者。

（资料来源：陈静，中国旅游报，2013－11－20）

提出问题

1. 你认为如何才能利用好互联网和移动互联网实现销售业绩的新突破？
2. 现代饭店业的营销理念，经历了怎样的发展历程？

我们小组的回答是：____

____

____

相关知识

市场营销观念是一种企业经营的哲学，是企业对待市场和顾客的态度，是支配企业开展经营活动的基本指导思想，因此也被称为市场营销哲学。市场营销观念的正确与否，直接决定企业经营的兴衰成败。

市场营销是为了在目标市场上达到预期的交换目的而做出的努力，那么在不同的经济发展阶段，指导市场营销进行运行的观念应有所不同。在市场营销发展的历史上，曾经出现过五种不同的营销观念：生产观念、产品观念、销售观念、营销观念和社会营销观念。

一、以产品为核心的观念

以产品为核心的经营观念，在于旅游企业以旅游产品为经营核心，以增加产品供给、提升产品质量和推销产品为主要任务的经营哲学，包括生产观念、产品观念及推销观念。

（一）生产观念

生产观念是指导销售的最古老的观念。以生产观念为指导的企业行为以生产为核心，致力追求更高的生产效率和更广的分销范围，"以产定销"，以此来促进企业的发展。生产观念的出现有着特定的历史背景，一是供不应求的市场，消费者对产品的优劣不太在意，生产商只要提高产量就可以在市场上获得较大的效益。二是经营成本太高，必须提高劳动生产率来实现市场的扩大。换句话说，市场的主要问题在于产品的有无和价格的高低，消费者关心的问题是是否买得到和买得起。在这个市场阶段，生产观念有其存在的价值。

生产观念主要表现为重生产轻营销，重产量轻质量。旅游企业把主要的精力放在产品的生产方面，追求高效率、大批量、低成本的生产，忽视市场需求的差异化。旅游企业的管理以生产部门为主。例如我国一年一度的春运期间，交通运输紧缺，此时，交通运输公司只需加开临时班车，无需过多考虑其他附加服务，只要能满足旅游者回家过春节的需求，就能最大限度地获得企业利润。

（二）产品观念

随着生产的发展，产品生产规模不断扩大，供不应求的紧张局面得以缓解，旅游者有较多的旅游产品可供选择。这时，主要指导旅游企业的营销观念是产品观念。产品观念认为，只要提高产品质量，提升产品特色，就能顾客盈门。各家旅游企业均开始重视产品的质量、功能和特色，致力于提高产品质量，增加产品功能，不断改进产品，使产品尽可能地达到尽善尽美，如全新的飞机、新型的列车、新的线路等。

但在现代市场经济条件下，卖方竞争激烈，即使再好的旅游产品，没有适当的营销，通向市场的道路也不会是平坦的。产品观念很有可能导致“营销近视症”，过分重视产品而忽视顾客的需求，即使产品很优秀，但企业仍有可能经营失败。营销专家麦肯锡指出：“销售一种产品比制造他们要复杂得多，因此，不应该过分夸大生产的作用。”

（三）推销观念

当旅游产品的供给大量增加，旅游企业担心的不再是酒店、景点和交通设施能否有足够的能力来满足顾客，而是旅游企业是否能够找到足够的顾客进行消费，推销观念就此产生。

旅游企业认为，如果企业不进行大量的推销，消费者就不会对他们的产品进行购买。所以，旅游企业必须要有一套有效的推销方法来刺激消费者，奉行推销观念的企业强调他们的产品是“被卖出去的”，而不是顾客主动“买去的”。

推销观念仍然是一种“以产定销”的营销观念，旅游企业还是根据自己的条件来决定生产什么旅游产品，以及生产多少旅游产品，所不同的是，旅游企业开始关注旅游者、寻找旅游者，并设立销售部门来推销旅游产品。在销售时期，制造商们认为商务成功依靠的是比竞争对手更有效的推销，企业强调的是产品的推销。

以产品为核心的观念，始终没有摆脱以产品为中心、以企业生产为中心的经营观念，在一定的经济发展阶段，也能为旅游企业产生一定的效益。随着社会经济的发展，市场竞争越来越激烈，旅游企业需要逐步将经营的重心放到研究顾客需求，推出符合顾客需求的旅游产品上来。

二、以顾客需求为出发点的观念

以顾客需求为出发点的观念，是一种全新的生产经营指导思想，是一种以顾客的需要为导向的经营哲学。它以旅游企业整体营销活动为基础，目的在于通过满足顾客的需要，提升顾客的满意度和忠诚度，实现旅游企业盈利的目标。以顾客需求为出发点的观念包括市场营销观念和社会营销观念两类。

（一）市场营销观念

旅游企业在经营过程中，面对旅游产品严重供过于求、市场竞争异常激烈的状况，纷纷转变观念，引入市场营销观念，以旅游者的需求为中心来开展各项经营活动。市场营销观念是以市场需求为中心，以研究并满足市场需求为重点的新型营销观念，同推销观念相比具有很大的差别。市场营销观念认为：达到旅游企业经营目标的关键在于正确确定目标市场的需要和欲望，消费者才是市场的主题，决定提供旅游产品的主导权在于消费者。

由于市场营销观念是以满足顾客需求为出发点的，即“顾客需要什么，就生产什么”，旅游企业的出发点不像以前那样以企业的产品为中心，而是以顾客的需求和欲望为出发点。满足顾客的需要和欲望是市场营销观念的核心，它实现了顾客满意及企业长期盈利的整合。

推销观念与市场营销观念有所类似，但在企业的实施过程中，却存在着很大的差别。

第一，推销观念的产生是因为企业中生产的产品过剩，要通过推销卖掉这些产品；而市场营销观念则是按照顾客的欲望和需求来设计并生产产品，再针对目标顾客进行销售。

第二，推销观念始终以本企业产品为中心，而市场营销观念是以市场中的顾客为中心。

第三，推销观念只着眼于每一次的交易，只要每一次企业能把产品卖掉就是了，而市场营销观念着重于培育市场。

第四，推销观念是通过扩大销售来获得利润的，而市场营销观念则是通过顾客多次购买产品来获得利润的。

表1－1　推销观念与市场营销观念对比表

项目	出发点	中心点	导向	方法手段	经营目标
推销观念	企业已有产品	企业	产品	推销与促销 （着眼于每次交易）	扩大销售获得利润
市场营销观念	企业目标顾客的欲望和需求	市场	顾客	整体营销 （着眼于整体市场）	通过顾客满意获得利润

虽然在市场营销中也有推销手段，但一般认为，企业不应该反对在市场营销中的推销手段，而是反对以推销观念为企业经营的出发点。

（二）社会营销观念

社会营销观念，就是不仅要满足消费者的需要和欲望，而且要符合消费者自身以及整个社会的长远利益。要正确处理好消费者的欲望与利益和社会长远利益之间的矛盾，实现科学发展和可持续发展。

例如，一些旅游企业打着“以旅游消费者的需求为中心”的幌子，不顾社会的整体利益，过度开发旅游资源，严重地污染环境。由此造成社会资源的巨大浪费，旅游地环境被严重破坏，当地利益被严重侵害的现象。为了解决这些日益严重的问题，社会营销观念主张旅游企业的营销活动不仅要满足旅游者的欲望和需求，而且要符合旅游者和全社会的长远利益，要由“以旅游者为中心”转变为“以社会为中心”。社会营销观念认为，旅游企业决策者在确定经营目标时，既要考虑市场需求，同时要注意消费者的长远利益和社会福利。通过有效社会营销手段，保证旅游企业长期盈利，实现旅游企业营销部门与其他部门的有效整合。

知识拓展

菲利普·科特勒——现代营销学之父

菲利普·科特勒是现代营销的集大成者，被誉为“现代营销学之父”“20世纪50位最佳管理大师之一”。他是美国营销协会第一届“营销教育者奖”的获得者，也是至今唯一一个3次获得过《营销杂志》年度最佳论文奖——阿尔法·卡帕·普西奖的人。他创造了一套完整的现代营销管理理论，为美国超大型跨国企业的成长做出了巨大的贡献，被美国销售业协会描述为有史以来最具影响力的营销人员。

菲利普·科特勒说，营销是联结社会需求和产业运作的纽带。营销远不止销售，它应该是一种使消费者和公司共同受益的社会行为。满足消费者需求在任何管理的优先次序中都必须居首位。科特勒的《营销大未来》（原名《社会营销》）一书将营销理念从生产观念、产品观念、营销观念最终推进到社会营销阶段。在经济日益全球化、世界更趋多极化的今天，人们看到的是这样一幅景象：环境严重恶化、资源日益短缺、人口急剧增长、全球经济紧缩、社会达尔文主义盛行、公共服务水平下降、艾滋病蔓延、电子垃圾花样百出，等等，所有这些都是社会营销学面临的课题。科特勒提出的社会营销观念，将营销推进到了一个更高的层次。

在中国市场全面向买方市场过渡的情况下，科特勒的营销理论对推动营销普及和企业营销水准的提升发挥了重大作用。如今，顾客需求、顾客价值、顾客忠诚、整合营销、营销定位、全球营销等概念在国内已经流传得很广，并逐步深入人心，许多企业已经或正在向“顾客导向型”企业转变，一批优秀的企业在全面提升营销能力后已经成功走向了国际市场。

科特勒对市场营销和管理的贡献大致可以分为三方面：第一，他提升了营销的重要性，将它从一个次要行为转变为一个更为重要的生产活动，在这方面，他的贡献超过了其他任何作家和学者；第二，他延续了彼得·德鲁克开创的观点，把重点从价格和分配转移到一个更大的领域，即满足消费者需要和一种产品或服务所产生的利润；第三，他将营销的概念从单纯销售扩大到一个更笼统的传播和交换的过程。

项目3　旅游市场营销学及其内容体系

案例引入

市场的进化，引发营销的进化

自从营销大师菲利普·科特勒创立了营销理论之后，全球对于营销实践和营销理论的探索每天都在发生翻天覆地的更新和改变。这本是营销学的进化的必然结果。单单中国就诞生了100种以上的营销理论和营销学说。而且，营销的实战，每天都在让人们的营销理论和实践活动变得丰富。

在营销学说和营销理论日渐更新的过程中，无论是学院派的不断总结和提升，还是实战派的经验积累和应用创新，我们不会轻易地厚此薄彼。因为同样是营销从事者，贡献只是角度不同，仅仅由经验的积累，而没有质的飞跃，营销只会陷入简单的经验主义；同样，仅仅照本宣科的拿理论来指挥实践，一切又会陷入纸上谈兵的怪圈。对于营销学，理论和实战同等重要，缺一不可。

当谈到传统营销学的贡献时，我们能够举出太多的例子来，但是对于众多的国内企业而言，许多人按照传统营销理论和传统营销专家的指导去做了，却没有挖掘到可观的预想的金矿，反而最后把整个企业都赔了进去！所以，残酷的现实告诉我们，对于企业而言，能够拯救我们的不是百科全书，当然也不是没有任何指导思想的误打误撞。瞎猫碰到死老鼠并非不存在，只是再好的狗屎运，也不能保证你能够把把赢了！

（资料来源：E营销，http://www.eyingxiao.com/article-283-1.html）

提出问题

你认为市场营销学的理论体系是怎样的？你听说过哪些著名的营销理论？请举例说明。

我们小组的回答是：____

____

____

相关知识

旅游市场营销学是一门揭示与探讨旅游市场营销及其规律的科学，是对旅游企业市场营销活动的理论性总结，是一门系统研究旅游市场问题的独立经济学科。

旅游市场营销学的主要研究对象是旅游企业，主要研究怎样摸透市场变化的规律以及如何有效地充实和管理市场营销活动。具体说来就是旅游企业如何识别、分析评价、选择和利用市场机会，从满足目标顾客需求出发，有计划地组织旅游企业的整体活动，通过交换，将产品从生产者手中转到消费者手中，以提高旅游企业的经济效益，求得生存与发展，实现营销目标。

一、旅游市场营销学的发展简史

1. 旅游市场营销学的导入阶段（20世纪60—70年代）

旅游市场营销学的导入阶段主要研究旅游产品与有形实物产品的异同、旅游的特征、旅游市场营销学与原有市场营销学研究角度的差异。

2. 旅游市场营销学的理论探索阶段（20世纪80年代初中期）

旅游市场营销学的理论探索阶段主要探讨旅游的特征如何影响消费者购买行为，尤其集中于消费者对旅游服务的特质、优缺点及潜在的购买风险的评估。代表性的学术观点有：

（1）旅游服务的顾客评估如何有别于有形产品评估；

（2）如何依据服务的特征将服务划分为不同的种类；

（3）可感知性与不可感知性差异序列理论；

（4）顾客卷入服务生产过程的高卷入与低卷入模式；

（5）旅游营销学如何跳出传统的市场营销学的范畴而采取新的营销手段等。

3. 旅游市场营销学的理论突破及实践阶段（20 世纪 80 年代后期开始）

旅游市场营销学的理论突破及实践阶段主要研究以下问题：

（1）提出服务营销概念，并指出服务营销应包括 7 种变量组合，即在传统的产品、价格、分销渠道和促销的 4Ps 组合之外，再加上人、服务过程和有形展示 3 个变量，从而构成 7Ps 服务营销组合。

（2）由人（顾客和企业员工）在推广服务以及生产服务的过程中所扮演的角色，衍生出服务营销两大领域的研究，即关系营销和服务系统设计。

（3）强调加强跨学科研究的重要性。

（4）研究一些特殊的服务营销问题。

表 1－2　市场营销学理论发展一览表

年代	新概念	提出者
20 世纪 50 年代	市场营销组合 产品生命周期 品牌形象 市场细分 市场营销观念 营销审计	尼尔·鲍顿 齐尔·迪安 西德尼·莱维 温德尔·史密斯 约翰·麦克金特立克 艾贝·肖克曼
20 世纪 60 年代	“4P”组合 营销近视 生活方式 买方行为理论 扩大营销	杰罗姆·麦克锡 西奥多·莱维特 威廉·莱泽 约翰·霍华德 杰克逊·西斯 西德尼·莱维 菲利普·科特勒
20 世纪 70 年代	社会营销 减低营销 定位 战略营销 服务营销	杰拉尔德·泽尔曼 菲利普·科特勒 西德尼·莱维 菲利普·科特勒 阿尔·赖斯 波士顿咨询公司 林恩·休斯塔克

续上表

年代	新概念	提出者
20世纪80年代	营销战 大市场营销 内部营销 全球营销 关系营销	雷维·辛格 菲利普·科特勒 克里斯琴·格罗路斯 西德尼·莱维 巴巴拉·本德·杰克
20世纪90年代	网络营销 差异化营销 绿色营销 3R营销 客户关系管理 文化营销 整合营销	葛斯·哈泊 赫海凯特

二、旅游市场营销学的研究内容

旅游市场营销学主要研究旅游企业如何根据旅游市场变化的规律来实现有效的经营管理工作和市场营销活动管理工作。具体来说，就是旅游企业如何识别、分析评价、选择和利用市场机会，从满足目标顾客需求出发，有计划地组织企业的整体活动。旅游市场营销学研究的中心内容是顾客及其需求，研究的具体内容包括市场营销理论、市场营销战略与策略、市场营销方法与技巧，主要研究以下三类问题：第一，国际旅游业对市场营销学的研究；第二，我国旅游企业市场营销观念的转变；第三，旅游企业市场营销的步骤。

三、旅游市场营销学的发展

（一）传统营销理论

传统营销理论经过长期的发展，已经形成比较扎实的理论和实践基础，消费者已经习惯这种固定的模式。传统营销理论一般指由迈卡锡教授提出的4Ps组合，即产品、价格、渠道和促销组成的营销组合及其后续发展的4Cs、7Ps营销组合，有以下三个显著特点：

第一，营销组合指的是企业可以控制的各种因素的组合。影响市场活动的因素很多，大体上可以分为可控因素和不可控因素两大类。不可控因素即市场环境，是指企业不能完全控制或完全不能控制的外部环境。可控因素是指企业为了达到市场营销目标，针对不同的市场营销环境所采取的能满足目标市场需求的营销手段。

第二，营销因素是一个动态组合。之所以说营销因素是一个动态组合，是因为在实际的营销过程中，营销组合不仅要受到企业自身资源条件和目标的影响和制约，还要受到企业外部营销环境，尤其是宏观环境的影响和制约。

第三，营销因素是一个多层次的组合。四大营销策略是个大组合，各种营销策略内部又包含着许多具体的营销因素，这就形成了四个更小的系统组合或者叫次组合，如果在每个营销策略包含的许多具体因素中选择四个因素，总共就会有16个因素，组成四个次组合。围绕目标市场，企业的营销活动就会形成一个开放的系统。企业可以从各种组合中选择最佳组合，以适应外部环境和目标市场的要求。

1. 4Ps营销组合理论

通常所说的4Ps营销组合理论是指商品（product）、价格（price）、分销（place）及促销（promotion）四大营销因素的组合。由于上述四个因素都是由“P”开头，所以被统称为4Ps。1960年，4Ps营销组合理论由杰罗姆·麦卡锡（E. Jerome McCarthy）在《基础营销》（*Basic Marketing*）一书中第一次提出。他将企业的营销要素归结以上四个基本策略的组合。在企业的营销管理中，要针对以上四种基本手段进行最优化的组合。

（1）商品是指企业提供给目标市场的商品和劳务的组合，包括产品的质量、特点、式样、品牌、包装、服务等。

（2）价格是指提供给顾客的产品价格，包括产品的基本价格、折扣、付款时间、信贷条件等。

（3）分销是指企业为了使其产品进入和达到目标市场所进行的种种活动，包括销售方式、储存措施、运输条件、库存控制等。

（4）促销是指企业宣传、介绍其产品的种种活动，包括人员促销、广告、公共关系、营业推广等。

4Ps营销理论的提出奠定了管理营销的基础理论框架。该理论以单个企业为分析单位，认为在企业外部及内部存在着两种影响企业营销活动的因素：一种是企业不能够控制的，如政治、法律、经济、人文、地理等环境因素，称之为企业不可控因素，这也是企业所面临的外部环境；另一种是企业可以控制的，如生产、定价、分销、促销等营销因素，称之为企业可控因素。

企业营销活动的实质是一个利用内部可控因素适应外部环境的过程，即通过对产品、价格、分销、促销的计划和实施，对外部不可控因素做出积极动态的反应，从而促成交易的实现和满足个人与组织的目标，用科特勒的话说就是“如果公司生产出适当的产品，定出适当的价格，利用适当的分销渠道，并辅之以适当的促销活动，那么该公司就会获得成功”。所以市场营销活动的核心就在于制定并实施有效的市场营销组合，企业的一切营销运作都应该是围绕着4Ps进行。企业通过四个因素的协调发展，提高企业的市场份额，达到获利的目的。

2. 4Cs营销组合理论

市场营销理论发展到20世纪90年代，随着消费者个性化日益突出，加上媒体分化、信息过载，传统的4Ps营销组合理论逐渐被4Cs营销组合理论所挑战。从本质上讲，4Ps思考的出发点是以企业为中心，是企业经营者要生产什么产品、期望获得怎样的利润而制定相应的价格、要将产品以怎样的卖点进行传播和促销并以怎样的路径选择来销售。在这一系列的营销组合中，忽略了顾客作为购买者的利益特征，忽略了顾客是整个营销服务的真正对象。

以客户为中心的新型营销思路的出现，使以顾客为导向的营销理论不断出现。1990年，美国学者劳特朋（Lauteborn）教授提出了与4Ps相对应的4Cs理论。

4Cs 营销组合理论的核心是顾客战略。而顾客战略也是许多成功企业的基本战略原则，如，沃尔玛提出“顾客永远是对的”的基本企业价值观，酒店业中强调“顾客是上帝”的经营理念。4Cs 营销组合以顾客为中心进行企业营销活动规划设计，从产品到如何实现顾客需求（consumer's needs）的满足，从价格到综合权衡顾客购买所愿意支付的成本（cost），从促销的单向信息传递到实现与顾客的双向交流与沟通（communication），从通路的产品流动到实现顾客购买的便利性（convenience）。

（1）顾客需求。

顾客需求有显性需求和潜在需求之分。4Cs 营销的首要任务是要研究客户需求，发现其真实潜在需求，通过制定相应的产品战略，影响企业的生产过程。换句话说，就是先把企业原有产品放到一边，首先对消费者的需求与欲望（consumer's want and needs）进行研究，生产并售卖消费者想购买的产品。

（2）顾客成本。

顾客成本是顾客购买和使用产品所发生的所有费用的总和，除了产品价格之外，还包括购买和熟练使用产品所发生的时间成本、学习成本、机会成本、使用转换成本、购买额外配件或相关产品的成本付出的统和。对于这些成本的综合考虑，更有利于依据目标客户群的特征进行相关的产品设计和满足顾客的真实需要。

（3）顾客沟通。

顾客沟通强调顾客在整个过程中的参与和互动，并在参与互动的过程中，实现信息的传递以及情感的联络。一方面，顾客沟通要选择目标客户经常接触的媒介管道；另一方面，由于现代社会信息爆炸，消费者每天所接触的信息来源非常广泛，单向的信息传递会由于消费者的信息接收过滤而造成传播效率低下。而顾客沟通强调的客户参与，则使顾客在互动的过程中对于信息充分接收并产生记忆。

由顾客沟通体验营销就是客户在体验的过程中，了解产品与自身需求的契合，发现产品的价值所在，并在无形中领悟品牌文化，在潜移默化中达致心理的感动。而体验的过程中，顾客的心声被企业接纳，又成为下一次创新的方向。以顾客为导向才更能使企业实现竞争的差异性和培养企业的核心竞争能力。

（4）顾客便利。

顾客便利的目标是通过缩短顾客与产品的物理距离和心理距离，提升产品被选择的几率。顾客便利是顾客在购买过程中感受的一种应急性、即时性、方便性的心理比较状态。顾客实际购买过程的每个环节都存在着顾客对购买便利性的心理预期，如果顾客在与目标产品接触中的便利性大于预期便利，则顾客感受到了购买便利；反之，则顾客没有感受到购买便利。

第一，顾客便利与顾客购买过程有着紧密的联系。

第二，顾客便利并不是能够看得到的实实在在的有形商品，而是通过购买及消费之后才能够感受到的服务，它与顾客的心理活动过程有着紧密的联系。

第三，顾客现在感受到的便利状态，是由于其在当前购买过程中所产生的心理感受与以前的心理感受相比较而形成的，是顾客的一种心理比较状态。因此，企业需要应用新科技，满足顾客购买便利性的需要。

3. 服务营销7Ps营销组合理论

服务营销的重点同样是采用正确的营销组合策略，满足目标市场顾客的需求，占领目标市场。但是，由于服务及服务市场具有若干特殊性，从而决定了服务营销组合策略的特殊性。在制定服务营销组合策略的过程中，布姆斯（Booms）和比特纳（Bitner）将另外3个P——人员（participant）、有形展示（physical evidence）和过程管理（process management）增加到了原有的4P（产品、价格、促销、渠道）营销组合中，形成包括产品、价格、渠道、促销、人员、有形展示和服务过程等7个要素在内的服务营销组合理论。原有的4个P已经在4Ps中介绍过，下面我们只介绍后面3个P。

（1）人员（participant）。

在7Ps营销组合中，人（包括服务人员与顾客）作为一种元素，扮演着传递与接受服务的角色。在现代营销实践中，企业的服务人员极为关键，他们可以完全影响顾客对服务质量的认知与喜好。尤其在服务行业中，由于人员素质参差不齐，服务表现的质量就无法达到一致的要求。人员也包括潜在购买及已购买服务的顾客。企业不仅要通过服务人员处理企业与已购买顾客之间的互动关系，还需要兼顾处理潜在顾客的行为与态度。

（2）有形展示（physical evidence）。

有形展示可以解释为“企业服务的促销更加贴近顾客”。有形展示的重要性在于，由于服务存在无形性，顾客不能在接受服务前了解服务水平的高低，而有形展示能使顾客从可触及的线索中，去体味你所提供的服务质量。因此，最好的有形展示方式是将无形的服务变成有形的服务。

（3）过程管理（process management）。

过程管理是指顾客获得服务前所必经的过程。例如，顾客在获得服务前必须排队等待，那么在这项服务传递到顾客手中的过程，时间的耗费即为重要的考虑因素。

4Ps与7Ps之间的差别主要体现后3个P上，从总体上来看，4Ps侧重于早期营销对产品的关注上，是实物营销的基础，而7Ps则侧重于后来所提倡的服务营销对于除了产品之外服务的关注，是服务营销的基础。从营销过程上来讲，4Ps注重的是宏观层面上的过程，它从产品的诞生到价格的制定，然后通过营销渠道和促销手段使产品最终到达消费者手中，这样的过程是粗略的，并没有考虑到营销过程中的细节。相比较而言，7Ps则是在这些宏观的层面上，增加了微观的元素，它开始注重营销过程中的一些细节，因此它比4Ps更加细致，也更加具体。它考虑到了顾客在购买时的等待、顾客本身的消费知识，以及顾客对于消费过程中所接触的人员的要求。从营销立场来说，4Ps可以说是站在了企业者的角度所提出的，而7Ps则更倾向于消费者的一面。从营销对象来讲，4Ps组合侧重于对产品的推销，而7Ps组合则侧重于对顾客的说服。

知识拓展

香港迪斯尼乐园的服务营销策略

1. 为游客送货

在香港迪斯尼乐园任何一家纪念品商店买完东西，只需要填写一张送货单，你购买的商品便会在三个小时后送至乐园门口的提货处，而在此期间游客大可两手空空继续游玩其他的游艺设备——当然也可能顺带再买不少新的纪念品。

2．员工“精通”各类照相机

香港迪斯尼乐园里的员工必须学会使用世界上最先进的照相机，因为游客会叫员工帮忙照相。如果员工不会照相，就不能照顾好顾客。在培训课堂上，会有十几台世界最先进的数码相机摆在一起，各种不同的品牌，每台都要学。

3．悄悄解决儿童丢失问题

儿童是香港迪斯尼乐园里最主要的客人之一。在数万人中丢失儿童是一件极可能发生的事情。但香港迪斯尼乐园从不用广播寻找丢失的儿童。根据公司规定，乐园里的任何员工遇见走丢的儿童，都会将其领到特定的屋子，里面有童话般的环境，孩子们能在这里自由地玩乐。员工们再利用一切方法辨认孩子的身份，在最短的时间里找到孩子的父母。

4．与小孩说话要蹲下

香港迪斯尼乐园的员工，都是蹲下来和小孩子说话的，因为蹲下后员工的眼睛跟小孩的眼睛可以保持同一个高度，不要让小孩子抬着头去跟员工讲话。

5．园区地图烂熟于胸

任何职位的香港迪斯尼员工，心中都必须有一份乐园的地图。有人要买可乐，有人要买纪念品，顾客会问各种各样的问题，所以每一名员工都要把整个迪斯尼的地图熟记在脑子里，对迪斯尼的每一个方向和位置都要明确。

6．4As营销理论

4As营销理论是对4Ps和4Cs营销理论的再一次升华，它的核心精髓是：它强调对产品的引导、创新（ahead）；它强调对产品和品牌的溢价、升值（appreciation）；它强调分销和购买方式的合适、恰当（appropriate）；它强调与消费者建立激发、共鸣（arouse）。

（1）它更强调产品的引导性、创新性（ahead）。它注重产品本身，也注重消费者的需求，但它更强调产品的引导性和创新性，强调以一种强势的产品创新引导消费，引导潮流趋势。

（2）它更强调产品和品牌在消费者心理的溢价性和增值性。它要求产品价格与成本的平衡，与消费者心理价位的平衡，但它更强调要引导消费者心理价位的调整，提升消费者心理价值观感，提升品牌和产品在消费者心目中的价值形象。

（3）它更强调购买场所的合适性和恰当性。它要求渠道建设的方便可控性，能让消费者购买方便，但并不是越多越好，而是要创新地引领一种时尚而又节约高效的购买方式，从而以一种并不过度方便而又能让品牌企业承担得了的渠道模式解决购买方式。

（4）它更强调消费的需求激发和共鸣唤起。它要求企业要强势推介产品的功能性和卖点，同时要与消费者心理形成有效沟通，但仅仅宣告和沟通只是解决了双方交流的管道，并不能解决最终购买问题，要解决最终购买问题，还必须激发消费需求，与消费者建立心理共鸣，这种共鸣和激发足以使消费者心里自动产生消费欲望。

（二）市场营销新理论

1. 关系营销（relationship marketing）

关系营销是把营销活动看成是一个企业与消费者、供应商、分销商、竞争者、政府机构及其他公众发生互动作用的过程，其核心是建立和发展与这些公众的良好关系。1985 年，巴巴拉·本德·杰克逊提出了关系营销的概念，使人们对市场营销理论的研究又迈上了一个新的台阶。

（1）关系营销的本质特征。

①双向沟通。在关系营销中，沟通应该是双向而非单向的。只有广泛的信息交流和信息共享，才可能使企业赢得各个利益相关者的支持与合作。

②合作。一般而言，关系有两种基本状态，即对立和合作。只有通过合作才能实现协同，因此合作是双赢的基础。

③双赢。关系营销旨在通过合作增加关系各方的利益，而不是通过损害其中一方或多方的利益来增加其他方的利益。

④亲密。关系能否得到稳定和发展，情感因素也起着重要作用，因此关系营销不只是要实现物质利益的互惠，还必须让参与各方能从关系中获得情感的需求满足。

⑤控制。关系营销要求建立专门的部门，用以跟踪顾客、分销商、供应商及营销系统中其他参与者的态度，由此了解关系的动态变化，及时采取措施消除关系中的不稳定因素和不利于关系各方利益共同增长的因素。

此外，通过有效的信息反馈，也有利于企业及时改进产品和服务，更好地满足市场的需求。

（2）关系营销三部曲。

发现正当需求、满足需求并保证顾客满意、营造顾客忠诚，构成了关系营销中的三部曲。

首先，企业要分析顾客需求，顾客需求满足与否的衡量标准是顾客满意程度的高低，满意的顾客会对企业带来有形的好处（如重复购买该企业产品）和无形的好处（如宣传企业形象）。

其次，从模式中可以看出，期望和欲望与感知绩效的差异程度是产生满意感的来源，所以，企业可采取下面的方法来获得顾客的满意：提供满意的产品和服务，提供附加利益，提供信息通道。

最后，顾客维系。市场竞争的实质是争夺顾客资源。维系原有顾客、减少顾客的叛离，要比争取新顾客更为有效。维系顾客不仅仅需要维持顾客的满意程度，还必须分析顾客产生满意感的最终原因，从而有针对性地采取措施来维系顾客。

2. 顾客让渡价值（customer delivered value）

（1）顾客让渡价值的概念。

顾客让渡价值是指顾客总价值（total customer value）与顾客总成本（total customer cost）之间的差额。顾客总价值是指顾客购买某一产品与服务所期望获得的一组利益，它包括产品价值、服务价值、人员价值和形象价值等。顾客总成本是指顾客为购买某一产品所耗费的时间、精神、体力以及所支付的货币资金等，因此，顾客总成本包括货币成本、时间成本、精神成本和体力成本等。

由于顾客在购买产品时，总希望把有关成本包括货币、时间、精神和体力等降到最低限度，而同时又希望从中获得更多的实际利益，以使自己的需要得到最大限度的满足，因此，顾客在选购产品时，往往从价值与成本两个方面进行比较分析，从中选择出价值最高、成本最低，即顾客让渡价值最大的产品作为优先选购的对象。

企业为在竞争中战胜对手，吸引更多的潜在顾客，就必须向顾客提供比竞争对手具有更多顾客让渡价值的产品，这样，才能使自己的产品为消费者所注意，进而购买本企业的产品。为此，企业可从两个方面改进自己的工作：一是通过改进产品服务、人员素质与形象，提高产品的总价值；二是通过降低生产与销售成本，减少顾客购买产品过程中时间、精神与体力的耗费，从而降低货币与非货币成本。

（2）提升顾客购买的整体价值。

使顾客获得更大让渡价值的途径之一是改进产品服务、人员素质与形象从而提高产品或服务的总价值。其中每一项价值因素的变化都会对总价值产生影响，进而决定企业生产经营的绩效。

①提升产品价值。产品价值是由产品的质量、功能、规格、式样等因素所产生的价值。产品价值是顾客需求的核心内容之一，产品价值也是顾客选择商品或服务所考虑的首要因素。那么如何才能提高产品价值呢？要提高产品价值，就必须把产品创新放在企业经营工作的首位。

②提升服务价值。服务价值是指企业向顾客提供满意服务所产生的价值。服务价值是构成顾客总价值的重要因素之一。从服务竞争的基本形式看，可分为追加服务与核心服务两大类：追加服务是伴随产品实体的购买而发生的服务，其特点表现为服务仅仅是生产经营的追加要素。从追加服务的特点不难看出，虽然服务已被视为价值创造的一个重要内容，但它的出现和作用却是被动的，是技术和产品的附加物，显然，在高度发达的市场竞争中，服务价值不能以这种被动的竞争形式为其核心。核心服务是追加服务的对称，核心服务是消费者所要购买的对象，服务本身为购买者提供了其所寻求的效用。核心服务则把服务内在的价值作为主要展示对象。这时，尽管存在实体商品的运动，两者的地位发生了根本性的变化，即服务是决定实体商品交换的前提和基础，实体商品流通所追求的利益最大化应首先服从顾客满意的程度，而这正是服务价值的本质。

（3）提升人员价值。人员价值是指企业员工的经营思想、知识水平、业务能力、工作效率与质量、经营作风以及应变能力等所产生的价值。只有企业所有部门和员工协调一致地成功设计和实施卓越的有竞争性的价值让渡系统，营销部门才会变得卓有成效。因此，企业的全体员工就经营观念、质量意识、行为取向等方面形成共同信念和准则，是否具有良好的文化素质、市场及专业知识，以及能否在共同的价值观念基础上建立崇高的目标，作为规范企业内部员工一切行为的最终准则，决定着企业为顾客提供的产品与服务的质量，从而决定顾客购买总价值的大小。由此可见，人员价值对企业进而对顾客的影响作用是巨大的。

（4）提升形象价值。形象价值是指企业及其产品在社会公众中形成的总体形象所产生的价值。形象价值是企业各种内在要素质量的反映。任何一个内在要素的质量不佳都会使企业的整体形象遭受损害，进而影响社会公众对企业的评价，因而塑造企业形象价值是一项综合性的系统工程，涉及的内容非常广泛。显然，形象价值与产品价值、服务价值、人员价值密切相关，在很大程度上是上述三方面价值综合作用的反映和结果。所以，形象价值是企业知名度的竞争，是产品附加值的部分，说到底是企业“含金量”和形象力的竞争。

知识拓展

服务营销的七个阶段

发达国家成熟的服务企业的营销活动一般经历了七个阶段：

1. 销售阶段

（1）竞争出现，销售能力逐步提高。

（2）重视销售计划而非利润。

（3）对员工进行销售技巧的培训。

（4）希望招徕更多的新顾客，而未考虑到如何让顾客满意。

2. 广告与传播阶段

（1）着意增加广告投入。

（2）指定多个广告代理公司。

（3）推出宣传手册和销售点的各类资料。

（4）顾客随之提高了期望值，企业经常难以满足其期望。

（5）产出不易测量。

（6）竞争性模仿盛行。

3. 产品开发阶段

（1）意识到新的顾客需要。

（2）引进许多新产品和服务，产品和服务得以扩散。

（3）强调新产品开发过程。

（4）市场细分，强大品牌的确立。

4. 差异化阶段

（1）通过战略分析进行企业定位。

（2）寻找差异化，制定清晰的战略。

（3）更深层次的市场细分。

（4）市场研究、营销策划、营销培训。

（5）强化品牌运作。

5. 顾客服务阶段

（1）顾客服务培训。

（2）微笑运动。

（3）改善服务的外部促进行为。

（4）利润率受一定程度影响甚至无法持续。

（5）得不到过程和系统的支持。

6. 服务质量阶段

（1）服务质量差距的确认。

（2）顾客来信分析、顾客行为研究。

（3）服务蓝图的设计。

（4）疏于保留老顾客。

7. 整合和关系营销阶段

（1）经常研究顾客和竞争对手。

（2）注重所有关键市场。

（3）严格分析和整合营销计划。

（4）数据基础的营销。

（5）平衡营销活动。

（6）改善程序和系统。

（7）改善措施保留老顾客。

3. 绿色营销

绿色营销是指企业以环境保护为经营指导思想，以绿色文化为价值观念，以消费者的绿色消费为中心和出发点的营销观念、营销方式和营销策略。它要求企业在经营中贯彻自身利益、消费者利益和环境利益相结合的原则。

绿色营销是适应21世纪的消费需求而产生的一种新型营销理念，也就是说，绿色营销还不可能脱离原有的营销理论基础。因此，绿色营销模式的制定和方案的选择及相关资源的整合还无法也不能脱离原有的营销理论基础，可以说，绿色营销是在人们追求健康（health）、安全（safe）、环保（environment）的意识形态下所发展起来的新的营销方式和方法。

在旅游行业，以可持续发展作为指导思想的绿色营销，倡导节约、环保和健康的消费方式，以此达到社会效益和经济效益的统一，满足社会、旅游企业和顾客三方面的发展需求，并且使三方能从中获益。

目前，国际上比较通行的做法是“5R”原则：

（1）研究（research），就是把环保纳入旅游企业的管理决策中来，重视对于环保的研究及相关的环境对策。

（2）减量化（reduce），通过采用新技术、新工艺、新材料，减少或消除有害废弃物的排放。

（3）再开发（rediscover），积极进行科研活动，变普通产品为绿色产品，积极创造绿色品牌。

（4）循环（recycle），对废旧产品进行回收处理、循环利用。

（5）保护（reserve），积极参与环境整治活动，培养员工环保意识，树立旅游企业绿色形象。

知识拓展

市场营销近视病

当营销人员把他们的商业活动看作为供应产品而不是满足顾客需要时，那么他们就患了市场营销近视病。在我国，目前也有很多企业不同程度地奉行生产导向的观念，他们把提高产品功能与质量作为头等大事来抓 。但是如果过分强调产品的质量与功能而忽略了企业营销的真正目标，忽视了消费者的利益，忽视了消费者心目中的产品质量与功能标准，那么，势必陷入市场营销近视病的误区。

习题与实践

一、名词解释

1. 旅游市场
2. 菲利普·考特勒
3. 绿色营销
4. 关系营销
5. 社会营销
6. 产品观念
7. 旅游市场营销

二、选择题

1. 下列哪种说法是正确的？（　　）

A. 市场营销者可以通过市场营销活动创造需要。

B. 需要就是对某种产品的需求。

C. 市场营销者可以通过营销活动影响人们的欲望，进而影响人们的需求。

D. 有了欲望，需求自然产生。

2. “酒香不怕巷子深”代表的是营销管理哲学中的（　　）观念。

A. 生产　　B. 产品　　C. 推销　　D. 市场营销

3. 推销观念认为（　　）。

A. 只要大力推销，消费者就会接受企业的产品

B. 只要产品质量好，就不愁产品卖不出去

C. 从消费者需要出发生产产品是推销的基础

D. 要统筹兼顾企业、消费者和社会的利益

4. 社会市场营销观念认为（　　）。

A. 在市场营销活动中应从社会利益出发

B. 应统筹兼顾企业、消费者和社会的利益

C. 满足了社会的利益，就可满足消费者和企业的利益

D. 消费者是上帝，消费者的利益就是企业的利益

三、判断题

1. 市场包含的三要素是消费者、购买力和购买欲望。(　　)

2. 如果市场竞争激烈，市场已转为买方市场，企业要生存，就应树立生产观念。(　　)

3. 社会市场营销观念要求企业在开展市场营销活动过程中，正确处理消费者、企业的关系。(　　)

四、简答题

1. 企业营销观念的发展经历了哪几个阶段？各阶段的特点是什么？

2. 请简述4Cs营销组合。

3. 试举例说明旅游市场的特点。

4. 举例说明旅游市场营销观念的演变。

5. 目前旅游市场上有哪些新型旅游产品？

五、技能训练

1. 收集相关资料，对本地知名的旅游行业进行分析，掌握本地区旅游酒店、旅游景区、旅游交通、旅游餐饮、旅行社等旅游相关企业品牌并进行概括。

2. 选择本地知名的旅游行业企业，了解和分析该企业有哪些市场营销活动。

本模块小结

本模块首先介绍了市场与旅游市场的概念，并分析了旅游市场的三大要素及四大特点。其次提出了旅游市场营销的定义，并详细解释了市场营销观念的发展。最后对旅游市场营销学的内容体系及其未来发展做了进一步的阐述。

模块 2　旅游市场与旅游消费者分析

任务目标

1. 了解旅游市场的营销环境。
2. 掌握旅游市场调研的程序、方法及问卷设计方法。
3. 了解旅游市场细分、目标市场选择及市场定位的 STP 战略方法。

项目 1　旅游市场营销环境分析

案例引入

2003 年 12 月 1 日，新西兰首都惠灵顿万人空巷，由美国新线电影公司投资拍摄的电影《指环王》三部曲之第三部《国王归来》在这里举行全球首映。这部典型的好莱坞风格影片无形中令远离美国的南太平洋国家新西兰获得了神奇的力量。如今只要提起《指环王》，世界各地的观众都能轻易地联想到新西兰，因为电影中神话般的“中土世界”，正是取自新西兰南部一片风景壮丽、人烟稀少的地方。

1.《指环王》打造的旅游品牌

《指环王》三部曲在无形之中成就了一个经典的旅游品牌，新西兰的旅游业也因此有了一个鲜明的主题。旅游品牌定位：魔戒之国，旅游主题开发。在原有新西兰旅游的基础上，重新包装推出探访新西兰南北岛各大新奇景点的“魔戒”主题游。

2. 影视业与旅游业的完美结合

新西兰国家旅游局最近发表的一项调查显示，每 10 个到新西兰旅游的外国游客中，就有一个声称是被《指环王》吸引来的，并且，这股热潮短期内不会停止。

3. 新西兰旅游业奇迹产生的启示

利用强大的影视资源，展开营销传播活动，对剧中的自然风光与人文特色展开具有特色的品牌打造，资源开发成为可能。《指环王》赋予了新西兰南部旅游鲜明的品牌价值、文化内涵。结合热门的文娱活动进行深度旅游和特色旅游线路的开发，将会成为旅行社开发新品的趋势之一，也将越来越广泛地被消费者认同和接受。

提出问题

新西兰是如何利用《指环王》这部电影大力推进了旅游业的发展？新西兰旅游是如

何定位的？针对的是什么类型的顾客？

我们小组的回答是：______________________________

____

____

相关知识

旅游企业在市场经济中的经济活动过程有着强烈的社会性，其市场营销行为受到内外部可控与不可控因素的综合影响，即旅游市场营销是在一定的时空条件下开展的，这一时空条件就是旅游市场营销环境。旅游市场营销环境是旅游企业的生存空间，是与旅游企业市场营销活动相关的所有外部因素与条件，其包含的内容既广泛又复杂。一般来说，旅游市场营销环境主要包括两方面的构成要素，一是宏观环境，二是微观环境。宏观环境主要以微观营销环境为媒介间接影响和制约企业的市场营销活动，而微观环境则可以直接影响和制约企业的市场营销活动。

一、旅游市场营销宏观环境分析

旅游市场营销宏观环境是指旅游企业或旅游业运行的外部大环境。市场营销人员必须根据外部环境中的各种因素及其变化趋势制定自己的营销策略，以达到市场经营目的。在旅游市场营销中，宏观环境因素主要包括政治法律因素、文化因素、社会因素、经济因素、人口与地理因素、技术环境因素等几个方面。

（一）政治法律因素

政治法律因素主要包括所在地区政权的性质和政权的稳定性、立法依据和立法体系的完备程度，所在地区是否加入政治联盟及政治联盟的有关条款，以及政府的宏观产业政策等因素。旅游业的发展不仅与接待国的政治法律因素有关，而且与客源国的政治法律也有很大关系。每个国家或地区，对国家自身的社会经济生活都需要运用法律和行政手段进行干预。不同的国家，拥有不同甚至是完全相反的政治与法律，有的国家很乐于接受外国旅游者，但某些国家则限制入境旅游者的数量。例如不丹规定，游客需要在遵守不丹政府对于旅游者的种种限制条件下才能进入不丹旅游。这些规定包括：必须以4人以上旅行团的方式进入，单人旅行得不到签证，每人每天的最低费用为淡季200美元、旺季250美元等。2011年度到访不丹的游客总数共有64 000人次。

由于形成旅游活动的两大客观条件是可支配收入和闲暇时间，国家采取的经济分配制度及假日立法，对旅游市场需求的形成和实现都具有不可忽视的调节作用。我国实施每周五日工作制及黄金周假期以来，由于闲暇时间的增加，极大地促进了国内旅游的发展。

同时，旅游业极易受到旅游目的地政治稳定性的影响。例如，2013年曼谷街头持续不断的反政府示威游行已对赴泰外籍游客数量和旅游收入造成一定影响，23个国家和地区发布赴泰旅游安全提示，使赴泰外籍游客数量锐减，导致泰国损失160亿泰铢（约合4.98亿美元）的旅游收入。虽然每年11月是泰国旅游旺季的开始，但在泰国背包客聚集的考山路，8 000多间客房的入住率只有30%～40%，比往年同期下降了一半左右。

一国政府对旅游业影响最大的是其对旅游业发展的态度，积极的扶持态度会使旅游业得到快速的发展。诸如对旅游的资助、关税减免、长期低息贷款、信誉担保、公共事业费减免、实行特殊的旅游者兑汇率，以及积极地提供各种优惠条件及鼓励投资者向旅游投资等，都会对旅游业产生积极的影响因素。

（二）文化因素

每一个国家，每一个民族，都会有各自独特的社会习俗、道德伦理和禁忌。文化影响造就和支配着人们的生活方式、消费结构、主导需求以及消费方式。人类在某种社会中生活，必然会在长期的历史传承下形成某种特定的文化，包括教育水平、宗教信仰、审美观念、价值观念、道德规范以及世代相传的风俗习惯等。不同文化背景的旅游者对其周围事物的认知也存在着差异，例如对自由、幸福、自尊、民主、平等及个人风格都会有着不同的评价，也影响着个人的生活方式、行为方式及购买方式。

从教育水平来看，高教育水平人群比低教育水平人群存在着更强的旅游需求，更多高教育人群将旅游体验视为生命中的一种财富，从而积极投入到这项极富吸引力的活动中来。

就文化因素而言，旅游市场营销人员应当具备两类知识。一类是关于某种文化的具体知识。比如，某种文化所具有的特性；颜色、花卉等在某种文化中的特殊含义等知识。另一类是抽象知识，抽象知识要求具有一定深度的洞察力，要站在旅游者角度上考虑到底什么样的旅游才是受欢迎的。

例如美国游客与日本游客的旅游方式存在明显的不同。美国人独立性强，喜欢自由自在，缺乏“组织性”“纪律性”，他们出国经验丰富，依赖性较少，旅游多以家庭或情侣为基本单位，不习惯与别的家庭组团集体行动，多为“散客”；而日本游客则比较有纪律性，喜欢成群结队地组团出游。所以接待两国游客时在旅游接待方式和方法上有着很大的区别。

（三）社会因素

1．相关群体

所谓相关群体就是能影响一个人的态度、行为和价值观的群体，如家庭、邻居、亲友和周围环境等。相关群体可以小到几个人，也可以大到成为一种文化群体。按照群体内成员之间相互联系和影响的程度，一般可将相关群体分为三类：第一类是联系紧密、影响最直接的群体，如家庭、邻居、朋友等；第二类是联系较松散、影响力较次的一些群体，如协会、俱乐部等；第三类属于没有多少直接联系，但影响显著的群体，如歌星、影星、社会名流等。

由于从众心理的存在，相关群体对个人的影响方式一般来说比较大。人是有社会性和群体性的，如果离开群体自己独自行动，就会没有安全感。在社会环境下，从众心理会让个体感觉不孤单，别人都做了的事情，我也做，就会得到别人的认可，融入他们中去，也就没有孤身奋战的恐惧感。所以个人很容易接受本群体的行为，并避免违反该群体的行为。

2．家庭因素

在家庭因素中，影响购买旅游产品的重要因素为家庭生命周期（family life cycle），它是反映一个家庭从形成到解体呈循环运动过程的范畴。消费者的家庭状况，因为个人年龄、婚姻状况、子女状况的不同，可以划分为八种家庭生命周期，在生命周期的不同阶段，消费者的行为呈现出不同的主流特性。

（1）单身阶段：处于单身阶段的消费者一般比较年轻，几乎没有经济负担，消费观念紧跟潮流，注重娱乐产品和基本的生活必需品的消费。在出游方面，以探险、刺激的背包游为主，对价格较敏感。

（2）新婚夫妇：经济状况较好，具有比较大的需求量和比较强的购买力，耐用消费品的购买量高于处于家庭生命周期其他阶段的消费者。新婚夫妇蜜月型旅游比较多，资金预算充裕，对价格不太敏感。

（3）满巢期Ⅰ：指最小的孩子在6岁以下的家庭。处于这一阶段的消费者往往需要购买住房和大量的生活必需品，常常感到购买力不足，对新产品感兴趣并且倾向于购买广告推销的商品。

（4）满巢期Ⅱ：指最小的孩子在6岁以上的家庭。处于这一阶段的消费者一般经济状况较好但消费慎重，已经形成比较稳定的购买习惯，极少受广告的影响，倾向于购买大规格包装的产品。

（5）满巢期Ⅲ：指夫妇已经上了年纪但是有未成年的子女需要抚养的家庭。处于这一阶段的消费者经济状况尚可，消费习惯稳定，可能购买富余的耐用消费品。满巢期Ⅰ至Ⅲ期的旅游安排主要以适合孩子出游为中心，热衷参加亲子游活动。

（6）空巢期Ⅰ：指子女已经成年并且独立生活，但是父母还在工作的家庭。处于这一阶段的消费者经济状况最好，可能购买娱乐品和奢侈品，对新产品不感兴趣，也很少受到广告的影响。这一阶段旅游档次比较高，资金预算充裕，旅游以城市休闲游及度假为主。

（7）空巢期Ⅱ：指子女独立生活，家长退休的家庭。处于这一阶段的消费者收入大幅度减少，消费更趋谨慎，倾向于购买有益健康的产品。这一阶段的旅游主要以周边城市一日到两日游为主，有时与探亲访友相结合。

（8）鳏寡期：收入很少，消费量很小，主要以购买医疗产品为主，旅游活动相对减少。

3．社会阶层

任何国家都存在着社会阶层，它是某种购买力的社会表现，社会阶层是按等级排列的，每一阶层成员具有类似的价值观、兴趣爱好和行为方式。社会阶层可以定义为按个人或家庭相似的价值观、生活方式、兴趣以及行为等进行分类的一种相对稳定的等级制度，各个阶层对市场上某种商品的需求是变化的，也是相对稳定的。社会阶层具有以下几个特征：

（1）社会阶层展示一定的社会地位，一个人的社会阶层是和他的特定的社会地位相联系的。处于较高社会阶层的人，必定是拥有较多的社会资源，在社会生活中具有较高社会地位的人。

（2）社会阶层的多维性决定社会阶层的因素既有经济层面的因素，也有政治和社会层面的因素。

（3）社会阶层的层级性从最低的地位到最高的地位，社会形成一个地位连续体。不管愿意与否，社会中的每一成员，实际上都处于这一连续体的某一位置上。那些处于较高位置上的人被归入较高层级，反之则被归入较低层级，由此形成高低有序的社会层级结构。

（4）社会阶层对行为的限定性社会交往较多地发生在同一社会阶层之内，而不是不同阶层之间。

（5）社会阶层的同质性是指同一阶层的社会成员在价值观和行为模式上具有共同点和类似性。

（6）社会阶层的动态性是指随着时间的推移，同一个体所处的社会阶层会发生变化。这种变化可以朝着两个方向进行：从原来所处的阶层跃升到更高的阶层，或从原来所处的阶层跌入较低的阶层。

高社会阶层人群比中低层人群更具有广阔的旅游活动空间、更高的消费水平层次以及更前卫的旅游方式。跨国旅游和更大范围的洲际旅游主要流行于上层阶层，中下层阶级主要集中于区域性旅游或国内旅游。对此，市场营销人员必须弄清楚哪些旅游产品有可能成为阶层地位标志的可能性，以便采取相应的市场营销对策打入新市场。

知识拓展

喜来登酒店集团的香味营销

喜来登酒店的客户群体定位在30～40岁的商务客人，他们年轻，崇尚简约，喜欢自由。当他们走进喜来登酒店，一股清新自然的“风车味”扑面而来，正合他们意。而喜来登酒店旗下另外一个高端品牌威斯汀则采用了一款不同的香味。威斯汀酒店的大堂和公共区域，到处弥漫着一股白茶芳香。威斯汀酒店定位于高端商务客，这些商务客人工作紧张、压力非常大，白茶的芳香能够帮助他们舒缓压力、放松心情。这种芳香的选择和威斯汀品牌“个性化、直觉灵动、焕发活力”的核心价值观相适应，体现了酒店所崇尚的健康、积极向上的生活方式。

和名称、Logo一样，与众不同的气味正在成为酒店的新标识。而喜来登酒店集团旗下有瑞吉、豪华精选、W酒店、威斯汀、艾美国际、喜来登、福朋喜来登等多个品牌，每个酒店都有自己的特有味道，根据酒店的风格、定位专属定制。

一股好的气味会使得顾客心情愉悦，愿意停留较长时间。相反，难闻的味道则会让顾客产生焦躁情绪，甚至避而远之。酒店一方面要清除店内异味，如洗手间的气味、地毯发霉的气味等，另一方面要根据目标人群制定相应的气味方案。对女性消费者来说，咖啡的香味、花卉的气味、烤面包的气味、橙子等水果的气味，都很有诱惑力。男性消费者对气味的感知能力相对较弱，但对优雅的淡淡的香水味普遍存在好感。

据研究发现，男人和女人最容易达成共识的是柑橘、橙子的味道，如果要用气味形成品牌独特的印记，则需要根据目标人群的喜好做科学的设计，使更多的人“说不清道不明”地喜欢我们的品牌，成为我们品牌的忠诚“粉丝”。

（资料来源：搜狐网，http://roll.sohu.com/20111121/n326371026.shtml）

（四）经济因素

1. 国民生产总值（GNP）

国民生产总值是最重要的宏观经济指标，它是指一个国家地区的国民经济在一定时期（一般为 1 年）内以货币表现的全部最终产品（含货物和服务）价值的总和。国民生产总值反映了一个国家的整体经济实力。研究表明，一般在人均 GNP 达到 300 美元就会兴起国内旅游，而人均 GNP 达到 1 000 美元，国内旅游开始发展并较快形成规模；达到 3 000美元，就会出现洲内旅游热潮；而进一步达到 5 000 美元，就会更多地进行环球游。同时，按照旅游行业发展的国际规律，随着国内经济发展水平的提升，旅游消费呈现“观光（人均 GNP 1 000 美元）—休闲（人均 GNP 2 000 美元）—度假（人均 GNP 3 000 美元）”的逐步升级。

我国 2012 年的人均 GNP 为 6 100 多美元，出境旅游人数达 7 840 万人次，出境旅游及国内旅游发展势头十分迅猛。

2. 个人收入

个人收入指一个国家一年内个人得到的全部收入，它是个人从各种途径所获得的收入的总和，包括工资、租金收入、股利股息及社会福利等。

个人可支配收入是指一个国家所有个人（包括私人非营利机构）在一定时期（通常为 1 年）内实际得到的可用于个人开支或储蓄的那一部分收入。个人可支配收入被认为是消费开支的最重要的决定性因素。个人可支配收入是决定购买者购买能力的决定性因素。

个人可支配收入与个人的旅游消费和出游次数成正相关关系。个人可支配收入越高，对旅游产品的需求量也越大，出游的次数也越多。而且收入水平越高，消费水平和消费层次也越高，旅游消费需求的满足程度也会越充分。

3. 外汇汇率

汇率变动对旅游业具有多重影响，最直接的就是本币的升值或贬值，进而影响旅游外汇收支的平衡。本币升值，刺激出境旅游的发展；本币贬值，刺激入境旅游的发展。

我国自实行有管理的浮动汇率制度以来，人民币持续升值。通俗地讲，就是中国人的钱值钱了。在国际市场上原来一元人民币只能买到一单位商品，人民币升值后就能买到更多单位的商品了，也就是人民币的购买力增强了。这对我国的出境旅游市场起到了推波助澜的作用，我国的出境旅游市场出现快速增长的势头。例如，港币汇率破 8 后，香港购物游成为时尚，2011 年内地赴港旅游人数已达 2 810 万人次，比 1997 年增长了 11 倍。但与此同时，入境旅游人数增长放缓。国内游也受到出境旅游市场的替代作用影响，部分高端客源市场分流出境，造成国内旅游市场人均消费未能有效增长。

4. 基础设施建设

基础设施建设包括一个国家和地区的运输条件、能源供应状况、通信设施及商业基础设施以及旅游资源、旅游接待设施等。由于旅游业对基础设施的依赖性较大，如果一个国家和地区的基础设施建设没有跟上，会影响到旅游营销活动的开展。另外，基础设施建设具有经济学上的“乘数效应”，能为国家和地区带来几倍于投资额的收入和需求，尤其是近年来交通基础设施建设为旅游业的发展提供了新的机遇和国民收入。例如从广州坐普通列车到武汉需要 10 多个小时，出游时间成本太高。武广高铁开通后，近千公里的旅程只需 4 个小时即可到达。这样一来，对于广东、湖南、湖北等省份游客的双休日旅游又有了更多的选择。

（五）人口与地理因素

1．人口因素

对旅游市场而言，影响旅游市场的人口因素主要包括人口数量、人口结构与人口城市化。

（1）人口数量。

人口数量与旅游市场容量、旅游消费需求成正比。在收入接近的条件下，人口的多少决定着市场的容量，人口越多，旅游市场容量越大。

（2）人口结构。

人口结构的状况，影响着市场需求的内容和结构。一般来说，在旅游市场的旅游者年龄构成中，以中老年群体为消费主体，青年群体虽然数量很大，但个人消费能力有限。如我国青年旅游主要以背包客出行方式为主，在旅游目的地一般住宿在青年旅馆及同级别的客栈，个人消费能力比较低。

（3）人口城市化。

城市居民中有旅游需求的人数比农村多，随着我国城市化步伐的迈进，旅游市场将会不断扩大。随着城市人口的增加，如何通过适应人口城市化的特点去开发旅游市场，将是旅游营销人员面临的一个新课题。

2．地理因素

地理因素主要包括以下两点：

（1）旅游客流的移动特点及规律与地理环境的关系。

就地理因素而言，旅游客流随着地理距离的增大而衰减。在国际旅游格局里，国内旅游客流大于国际旅游客流，区域性中短程国际旅游客流大于洲际远程国际旅游客流。因此，许多国家都把近距离的市场作为自己的争夺目标。例如，泰国等东南亚国家纷纷以中国市场作为自己的争夺目标，泰国各景点更是配备了大量中文导游以及相关服务人员，一些本地从业者也开始学习中文，更好地为中国游客服务。

（2）旅游者的旅游动机与自然地理环境的关系。

自然地理环境如气候、地形、自然资源、环境状况等因素都会对旅游营销产生影响。在气候条件上，由于四季的景色不同，同一地区在不同季节可以组织不同条件的旅游活动，使一个地区的旅游活动丰富多彩而不单调。如湖泊在夏季可以组织湖上泛舟等游览活动，而在冬季又可以组织冰雕欣赏等活动。不同时节观赏的景色不同，这也就使同一旅游景点有了重复游览的意义。而在地形条件上，由于我国国土面积辽阔，具备高原、山地、丘陵、盆地、平原及河湖等多种地形条件，分别构成了独特的旅游资源。在地质作用下形成的花岗岩景观、砂岩景观、山岳峡谷、丹霞地貌景观等，提供了丰富的自然旅游资源。依靠自然旅游资源，可以组织游客参加各种旅游活动，如名山游、长江三峡游等。

（六）技术环境因素

技术环境对经济及旅游行业的影响是累计渐进的。技术环境因素的主要内容包括技术水平和技术发展趋势、技术对产业的影响、技术的社会影响以及信息化影响等四个方面。

随着技术水平的提高，旅游交通随之发展起来，如动车的快速发展和高速公路的发展，为旅游者的外出旅游提供了更为便利和快捷的条件。大型飞机的发展，使洲际旅游更加舒适。

高新技术的综合应用创造出新的旅游资源和产品，可以使一些原来不具备旅游吸引力的资源成为新的旅游吸引物或提升它们的吸引力，如主题公园和游乐场的各种高科技模拟技术和游乐设施。应用了高新技术后，许多文物古迹资源得到了保护，增强了它们可持续发展的能力。

但是，技术同时也是一把双刃剑，它也会对社会产生负面影响，如环境污染、生态失衡等，这些都会对旅游业产生了不良影响，使旅游地的自然环境和人文环境受到严重的损害，旅游可持续发展变得艰难。所以，我们既要充分认识到技术环境因素给旅游业带来的机遇，同时也要谨防现代科技对旅游业的负面影响。

知识拓展

数据与技术如何影响旅游消费者的选择?

电子商务解决方案供应商 Monetate 的客户解决方案总监 Nathan Richter 近日在佛罗里达州好莱坞召开的 PhoCusWright 会议上提到，旅游服务公司正致力于为消费者提供更个性化的产品及其他相关信息，以提升其网站用户体验。

Richter 说，如果将根据客户个人搜索选择及其他个人喜好生成的自定义信息融入在线购物的过程中去，旅游供应商就能够创造更多收入。

从搜索选择到预订记录再到忠诚俱乐部会员，旅游业中的航空公司和目的地越来越多地对新老客户的偏好加以利用。他们在其网站上利用这些数据来鼓励客户进行预订，而不仅只是看看而已。

Richter 参加了 PhoCusWright 研讨会“现代旅客：数据与科技如何影响旅游消费者的选择”。研讨会上提供的研究数据表明，越来越多的客户使用移动设备来计划旅行，尤其是平板电脑，其市场营销能力与智能手机有着明显的不同。

邮轮公司 Celebrity Cruises 的 Alexander 说：“平板电脑对我们来说是一块很大的市场，这些移动设备都具备交易和图片显示功能，因此能够让消费者想象自己正在度假。”

即使是最好的旅游网站，操作问题也是一个不容忽视的“硬伤”。Richter 说，研究机构 Gartner 发现，89% 的用户将来不会再访问有过不良体验的网站。“这种不良体验不仅仅局限于网络。”他说，“坐在飞机里等了七小时才起飞也算是一种不良的体验。”

旅游供应商网站能够让消费者在购物过程中留意到网站根据自己的兴趣提供的特别优惠，因此创造了很多升级销售和交叉销售的机会。“这里蕴藏着非常多的机会，问题不是哪种方法能够奏效，而是分别要向哪位用户传递哪种信息。”Richter 说道。在基本的旅游服务本身之外，更强调旅游附加服务的目的在于“让用户真正地看到升级服务的价值”。

例如，在用户在线购买旅游产品的过程中，如果某家航空公司的忠诚度计划可以对用户预订国际航班赠送飞行里程奖励，那么准备飞往国外的客户就更有动力预订。Richter 说，这种在线消费过程中提供特殊优惠的促销方式在出境旅客中的反响最好。另外，国内旅行的客人如果日程相对灵活，那他们对一些低票价的行程会有更好的回应。

Richter 说，旅游服务公司会给客户发送多样化的营销信息，来鼓励他们进行更多的消费。但关键是要“以一种有意义的方式”发送信息，而不是不经选择地乱发一通。“要尽可能地找到有针对性的信息，才能让用户在最大程度上产生共鸣。”

航空公司和旅游目的地越来越多地为新老客户提供不同的网站导航功能，特别是为忠诚度计划会员，他们积累的里程数或点数可以兑换旅行服务。Richter 说，在线预订引擎能够识别出忠诚会员，然后向他们发送相应的营销信息。

Alexander 说，Celebrity Cruises 网站上有一个专门向忠诚会员开放的入口，这是因为需要对重复消费的客户进行特别关注。比起新乘客，忠诚度计划中的老客人在更多方面有自己的偏好，比如船只大小、功能以及个人客舱的位置。

Richter 称，消费者开始注意到，旅游网站正在试图为他们提供个性化的预订服务。研究显示，60% 的消费者希望自己以前访问过的网站能够记录自己的个人偏好，在下次访问时体现出来。他说，旅游服务公司做得好不好，更多的是看他们对客户的了解有多深。

（资料来源：环球旅讯，http://www.traveldaily.cn/article/76011.html）

二、旅游市场微观环境分析

（一）旅游购买者对旅游企业营销活动的影响

1. 个人购买者

个人购买者是指最终旅游消费购买者，包括购买旅游产品和服务的个人和家庭。个人购买者购买旅游产品纯粹是为了满足个人及家庭的物质与精神需要，并不将旅游产品用于牟利。个人购买者具有以下特征：

第一，人多面广，个人购买者包括各种类型及社会阶层的人员。

第二，需求差异大，因个人购买者的个人旅游需求、身份地位、年龄及个人习惯的不同，所购买的旅游产品也存在较大的差异。

第三，多属小型购买，因个人购买者购买旅游产品仅供个人及家庭使用，购买量比较小。

第四，购买频率较高，由于个人购买者的需求存在多样性，购买旅游产品的频率也比较高。

第五，多属非专家购买，旅游者对旅游产品缺乏专门知识，属于非专家购买。

第六，购买流动性较大，旅游者的购买力和时间都有一定限度，对所消费的旅游产品都需慎重选择，这就造成旅游者对地区、企业以及替代品的选择的流动性较大。旅游企业营销人员应该根据企业本身的特点来分析企业所提供的产品和服务最适合于哪一种旅游者类型、购买行为以及消费方式。

2. 公司购买者

公司购买者是指为开展业务而购买旅游产品的购买者，其特点如下：

第一，购买者数量较小，但购买的规模较大，此类购买者大多是企业单位，购买者的数目必然比消费者数目少得多，例如公司为举办公司年会预定200间酒店客房，购买规模较大。

第二，公司购买属于派生需求，购买者是为开展业务、扩大“生产”而购买，其费用是生产性费用。

第三，公司购买需求弹性较小，因为公司是为开展业务而购买，费用由单位支出，所以公司购买者对旅游商品和服务的需求受价格变动的影响较小。

第四，公司购买属于专业人员购买，公司有专门的采购人员，他们是受过训练、有专门知识、内行的专业人员，专门负责采购工作。专业采购人员购买时重视产品和服务的质量，一般的广告宣传对他们影响不大，对此类购买可采用高价优质旅游产品策略。

知识拓展

如何填补旅游营销与旅行者需求间的认识差异?

如今数据无所不在，尽管许多旅游营销人员利用数据和客户建立了良好的关系，但要打造个性化的定制用户体验依旧是件难事。

为了更好地了解这个所谓的“数字市场营销差异”，我们与《经济学人》的智库（EIU）合作，来研究市场营销人员和消费者对于旅游数字营销的价值取向，从而分析哪些策略和方针有效，哪些没有效果。

旅游消费者倾向于通过品牌官网来获得不同类型的旅游信息，通过企业媒体资料（68%）来获得产品和服务信息，通过专业点评网站（54%）和卖家/信誉评估渠道（45%）来验证信息。

旅游营销团队要在自己的官网上提供综合性的信息，此外要确保第三方网站的信息精确地展示了你的品牌。这两点很重要，我们在调查中发现许多第三方网站常常提供错误信息。

接下来重要的一点：旅游消费者觉得，过多的和太宽泛的个性化服务削弱了营销信息的效果。

事实上，有79%的消费者被频繁出现的个性化营销信息所困扰，而有69%的受访消费者则同意“个性化仅停留在表面”的说法。

不过，也有一些好消息。研究显示，电子邮件被列为最受消费者认可的售前与售后沟通渠道（分别为35%和51%）。个人推荐是影响最终选择的首要因素。

EIU调查发现，比起5年前，研究的重点更多地放在了收集和分析个体消费者的数据上。

旅游业已经将其重心从多个接触点信息的传播逐渐转向收集与分析消费者资料的细

节数据。

特别要指出的是，将近85%的旅游营销人员最关注消费者重复购买和交易价值，这反映出目前行业内品牌忠诚度的持续竞争。

很明显，市场营销人员所传递的信息和旅客们的需求间存在着较大的差异，双方缺乏统一认识。

对此我们提出了以下三个步骤的建议来弥补差异：

1. 数据选择和使用重点突出

市场营销人员能接触到许多数据，但并不是每个数据都需要验证。当收集数字数据时，要确保它很快就能“付诸行动”。

举例说明：

（1）哪些人打开了你的邮件，他们看完后会做什么处理，你要怎样通过自动化程序迅速地利用这些数据呢？

（2）根据客户对之前的营销信息的回应和他们的消费记录，你能总结出哪些信息？

定期使用这些分析数据，会使得你的营销团队的工作更高效，从而为客户提供更多针对性的产品和推荐。

要注意过度依赖数据/个性化和信息传递自动化的风险，很明显，商家需要更多额外的工作，才能确保这些信息是有效的，并对消费者有用。

2. 创造有意义的互动

观察客户在所有渠道上的行为模式。市场营销人员应该提供合适的市场信息，选择合适的数字渠道，从而对旅游购买和消费的不同阶段带来最大的影响。

当你的信息包含个性化元素和动态内容时，它们必须是有效的、相关的，而且要绝对精准。要记住，客户浏览数据都有时效性，大多数情况下，它们只在相当短的时间内对你的品牌有价值。别掉进过度使用的陷阱里。

3. 运用最佳的数字营销策略

在线客户服务对于旅游企业来说可以成为一个差异化特色，所以，通过合适的渠道传递更优质的内容以满足客户的需求是最重要的。

采用最好的邮件营销策略，例如提高目标精准度和运用简洁的HTML架构，这些不仅能提高你的电子邮件营销效果，还会减少客户关于垃圾邮件的抱怨和退订率。

从数据中总结出的结果仅仅在你有效地利用它们时，才有价值。打造个性化的内容是一回事，确保它们在何时、何地、以何种方式送达你的目标客户又是另外一回事。

运用数据分析、完全的测试策略、优化的移动端、动态内容和再互动策略的结合，将可以帮助你针对目标客户进行营销，并刺激他们消费。

你应该观察整个顾客旅游周期，然后据此创造和优化客户接触策略。提供个性化产品和相关产品对比也会有效果。

总结：旅游业的竞争日益激烈（尤其是很多公司专注于细分领域），消费者研究和选择旅游产品的方式也发生了很大的变化，但消费者的开销正在下降。

要填补市场营销人员和消费者之间的差异，需要市场营销专业人士通过一切可用渠道打造品牌的差异化，如网站、电子邮件、社交媒体，还有印刷品、电视等。

最后，他们必须团结起来——旅游业如今已经没有挥霍的资本了。

（资料来源：环球旅讯，http://www.traveldaily.cn/article/75564.html）

（二）旅游中间商对旅游企业营销活动的影响

旅游中间商是指处于旅游生产者与旅游者之间，参与旅游产品流通业务，促使买卖行为发生和实现的集体和个人，包括经销商、代理商、批发商、零售商、交通运输公司、营销服务机构和金融中间商等。旅游中间商一方面要把旅游产品信息告知现实及潜在的旅游者，另外一方面又需要为旅游者克服空间障碍到达旅游目的地提供便利。这类购买者的特点是：

第一，购买是为了获利。旅游中间商购买旅游产品，其主要目的是为了转卖给旅游购买者，以取得利润。

第二，由专家购买。旅游中间商是专门以转卖旅游产品来取得利润的，是旅游业行内人，对旅游产品以及价格行情非常熟悉。

第三，购买次数较少，但每次购买数量较大。旅游中间商一般都处于旅游者密集、丰富的大中城市里，他们各自有自己的目标群体。因此，通过他们易于沟通旅游企业和旅游者之间的联系。旅游中间商是一批旅游专门人才，他们一般都受过旅游专业训练，懂业务，有经验，最了解市场，也掌握了旅游者的心理。他们能够给旅游者提供最有价值的信息，帮助旅游者选择最理想的旅游产品。

从某种意义上来说，中间商可以帮助旅游产品供给者提高产品的质量。因为中间商对旅游企业的营销活动影响重大，又是旅游产品销售渠道中不可缺少的一个环节，所以，如何选择中间商事关重大，它关系着旅游营销计划的完成。因此，营销人员应全面、深入地调查和分析旅游中间商的发展趋势，搞好旅游营销中间商的选择、评估和管理工作。选择中间商的关键性因素是：中间商的素质、劳务费用、履行职责效果以及可控程度。

（三）竞争者对旅游企业营销活动的影响

旅游企业的竞争者是指在同一市场生产或提供相同或可替代的产品或服务的其他企业。从消费需求与购买决策的角度划分，可分为四种类型。

1. 愿望竞争（desired competitors）

愿望竞争就是指提供不同服务产品以满足不同需求愿望的竞争。例如，旅游者想出去度假，他的目标地点是海滨度假村或者是名山，他的目前愿望对于旅游企业来讲，就叫愿望竞争。

2. 一般竞争（generic competitors）

一般竞争是指能够满足同一种需求但提供不同服务产品的竞争者。例如，旅游者到达目的地可以通过火车、轮船、飞机等交通工具，它们之间的竞争就叫一般竞争。

3. 产品形式竞争（product form competitors）

产品形式竞争是指旅游企业之间不同规格档次的竞争。例如，旅游者到达旅游目的地的时候，可以选择住星级酒店、经济型酒店或招待所，这些不同档次的酒店之间的竞争就叫产品形式竞争。

4. 品牌竞争（brand competitors）

品牌竞争是指产品的规格与档次都相同，但是品牌不同的竞争。当旅游者选择住经济型酒店以后，可以提供他选择的品牌有“7 天”“如家”“锦江之星”等，这些酒店之间的竞争就称为品牌竞争。

（四）公众对旅游企业营销活动的影响

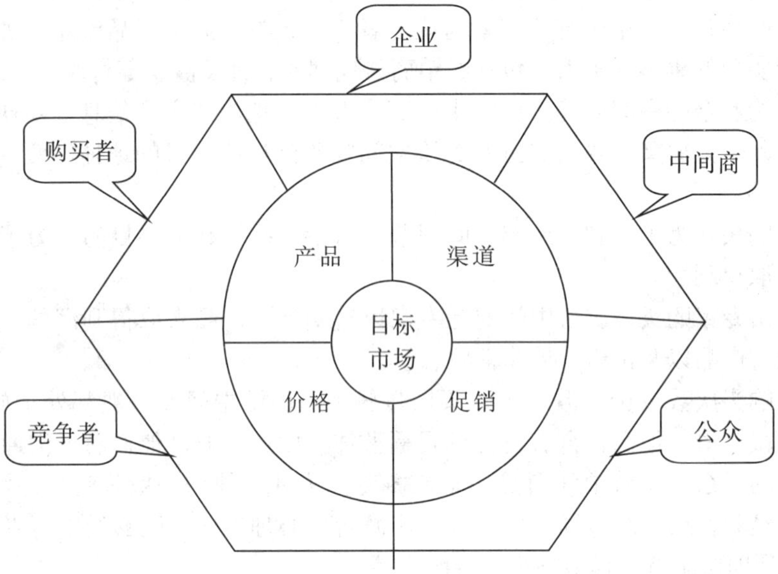

图 2－1　旅游企业微观环境因素

公众是影响旅游企业营销活动的重要因素，它对旅游企业实现目标产生实际的或潜在的影响。公众主要包括社会公众和内部公众两类型。

1. 社会公众

社会公众是指对企业实现其目标的能力感兴趣或发生影响的社会团体或个人。

（1）金融公众，指影响旅游企业融资能力的各种金融机构，包括银行、投资公司、股东等。

（2）新闻媒体，指报纸、杂志、广播、电视等有广泛影响的大众传媒。

（3）政府机构，主要指负责管理旅游企业业务经营活动的有关政府机构。

（4）群众组织，指国家公民为自己的某种共同利益和特殊需要而建立的各种社会组织。

（5）社区居民，指旅游企业所在地附近的居民和社区组织。

2. 内部公众

内部公众包括旅游企业所有内部员工。旅游企业的营销工作能否顺利进行，取决于各个部门之间能否协作默契。旅游企业的营销工作涉及很多职能部门，各个部门之间必须加强联系、沟通和协调。

知识拓展

市场疲软　上海多家星级酒店谋求转型

2013 年以来，沪上三、四星级酒店平均房价同比明显下降，多家老牌星级酒店在压力下转型。

业内人士分析，入境游人数下降、酒店产能过剩、同质化竞争、管理粗犷等都是酒店业绩下滑的原因。

“沪上高星级酒店近年频频有新店开出，已明显供大于求；而一星至三星酒店市场同质化，管理、硬件等相对落后。”华美酒店顾问有限公司经济师赵焕焱认为，酒店市场急需多元化、特色化、个性化经营。

1. 世博后酒店业绩即下滑

上海市旅游局昨天公布的数据显示，今年前 10 个月，上海接待入境游人数 629 万余人次，其中过夜人数 509 万余人次，同比分别降 6.9%、7.48%；星级酒店客房出租率 58.42%，同比增长 1.58%；但单房平均价格 625 元/天，同比不增反降，其中三、四星级酒店房价同比下降尤其明显，均超 3.5%。申城星级酒店遭遇业绩下滑，其实从 2010 年上海世博会之后就开始了，其中四、五星高端酒店尽管出租率总体下滑，但由于房价基本还保持在一个较高水平，其利润率相对可观；二、三星级酒店业绩却很不理想，全国二、三星级酒店基本都处在同一个状态。

华美酒店顾问的数据显示，去年，全国 5 379 家三星酒店平均净利润 -13.07 万元、平均净利润率 -1.02%；3 020 家二星酒店平均净利润 1.19 万元、平均净利润率 0.26%。再追溯至前两年，数据一样很不好。

“众多三星级酒店软、硬件老化，管理水平相对落后，比上（四、五星酒店）不足，比下（经济连锁酒店）也不够，竞争力不强。”赵焕焱分析说，一家价格为 320 元的三星级酒店，大堂比较陈旧、客房电视比较旧、没有 Wi-Fi，较少能通过在线旅游网预订，服务管理水平也不够。相比之下，一些经济连锁酒店价格多在 200 元至 350 元之间，其实用性、时尚性甚至超过部分三星级酒店。

2. 多家酒店放弃星级品牌

重压之下，上海不少酒店管理集团正开始放弃星级品牌，转型为时尚平价酒店、精品酒店、商务酒店。

“一些经济收入不高的大学毕业生、年轻旅客，他们不再适应那些没有网络、电脑的老式三星酒店或者社会招待所，海友酒店的目标定位就是这样一群人。”华住酒店集团首席战略官张敏说，其酒店实现了无线网络的全覆盖，大堂内还设有电脑上网区、可以播放电影的试听区等。

锦江集团则通过收购改造的方式打造不挂星级的中端商务酒店。上个月，锦江已经将旗下几家三星级酒店新城、新亚、南华亭、金沙江、白玉兰，通过重新定位改造，纳入“锦江都城”品牌范畴；此前的 6 月份，锦江投资 7.1 亿元收购万达旗下“时尚之旅”品牌所属的21家酒店，同样纳入“锦江都城”品牌。

“随着中国旅游业的快速发展，商务差旅和中端度假需求强盛，锦江决定在做好锦江之星品牌外，培育和发展中端酒店市场。”锦江国际集团首席执行官杨卫民说。一些业内专家也表示，更多的酒店将不再看重三星级以下的“国标”星级品牌，未来更多的是将采用“全服务酒店”和“有限服务酒店”的概念来区别不同级别和档次的酒店。

（资料来源：东方早报，2013－12－05）

三、旅游市场营销机会—风险分析

（一）机会与风险的概念

1. 机会

机会就是对旅游企业的营销活动具有吸引力、能享有竞争优势和获得差别利益的环境机会，即营销环境中对该旅游产品营销的有利因素。例如：2010年的上海世博会对国内外散客旅游市场产生极大的吸引力，是旅游业的一个重大机会。

2. 风险

旅游企业在实现其目标的经营活动中，会遇到各种不确定性事件，这些事件将对经营活动产生影响，这些不确定性事件称为风险。旅游业风险分为两大类：一类是旅游业受波及所引起的风险，是指发生在其他行业由于危机所引起的负面影响波及旅游行业，使旅游业客源骤减、目的地形象受损的风险，如战争、金融风暴、恐怖主义、公共卫生等；另一类是旅游业内部的风险，是指发生在旅游业运营的范围内，直接对游客或旅游从业人员发生威胁，影响旅游活动的危机，如饭店火灾、旅游娱乐设施发生意外等。

（二）机会—风险分析

机会—风险分析，也称为SWOT模型分析。其中SW是指旅游企业内部的优势和劣势，OT是指旅游企业外部的机会和风险。SWOT分析就是旅游企业在选择战略时，对该企业内部的优劣势和外部环境的机会与风险进行综合分析，据以对备选战略方案做出系统评价，最终达到选出一种适宜战略的目的。

SWOT分析的做法是：针对某一旅游企业，依据企业方针列出对该企业发展有重大影响的内部与外部环境因素，继而确定标准，对这些因素进行评价，判定是优势还是劣势，是机会还是风险。旅游企业应依据企业的方针列出对该企业发展有重大影响的内部及外部环境因素，继而确定标准，对这些因素进行评价，判断是优势还是劣势，是机会还是威胁，从而制定企业的战略。（如表2－1所示）

表2－1　SWOT战略选择表

企业内部因素 / 企业外部因素	优势（S）	劣势（W）
机会（O）	SO（发展型战略）	WO（由稳定型向发展型）
威胁（T）	ST（多种经营战略）	WT（紧缩型战略）

1. SO

SO表明外部有许多机会，内部又具有强大优势，宜采用发展型战略。例如本地仅有儿家酒店而每天入住的客人非常多，还有很多客人住不上酒店，可以采用发展型战略，扩大酒店规模。

2. WO

WO 表明外部有机会而内部条件不佳，可采取措施来扭转内部劣势，宜采用先稳定后发展战略。例如来参团的客人非常多，但由于旅行社内部经营状况不太好，在当地市场的销售一直处在下风，可以采取稳定型战略稳定局面，再谋求大发展。

3. WT

WT 表明外部有威胁，内部状况又不佳，企业应设法避开威胁，消除劣势，可采用紧缩战略。例如外部经济环境不佳，旅游客人减少，旅行社由于之前扩张得比较快，导致经营局面困难，这时可以采用紧缩型战略，把旅行社规模缩小，谋求生存。

4. ST

ST 表明企业拥有内部优势但外部存在威胁，宜采用多角化经营战略分散风险，寻求新的机会。例如旅行社经营状况比较好，但由于有一家大型旅行社进入本地市场进行争夺，可以用多角化的经营战略进行风险分散。

项目 2 旅游市场调研

案例引入

入境游要从细致的市场调查做起

在一个国家旅游发展的初始阶段，市场营销的重点在于整个国家的形象宣传，可以进行大规模宣传造势。但是，当旅游发展到一定阶段之后，旅游部门必须突出市场细分，加大目标市场的营销力度。

中国入境旅游进入买方市场以来，政府旅游部门逐渐认识到旅游市场和市场营销的重要性，开始愿意在市场营销上多些投入，以吸引更多的海外旅游者到中国来旅游。然而，时至今日，似乎不少人对旅游市场依然保持一个模糊的概念，导致钱花了不少，劲儿也没少使，但效果不佳。不少地方的市场营销工作，也没有明确实现市场份额增长的目标，反而热衷于制定花钱的目标，似乎促销的预算花完了，市场营销的目标也就算实现了。

近年来，世界对中国旅游的关注点发生了变化，从原来关注中国作为一个独特的旅游目的地，如何到中国旅游，即“中国旅游”，开始转向将中国作为一个潜力无限的旅游市场，即“中国旅游者”。为欢迎更多的中国“财神爷”大驾光临，一些国家的专业旅游机构开始深入研究中国市场，展开强大的营销攻势。

市场营销战略的基础是市场调查，市场营销的对象是目标市场，通过市场调查来选择目标市场，目标市场明确才能做到有的放矢。

与 30 年前相比，中国旅游市场形势发生了巨大变化，卖方市场的优势早已不存在，周边和地区旅游目的地的竞争越来越激烈，再企图通过漫天撒网的办法已经不能奏效。在这方面，海外旅游目的地的许多做法值得我们认真研究和借鉴。

最近，英国旅游局的一份市场调查报告披露，中国游客在英国最想做的10件事情中，除了游览白金汉宫之外，还包括游览巴斯的古罗马浴场和看一场英超足球比赛。此前，英国艾玛迪斯全球旅游分销公司亚洲部专门研究了中国出境旅游的消费特征，对女性商务旅行者、银发旅游者和自助旅游者的消费需求变化悉数分析。龙途公司在报告《变化中的中国旅游者》中分析了中国旅游的十大趋势，提出了一个“新中国旅游者”的概念，并指出，中国富人增长率最高的并不在传统上的北上广等城市。澳大利亚昆士兰州的《中国战略计划》中，专门总结出中国旅游者消费的七大趋势，特别指出，中国人对价格比品牌忠诚看得更重，口碑在决策中起的作用更大。美国旅游协会专门撰写了题为《准备腾飞》的研究报告，分析了中国公民为到美国旅游获得签证所付出的代价，根据对中国12个城市的实际调查，发现中国人完成一般签证申请程序需要的时间会长达63天……

在中国入境旅游连续5年徘徊不前乃至下降的情况下，旅游部门应该加强对我国目标市场的专题研究，而不是仅限于组织或参与一些世界旅游博览会，要舍得花钱做市场调查。这的确是当前我国在国际市场营销上的一个缺憾，值得有关部门认真研究。也许中国入境旅游发展的复苏与振兴，应当重新从认真研究市场、明确目标市场和制订详尽可行的市场营销方案和实施计划起步。

（资料来源：张广瑞，中国旅游报，2013－12－27）

提出问题

你认为入境旅游市场应该如何做好市场调研？

我们小组的回答是：____

____

____

相关知识

现代市场营销观念认为，实现企业各种目标的关键是正确认识目标市场的需要和欲望，并且比竞争对手更有效、更有力地传送目标市场所期望满足的东西。而市场调研是企业了解目标市场需求和竞争对手行动真正有效的手段。因此，随着营销活动的发展，市场调研在全球范围内受到了广泛的重视。菲利普·科特勒对市场营销调研下的定义是“系统地设计、收集、分析和提出数据资料，以及提出跟公司所面临的特定的营销状况有关的调查研究结果”。

一、旅游市场调研的定义及其类型

旅游市场调研指的是旅游市场营销调研，是指运用科学的方法，系统地、客观地辨别、收集、分析和传递有关市场营销活动各方面的信息，为旅游企业营销管理人员制定有效的营销决策提供重要的依据。

（一）旅游市场营销调研的类型

旅游市场营销调研的类型包括以下四类：

（1）探索性调研：在尚未确定具体的调研内容和范围之时进行的一种调研活动，其功能在于发现问题或提出问题，为进一步深入研究打下基础。

（2）描述性调研：通过大量的调查和分析，对市场营销活动中有关的客观事物和现象进行如实的描述，对找出的问题做如实的反映和具体的回答。

（3）因果性调研：为找出营销活动或营销环境中某些关联现象或变量之间的因果关系而进行的一种调研活动。

（4）预测性调研：对未来市场需求进行预测的一种调研活动。

（二）旅游市场营销调研的方式

1. 典型调查（typical investigation）

典型调查是根据调查目的和要求，在对调查对象进行初步分析的基础上，有意识地选取少数具有代表性的典型单位进行深入细致的调查研究，借以认识同类事物的发展变化规律及本质的一种非全面调查。

典型调查具有以下几个特征：

（1）典型调查主要是定性调查。典型调查主要依靠调查者深入基层进行调查，对调查对象直接剖析，取得第一手资料，能够透过事物的现象发现事物的本质和发展规律。它是一种定性研究，难以进行定量研究。

（2）典型调查是根据调查者的主观判断，选择少数具有代表性的单位进行调查。因此，调查者对调查单位的了解情况、思想水平和判断能力对选择典型的代表性起着决定作用。

（3）典型调查的方式是面对面的直接调查。它主要依靠调查者深入基层与调查对象直接接触与剖析，因此，对现象的内部机制和变化过程往往了解得比较清楚，资料比较全面、系统。

（4）典型调查方便、灵活，可以节省时间、人力和经费。典型调查的对象少，调查时间短，反映情况快，调查内容系统周密，了解问题深，使用调查工具不多，运用起来灵活方便，可以节省很大的人力、财力。

2. 重点调查（key-point investigation）

重点调查是指在全体调查对象中选择一部分重点单位进行调查，以取得统计数据的一种非全面调查方法。由于重点单位在全体调查对象中只占一小部分，调查的标志量在总体中却占较大的比重，因而对这部分重点单位进行调查所取得的统计数据能够反映社会经济现象发展变化的基本趋势。

重点调查的主要特点是：投入少、调查速度快、所反映的主要情况或基本趋势比较准确。

3. 抽样调查（sample survey）

抽样调查是一种非全面调查，它是从全部调查研究对象中，抽选一部分单位进行调查，并据以对全部调查研究对象做出估计和推断的一种调查方法。显然，抽样调查虽然是非全面调查，但它的目的却在于取得反映总体情况的信息资料，因而，也可起到全面调查的作用。

（1）确定抽样目标群体，即向什么人调查。每次调研依据调查主体、调查目的的不同，应选择不同的目标群体。一旦确定了目标群体，就可以确定抽样范围，从而使目标总体中的所有样本被抽中的机会是均等的或已知的。

（2）样本规模，即确定调查多少人。一般来说，大规模样本比小规模样本的结果更可靠。但并非必须进行目标总体的全部调查才能获取准确结果。如果抽样方法正确，不到总体1%的样本，也可以保证较高的可靠性。

（3）抽样方法，即确定如何选择答卷人。为了得到有代表性的样本，应采用概率抽样。只有依据概率原则抽取样本，才能使调查样本总体中每一个个体都有相同的被抽取的机会。而且调研人员可以依据统计技术测量并控制误差。在概率抽样成本过高或时间过长时，市场调查可采用非概率抽样。在旅游市场调查中，非概率抽样常常是非常有用的。

二、旅游市场调研内容

旅游市场调研的内容十分广泛且丰富，但由于调研目的不同，调研内容也会不同。一般来说，旅游市场调研的基本内容为旅游企业外部调研及旅游企业内部调研。

（一）旅游企业外部调研

旅游企业外部调研包括旅游市场环境调研、旅游市场需求调研、旅游市场供给调研及旅游市场营销调研。

1. 旅游市场环境调研

旅游市场环境调研主要调查旅游客源地与目的地的政治、法律、经济、科技、社会文化及地理环境等。

2. 旅游市场需求调研

旅游市场需求调研主要调查旅游者规模及构成情况、旅游动机及旅游行为等。

3. 旅游市场供给调研

旅游市场供给调研主要调查旅游吸引物、旅游设施、市场可进入性、旅游服务、企业形象及旅游容量等内容。

4. 旅游市场营销调研

旅游市场营销调研主要调查市场竞争状况、旅游产品、旅游价格、分销渠道及促销。

（二）旅游企业内部调研

旅游市场调研还必须研究旅游企业自身与市场需求的发展是否相协调的问题，包括企业的营销策略、营销手段或营销组合是否能有效开拓市场，自己的旅游产品、价格、分销渠道以及促销方面是否存在问题。还有对自己营销活动的管理评估，在营销计划、组织实施以及控制方面是否适应市场变化。

三、旅游市场调研的程序和方法

（一）明确问题和调查目标

明确问题和调查目标是市场调研的重要前提。正式调查行动之前，必须弄清楚为什么调查，调查什么问题，解决什么问题，然后确立调查目标、调查对象、调查内容及调查方法。调查人员必须明确问题的范围，并确定具体的调查目标，否则会盲目行事，或者得到许多无效的信息，耗费大量的时间和费用。

在确定问题和目标时，对问题和目标的陈述不宜太宽或太窄，否则不适合目标细化的原则。

（二）制订调研计划

制订调研计划，使调查工作能有秩序、有计划地进行，以保证调查目的的实现。这里包括调查方案设计、组织机构设置、时间安排、费用预算等。

1. 调查方案设计

调查方案内容包括调查目的和要求、调查对象、调查内容、调查地点和调查范围、调查提纲、调查时间、资料来源、调查方法、调查手段、抽样方案，以及提交报告的形式。资料收集时应确定是收集二手资料，还是一手资料，还是两者兼顾。

2. 组织机构设置

组织机构设置包括调研活动负责部门或人员的选择与配置，调研活动是由外部市场调研机构还是本单位进行调研。整个调研活动的顺利进行，都取决于市场调研组织的决策者和管理者，以及调研人员的素质，调研活动的人员选择和配置是市场调研活动成败的关键。所以，如何进行调研活动的组织结构设置，关乎调研项目的成败。

（三）收集信息

调查计划确定之后，可开始系统地收集资料和信息工作。对于市场调研活动来说，收集信息通常是耗时最长、花费最大而且是最容易出差错的过程。整个调研活动的效果与准确性、误差大小均直接与这个过程有关。这个阶段的主要任务是系统地收集各种资料，包括一手资料与二手资料，有的调研仅需要二手资料，或一手资料，但对大多数调研活动来说两者都是需要的。

1. 二手资料

二手资料又称文案资料，它是指为其他目的已收集到的信息。二手资料是市场调查人员首先必须收集的资料。通过二手资料可以从中判断分析调研问题是否能部分或全部解决。若能解决，则不需再去收集成本很高的一手资料。

二手资料的主要来源包括：

（1）内部来源。包括公司盈亏表、资产负债表、销售资料、销售预测报告，库存记录以及以前所做的报告。

（2）政府出版物。包括政府的公开调查统计报告、年鉴、研究报告。

（3）期刊和书籍。各种有关的书刊，特别与开展业务关系密切的书刊。

（4）商业性资料。有关市场调查公司等提供的调查资料。

获取二手资料的优点是收集成本低，而且可以立即使用。但二手资料中可能没有调研人员所需的资料，或资料已明显过时、不准确、不完整或不可靠。这时就必须去收集更切题、更准确的一手资料。

2. 一手资料

一手资料，又称原始资料或实地调查资料，是调查者为实现当前特定的调查目的专门收集的原始信息资料。大多数的市场调研项目都要求收集一手资料。常规的收集方法是先与某些人单独或成组交谈，以了解大致的想法，接着确定正式的调查方法，然后进行实地调查。

一手资料的主要来源是旅游者，其次是中间商和旅游企业内部资料信息。收集一手资料的调查方法有四种：观察法、专题讨论法、问卷调查法和实验法。这是我们进行市场调研的一般方法。一手资料的特点是有目的性，时效大，特别适宜于分析那些变动频繁的、敏感的要素，但耗费时间长、金钱多。

在收集一手资料的过程中，会出现多方面的困难，可能会找不到被调查者，或者被调查者拒绝合作，或者回答带有偏见或不诚实的情况，使资料收集工作进展得并不顺利。如果市场调查人员发现调查计划或调查有问题，应尽快反馈信息，并立即进行调整。

（四）信息分析及处理

在资料收集完成后，旅游市场调研人员应对资料进行整理、分析，从资料中提取与目标相关的信息。

信息分析主要有两种方法。一是统计分析方法，常用的是计算综合指标（绝对数、相对数以及平均数）、时间数列分析、指数分析、相关和回归分析、因素分析等。二是模型分析法，模型是专门设计出来表达现实中真实的系统或过程的一组相互联系的变量及其关系。分析模型主要包括描述性模型和决策性模型。

（五）提出报告

市场调研人员对市场调查活动中面临的问题进行调研后，将调研的结果写成调研报告进行书面陈述。所以体现调研活动最终结果的是调研报告。

在调研报告的编写过程中，应注意以使用者的需求为导向。调研报告主要应把与使用者关键决策相关的调查结果充分体现出来，以减少决策中的不可确定性，而不是用资料对管理人员施加限制。表达方式（文字说明、资料、数学表达式）也应适应使用者的素质。

调研报告的编写力求观点正确、材料典型、中心明确、重点突出、结构合理。它一般包括以下内容：

（1）前言。即说明本次市场调研应回答的问题、调研目标、调研方法、调研对象、调研时间、调研地点以及调研人员的情况。

（2）正文。即调研报告的主体，应包括调研问题的研究结果及其分析，解释及其回答。

（3）结尾。可以提出建议，总结全文，指出本次活动的不足，以及对决策的作用。

（4）附录。包括附表、附图等补充内容。

知识拓展

旅游品牌应简单化、个性化和移动化

Google 发布了一份重要的旅游研究报告，其调查结果给旅游业提了个醒：企业需要对其 Web 端的用户体验进行升级。

这份报告中有一些显而易见的调查结果，同时也公布了一些十分重要的数据，这些数据证明消费者开始改变他们搜索在线旅游品牌和与其进行互动的方式。

这项研究结果由Google东南亚区的旅游业务负责人Bambos Kaisharis在新加坡的Web in Travel大会上发布，他表示，旅游业现在若想吸引、转化和留住消费者，那它就要进一步往“简单化、个性化和移动化的方向发展”。

该调查受访者为来自亚洲11个国家的1.1万名休闲旅客，调查时间是2013年7月。

以下是这项调查的一些比较重要的结果：

（1）83%的受访者使用网络作为计划酒店住宿的渠道（在马来西亚的受访者当中，这一比例最高，为92%；日本最低，为79%）。

（2）28%的受访者将网络当作计划酒店住宿的唯一渠道。

那么，还有其他什么重要调查结果吗？

更多信息还有待Google在接下来的几周内公布，不过Kaisharis在现场演示中所分享的关键数据信息包括：

（1）大部分消费者称，通常在旅行前，他们至少会通过4条渠道进行信息收集，包括OTA、旅行代理、与供应商进行电话沟通和亲友的面对面交流。

（2）14%的受访者称网络上的海量旅游信息让他们眼花缭乱。

（3）34%的受访者会积极通过社交网络（如Facebook和Trip Advisor）来主动寻求社交化的推荐和意见反馈（很奇怪，他们没有提到Google+）。

（4）44%的受访者在调查阶段会观看目的地的视频。

（5）71%的受访者认为，在他们的决策阶段，个人的旅游推荐发挥着非常重要的作用。

（6）26%的受访者喜欢在调查旅游产品时获得某些“个性化的咨询服务”。

（7）39%的受访者使用移动设备来计划住宿。

（8）59%的受访者希望能随时随地预订旅游产品。

（9）42%的受访者提到，他们觉得用PC预订旅游产品比在其他任何设备上进行预订都要简单（不知道其他58%的人持什么样的态度）。

（10）21%的受访者称，在对旅游产品的订单进行支付时，他们仍旧无法信任移动设备能提供可靠的支付保障。

（11）19%的受访者不喜欢使用移动设备来调查和预订旅游产品，因为网络连接速度通常太慢。

通过这些初步公开的研究成果，你可以看到Google所瞄准的方向。他们的报告强调的是他们认为旅行者在搜索旅游和预订旅游产品时所遭遇的痛点。

首先，造成上述这些情况的原因之一是，旅游企业把尽可能多的服务内容放到了自己的网站内。在如今这个可以使用多种设备上网的时代，过量的信息会起到反效果。

其次，正如Kaisharis后来所说的，如果消费者需要的是更多的个性化旅行建议，那么他的结论也许是对的，即“旅游品牌的体验和亚马逊式的体验比起来差远了”。

如果Kaisharis了如指掌的Google能利用其在行业内的影响力来改变格局，那么旅行者想要获得亚马逊式的体验也许就不难了。

（资料来源：环球旅讯，http://www.traveldaily.cn/article/75056.html）

四、旅游市场调研问卷设计

旅游市场调研不仅需要有明确的调查目标和科学的调查方法，还必须应用一定的调查技术。问卷设计是市场调研中最常用的调查技术。

（一）问卷设计技术

1．调查问卷的结构

调查问卷的结构一般包括三个部分：前言、正文和结束语。

（1）前言。

在多数情况下，问卷调查是面向社会公众及消费群体进行的，所以需要向被调查者简单阐释本次调查活动的目的、意义，以引起被调查者的重视和兴趣，获得他们的支持与合作。例如："本项调查主要想了解游客是否在利用互联网进行旅游相关活动，包括上网浏览查询旅游信息，预定客房、车票、机票等，以便于我们更好地为您服务。谢谢您参与我们的调查！本次调查只需要占用您两分钟的时间。对于您能在百忙之中填写此问卷再次表示感谢！"

（2）正文。

该部分是问卷的主体部分，主要包括被调查者信息、调查项目、调查者信息三个部分。

被调查者信息一般包括被调查者的姓名、性别、年龄、职业、受教育程度等。这些内容可以了解不同年龄阶段、不同性别、不同文化程度的个体对待被调查事物的态度差异，在调查分析时能提供重要的参考作用，甚至能针对不同群体写出多篇有针对性的调查报告。

调查项目是调查问卷的核心内容，是组织单位将所要调查了解的内容，具体化为一些问题和备选答案。

调查者信息是用来证明调查作业的执行、完成和调查人员的责任等情况，并方便于日后进行复查和修正。一般包括调查者姓名、电话，调查时间、地点，被调查者当时的合作情况等。

（3）结束语。

在调查问卷最后，简短地向被调查者强调本次调查活动的重要性以及再次表达谢意。如："为了保证调查结果的准确性，请您如实回答所有问题。您的回答对于我们得出正确的结论很重要，希望能得到您的配合和支持，谢谢！"

（二）问卷项目的设计

调查项目设计的好坏是关系到调查活动能否成功的关键因素，它对调查问卷的有效性、真实度等起着至关重要的作用。在设计问卷项目时，首先要确定调研目的、数据分析方法等因素，再确定问题类型。问卷项目按问题回答的形式一般可以分为封闭式问题和开放式问题。其中封闭式问题包括两项选择题、单项选择题、多项选择题、利克特量表等，开放式问题一般有完全自由式、语句完成式等。

1．确定问题类型

（1）两项选择题。

由被调查者在两个固定答案中选择其中一个，适用于“是”与“否”等互相排斥的二择一式问题。两项选择题容易发问，也容易回答，便于统计调查结果。但被调查人在回答时不能讲原因，也不能表达出意见的深度和广度，因此一般用于询问一些比较简单的问题。

（2）单项或多项选择题。

对一个问题预先列出若干个答案，让被调查者从中选择一个或多个答案。这类题型问题明确，便于资料的分类整理。但由于被调查者的意见并不一定包含在拟定的答案中，因此有可能没有反映其真实意思。对于这类问题，我们可以添加一个灵活选项，如“其他”来避免。

（3）程度性问题。

当涉及被调查者的态度、意见等有关心理活动方面的问题时，通常用表示程度的选项来加以判断和测定。这类问题的选项，不同的被调查者有可能对其程度理解得不一致。因此有时可以采用评分的方式来衡量或在题目中进行一定的说明。

（4）开放式问题。

开放式问题是一种可以自由地用自己的语言来回答和解释有关想法的问题。即问卷题目没有可选择的答案，所提出的问题由被调查者自由回答，不加任何限制。使用开放式问题，被调查者能够充分发表自己的意见，活跃调查气氛，尤其是可以收集到一些设计者事先估计不到的资料和建议性的意见。但在分析整理资料时由于被调查者的观点比较分散，有可能难以得出有规律性的信息，并会导致调查者主观意识的参与，使调查结果出现主观偏见。

2．设计问题项目的注意事项

（1）必要性原则。

为避免被调查者在答题时出现疲劳状态，随意作答或不愿合作，问卷篇幅一般尽可能短小精悍，题目量最好限定在 20～30 道左右，每个问题都必须和调研目标紧密联系。并需要考虑题目之间是否存在同语重复、相互矛盾等问题。

（2）准确性原则。

问卷用词要清楚明了，表达要简洁易懂，一般使用日常用语，避免被调查者有可能不熟悉的俗语、缩写或专业术语。当涉及被调查者有可能不太了解的专业术语时，需对其做出阐释。例如：“在本次调查中，我们对有关词汇做了界定，希望有助于您填写调查问卷。知识管理：将知识资本视为可管理资产的管理科学。知识管理战略：用于推动知识资产的形成、储存、分享和应用，以提升机构竞争力的机构发展战略。”

知识拓展

酒店消费者调查问卷

调查说明：

您好！非常感谢您参与本次问卷调查。本次调查旨在了解当前西宁的酒店市场现状，为在当地投资酒店进行可行性分析提供依据。本问卷采用匿名的方式作答，所收集信息仅用于数据分析，请您根据自己的实际情况填写。

问卷部分：

1. 性　别　□男　□女

2. 请问您的年龄　□25 岁及以下　□25～30 岁　□31～45 岁　□46～60 岁　□60 岁以上

3. 请问您的职业　□企业职员　□个体经营者　□公务员　□教师　□学生　□其他

4. 您来自哪里　□外地　□本地（跳到第 7 题）

5. 您出游的目的　□商务旅游　□观光旅游　□探亲访友　□其他

6. 您出游的方式　□自助游　□单位组织　□通过旅行团

7. 您是否住过西宁的酒店　□有　□没有（跳到第 12 题）

8. 您入住前是否有预订？　□有　□没有（跳到第 10 题）

9. 如果有，是通过何种方式预订？　□电话预订　□网上预订　□通过旅行社预订　□口头预订

10. 您如何得知该酒店的？　□亲友介绍　□媒体广告　□旅行社　□其他

11. 您到酒店的交通工具？　□私家车　□出租车　□公交车　□步行　□其他

12. 下列哪个范围的价格您比较能够接受？
□150 元以下　□150～300 元　□300～450 元　□450～650 元　□650 元以上

13. 您选择酒店时的考虑因素及重要程度，请在空白处打√。

是否考虑	项目	一点都不重要	不重要	无所谓	重要	非常重要
□是　□否	a. 品牌知名度					
□是　□否	b. 价格					
□是　□否	c. 周边环境，交通状况					
□是　□否	d. 主体设计是否有吸引力					
□是　□否	e. 配套设施，服务质量					
□是　□否	f. 是否有宽带服务					
□是　□否	g. 安全保障					
□是　□否	h. 其他______					

14. 下列哪些因素会影响您对该酒店的满意度及其重要程度，请在空白处打√。

是否考虑	项目	一点都不重要	不重要	无所谓	重要	非常重要
□是　□否	a. 早餐是否美味可口					
□是　□否	b. 床睡起来是否舒适					
□是　□否	c. 消防，安全卫生					
□是　□否	d. 温馨，有家的氛围					
□是　□否	e. 主体突出，个性化					
□是　□否	f. 管理，服务质量高					
□是　□否	g. 其他______________					

15. 您还希望酒店添加哪项服务？

□餐饮服务　□购物　□订票服务　□娱乐　□其他

再次感谢您抽出宝贵的时间协助我们完成此次调查，谢谢！

项目 3　STP 战略营销

案例引入

全球酒店业通过本地化策略瞄准新一代旅客

本文作者 Gregoates 专注酒店动态和酒店新品牌的报道。他已经参加过 50 多个国家的 1 000 多家网站的调研。

在这个高度互联的世界里，年龄和社会经济状况各异的旅客们都在寻求与他们所到访的目的地建立更深度的联系。产生这种需求的其中一个主要原因是旅客们在入住酒店之前会在网络上搜集大量信息。

有创意的酒店品牌正在满足这一需求，他们让顾客加入由本地社区居民与地点组成的多元化网络，将自己的品牌营销成“旅游体验”的一部分，而不仅仅是一个睡觉的地方。对于越来越多的旅客而言，他们入住的酒店代表着他们的身份。

酒店一直以来都是了解目的地的入口。在 20 世纪末，精品、设计和生活时尚酒店品牌争相涌现，这让市区酒店本身就成为一个目的地景点。目的地社区的酒店具有浓郁的本地化气息，将其作为社区入口的概念成为一大批兴奋的新连锁酒店品牌的差异化卖点。

在过去的十年里，大型的全球酒店品牌也跟上了这股潮流，不过，面向中端市场的酒店也掀起了一阵新趋势，它们重新制定针对中等收入家庭和二级市场的本地化策略。在今天，这已经成为酒店业的广泛共识，它们需要为受教育程度高和更紧密联系的旅客们提供更具深度和层次化的旅游体验，这一点会成为非常具有竞争力的优势。

随着逐渐上升的预订量和平均房价（ADR），我们很难去设定具体的 ROI（投资回报率）。所有的酒店专业人士在研究报告中都明确指出，所有细分市场的需求都在不断增长。用他们的话来说，打造本地化目的地旅游体验的 ROI 要做到几个方面，包括保持旅游相关性以提高年轻一代旅客的品牌忠诚度。

精明的酒店品牌正通过多方面的措施来增加本地化元素。最新的《Skift 趋势报告》中对其中的一些要点做了试验，它们包括：酒店和本地认可程度高的区域性的企业合作，与当地社区建立更具深度、更私人化的关系；酒店在酒店内外举办一些特别活动；酒店通过精心制定的社交媒体策略及博客来传播本地化的旅游体验。

（资料来源：环球旅讯，http://www.traveldaily.cn/article/75182.html）

提出问题

结合案例内容，你认为全球酒店业是如何做好市场细分和市场定位的？

我们小组的回答是：________________________________

____

____

相关知识

STP 理论是有关市场目标定位的理论。

市场细分（market segmentation）的概念是美国营销学家温德尔·史密斯（Wended Smith）在 1956 年最早提出的，此后，美国营销学家菲利浦·科特勒进一步发展和完善了温德尔·史密斯的理论并最终形成了成熟的 STP 理论：市场细分（segmentation）、目标市场选择（targeting）和市场定位（positioning）。它是战略营销的核心内容。

在 STP 战略营销活动中，销售者区分主要的细分市场，把一个或几个细分市场作为目标，为每个细分市场定制产品开发和营销方案。

STP 战略营销活动需要经过三个主要步骤（见图 2－2）：

市场细分	目标市场选定	市场定位
1. 确定细分市场变量和细分市场； 2. 勾勒细分市场的轮廓	3. 评估每个细分市场的吸引力； 4. 选择目标细分市场	5. 为每个细分市场确定可能的定位观念； 6. 选择、发展和传播所选择的定位观念

图 2－2　STP 战略营销三部曲

第一，市场细分。按照购买者所需要的旅游产品，将一个市场分为若干个不同的购买者群体，并描述他们的轮廓。

第二，目标市场选定。选择一个或几个准备进入的细分市场。

第三，市场定位。建立与在市场上传播高产品的关键特征与利益。

一、旅游市场细分

旅游市场细分是旅游市场营销工作系统过程中的重要环节，也是实现旅游市场营销目标的基础和前提。由于旅游市场本身的广阔性和复杂多变，没有一家旅游企业可以用一种旅游产品或服务满足旅游者有差异的需求，它们只能满足整体旅游市场中十分有限的部分。因此，旅游企业需要在做好市场调研的基础上，正确地细分市场，找准市场机会，选择适合自身企业的目标市场，才能更好地生存和发展。

（一）旅游市场细分的概念与原则

1．旅游市场细分的概念

旅游市场细分是指旅游企业根据游客群体对旅游产品的需求欲望、购买行为和购买习惯的差异，把旅游市场划分为若干个分市场，从中选择自己目标市场的过程。

2．旅游市场细分的原则

（1）可衡量原则。可衡量性是指旅游市场经过细分后具有明显的差异性，每一个细分的旅游子市场的购买力大小和规模大小都能被衡量，从质与量两个方面可以为旅游企业制定营销决策提供可靠依据。

（2）可进入原则。细分后的旅游市场是旅游企业利用现有的人力、物力、财力可以去进入和占领的。

（3）有价值原则。要求细分出的旅游市场在顾客人数和购买力上足以达到有利可图的程度，即要求细分市场要有可开发的经济价值。

（4）稳定性原则。严格的旅游市场细分是一项复杂而又细致的工作，因此要求细分后的市场应具有相对的稳定性。如果变化太快、太大，会使制定的营销组合很快失效，造成营销资源分配重新调整的损失，并形成企业市场营销活动的前后脱节和陷入被动局面。

（二）旅游市场细分标准

表2-2　旅游市场细分的标准及其影响内容

划分标准	具体影响的内容
地理	地区、地形、地貌、气候、城市规模等
人口	年龄、性别、家庭规模、家庭生活生命周期、家庭收入、职业、教育状况、宗教信仰、种族等
心理	社会阶层、生活方式、个性特征等
行为	购买场合、追求效用等

1．按旅游市场地理变量细分

（1）根据潜在客源地区与旅游目的地之间的自然环境的差异进行旅游市场细分。

（2）根据六大旅游区细分旅游市场，将世界旅游市场划分为六大旅游区：东亚及太平洋旅游区、南亚旅游区、中东旅游区、非洲旅游区、欧洲旅游区、美洲旅游区。

（3）根据客源国进行旅游市场细分，是旅游目的地国家或地区细分国际旅游市场最常用的形式。

（4）根据客源地与旅游目的地的空间距离进行旅游市场细分，可分为远程、中程或近程旅游市场。

（5）根据旅行者的国际流向细分旅游市场，即根据不同客源地旅游者流向某一目的地占该目的地接待人次的比例将国际旅游市场细分为一级市场、二级市场和机会市场。一般来说，一级市场占目的地国接待总人数的40%～60%。

2. 按人口统计变量细分

（1）年龄。旅游市场按年龄变量可分为儿童市场、青年市场、中年市场、老年市场。

（2）家庭生命周期。按家庭生命周期来进行划分。

（3）性别。按不同性别对旅游的需求，可细分为男性旅游市场和女性旅游市场。近年来，女性已成为旅游市场的重要客源目标。

（4）文化程度、职业、经济收入。文化程度越高，旅游的欲望越强。一般来说，文化水平越高，经济收入也越高，旅游支付能力越强，出去旅游的可能性也越大。

3. 按旅游者心理行为细分

旅游市场以旅游者的心理特征来细分，具体变量因素有气质性格、生活方式、价值取向、购买动机、偏好等。旅游者心理因素十分复杂，是一个内涵十分广泛、丰富的概念，它不仅与旅游者的收入水平有关，而且与旅游者的文化素养、社会地位、价值观念、职业等因素密切相关。

4. 按购买行为细分

（1）按旅游目的细分。以旅游目的来细分是一种非常基本的方法，实质是按消费者购买旅游产品所追求利益的侧重细分。主要可细分为以下几类市场：观光旅游市场，会议、商务旅游市场，度假旅游市场，奖励旅游市场，探亲访友旅游市场。

（2）按购买时间和方式细分。即根据旅游者出游的时间、购买旅游产品的渠道及旅游方式来划分旅游市场。

（3）按购买数量和频率细分。指按旅游者购买旅游产品的数量和频率特征来细分，可分为较少旅游者、多次旅游者和经常旅游者。这一变量因素一方面也反映了旅游者对某一旅游产品的忠诚度。

知识拓展

酒店营销最常用的十大客源分类法

1. 按户籍来源地划分

这是最简单、最原始、最粗糙的客源划分方式。国内的客人按身份证所记录的户口所在地进行分类，看客人是来自北京、上海、广州，还是江苏、四川等地。海外的客人则按护照的签发地进行分类。

在以前人群流动相对不大时，这样的分类有一定的指导意义，便于酒店优先考虑对客源地排名前几位的客户群采取有针对性的服务，比如提供客人家乡的风味菜、当地报纸、当地卫星频道，安排会讲客人家乡或国家地区语言的服务人员等。但现代社会人员流动速度和频率越来越快，出生在北京却在广州、上海工作的越来越多，或者身份证是广州，但老家却是四川的人也不少。以户籍所在地划分客源结构对调整服务内容的指导意义越来越弱了。同样的情况也发生在境外人士身上，比如一位持美国护照的客人，可能在中国已生活了十几年，早已习惯了中国人的生活方式，对传统西式的东西反而没有太大的兴趣。

2. 按客人所属行业划分

这种划分方式也用得比较多。通常客人订房、订餐、订会议室时都会以某个协议单位的名义，比如××公司、××部、××局等。通过对这些信息进行分析，我们可以发现到酒店来的客人主要集中在哪些行业。

当类似的行业比较多时，我们就应该调整酒店的产品和服务，更好地适应客人的需求。比如医药业客人对新产品宣传和发布的要求比较高，制造业对室外展示的场地要求面积大，IT 业对宽带速度要求高等。而政府的接待则对安全性和私密性的要求非常高，最好能有 VIP 专用通道，出入非常便利。

了解客人所属的行业主要依赖于酒店与客人所在单位的协议，对于散客来说，必须跟他相当熟悉之后才方便询问。

3. 按客人预订的方式划分

从订房来看，预订的方式一般有两类：直接预订和间接预计。前者是指住店的客人自己打电话或通过网络进行预订，他们自己就能说明价格、房型和抵达时间。后者则是通过别人进行预订，包括由协议单位的接待人员或者客人在当地的朋友安排预订，通过携程网进行预订，这一类预订有时候容易出现对价格、房型和房间最后保留时间的争议。

对客人的预订方式进行分析有助于我们掌握酒店的销售渠道，看看是否需要全面或者局部强化。

4. 按客人的消费总额划分

大部分的酒店都可以统计出一个年度消费排名，通常全年消费排名前 20 位的客人要占到酒店总收入的 20% 左右，有些还更高。按照 80/20 法则，这些是酒店需要重点关注的客源，保持他们的相对稳定性是酒店从总经理到每一位员工的重要工作，他们的流失往往会对酒店的正常营业收入造成很大的影响。

当然，在实践中，我们有时也不完全以消费金额的大小来决定客人的重要性，有些极其重要的 VIP 一年甚至几十年也来不了一两次，但对酒店的品牌和声誉却有极大的影响力，比如接待国家主席、美国总统、英国女皇、体坛超级巨星、世界级大科学家等。

5. 按客人 VIP 的等级划分

前面已经讲过，有些客人的知名度极高，对酒店的声誉有极大的帮助，能对从事相同或相似职业的客人产生巨大的影响力。比如接待过国家主席的酒店就对政府部门有吸引力，接待过比尔·盖茨的酒店对 IT 行业有吸引力，接待过巴菲特的酒店对证券投资业有吸引力，接待过李嘉诚的酒店对华人企业家有吸引力，等等。

每一家酒店都应该通过接待一定数量的 VIP 来提升自己的知名度、美誉度，并检验酒店的产品质量和服务水准。

6. 按光顾频率划分

这一种方式也用得比较多，按光顾频率高低可分为两种客人，一是长住客，即以年为单位包租酒店客房的客人；二是常客，一年之中多次光顾酒店的客人。尤其是后者，应该是各家酒店需要高度重视的客源。一方面他们光顾的次数多，说明他们对酒店的各项服务达到了高度的认可，甚至已经非常习惯地选择了这家酒店；另一方面，越是经常来的客人，他们的期望值可能会越高，一丁点儿投诉可能都会上达总经理层面，要把他们“伺候”好并不容易，要不时地给予他们一些“惊喜服务”更是难上加难，这对酒店来说是一个巨大的挑战。

这两类客人不一定很有名气，却能对他们所在的圈子施加很大的影响力，能吸引同圈子的客人大批量、经常性地到酒店来消费，为酒店创造稳定的收入和利润。反之，当他们拂袖而去时，也会带走一大批客人。

7. 按消费时节划分

旅游度假酒店对这种分析方式使用得较多，因为大多数旅游景点的淡旺季划分比较明显，必须合理地安排好不同时节的服务内容，合理调配人手。一般城市酒店较少使用这种方式，但它对客源分析仍然具有非常重要的指导意义。

绝大部分的客人通常不会365天都到酒店来，他们选择到酒店的时间往往与他们所在行业的商业周期有着极大的关系。最常见的是年末年初，大部分企业要开总结会、计划会、团拜会，这是一个庞大的消费市场，同样，年中也会有半年总结和计划会，只是数量相对少一些。一些行业常常会在春季或秋季推出新产品，需要到酒店发布和推广它们的产品，这也是一个不小的市场。我们仔细分析酒店所在地主要行业的商业周期，就能适时地吸引不同商业周期的客人到酒店开展各类社交活动，让酒店的经营一年四季都处于比较旺的状态，而不是淡季吃不饱，旺季“撑”不下。

8. 按性别和年龄划分

这种分析方式用得较多，却也用得最不好。通常性别与年龄都记录在客人的身份证件上，电脑能非常容易地进行分类，得出男女的比例是多少，各个年龄段的比例如何等，但如何分析和运用这些信息我们却很少注意过，我们的管理人员往往只是大概了解一下就完了。

在实践中有一些酒店已经注意到这一点，推出了有特色的女性房间、女性楼层，布置出温馨的客房氛围，如果酒店本身就有一定比例的女性客人，这种方式是可取的。反之，本来女性客人就少，推出这样的特色产品就没有多大的意义，男性客人进了这样的房间会作何感想呢？如果不能卖给女性客人，把它闲置起来又是多大的浪费呢？

如果酒店的老年客人比较多，那么在功能布局上就要充分考虑尽可能减少台阶，餐厅离客房的距离不能太远，餐厅的食品种类、味型选择和烹饪方式也要照顾到老年人的消化能力。同样，儿童客人较多的酒店也要考虑设置一些游乐场所，还要注意安全系数，卫生间的设计也要考虑到儿童的身高。同理，家庭客人较多的酒店不妨设立一些子母房，即房间内摆设一张单人间的大床和一张标准间的小床，让三口之家以略高于普通标准间的价格享受天伦之乐。

9. 按消费水平划分

酒店的房间价格是从高到低排列组合的，不同的价格满足不同消费水平客人的需求。同样是单间，行政楼层的价格就高于普通楼层，别墅房间也高于主楼的房间。我们应该分析这些房间通常是被什么类型的客人所选择，他们为什么会这样选择。这对我们确定不同类型房间的数量，制定合理的价格体系有重要的指导意义。

现实中一些酒店在设计房间时没有认真研究客源市场的特点，明明是会议设施齐全的酒店，标准间的数量却不够。或者是以商务客源为主的酒店，单间和套房所占的比例却太少。

10. 按消费个性特征划分

不同的客源有不同的消费习惯和个性化特点。虽然没有哪家酒店能满足所有客人的全部个性化需求，但满足其中的大部分，尤其是主体客源的主要需求是可以做到的。

比如当客人对无烟房的需求达到一定水平时，酒店就应该考虑设置专门的无烟楼层，不仅仅只是撤除烟缸、火柴等物品，应该在中央空调的分区管理上有专门的设备进行控制，否则其他楼层的烟味仍会窜到无烟楼层来。

对于宽带网的管理也受到了更多的重视，酒店的电脑房应根据实际需要对各个楼层，甚至各个房间的上网速度进行调控，以满足一部分对网速要求非常高的商务客人的需求，以免宽带资源被一小部分从网络上下载电影的客人占用。

通过以上十种方法，我们可以对酒店的客源进行科学的分析，从而有针对性地设计我们的服务项目，调整现有的服务内容，实现酒店收入的最大化。

（资料来源：同程网，http://www.17u.net/news/newsinfo_279881.html）

二、旅游目标市场的选定

所谓旅游目标市场就是指旅游企业在市场细分的基础上进行营销活动所要满足其需求的消费者群体。选择目标市场是市场细分工作的延伸。旅游经营者需要根据自己的条件，从细分的市场中选择出一个或几个子市场作为自己从事市场营销活动的对象，这一过程就被称为目标市场的选定。

（一）评估细分市场

选择目标市场的第一步是分析、评估各细分市场，评估依据有：各细分市场规模和增长率、细分市场结构吸引力以及旅游企业营销目标和资源。在评估细分市场时，必须考虑细分市场结构的吸引力、公司的目标和资源。也就是细分市场对企业有吸引力，同时和企业的目标和资源一致的问题。

（二）目标市场的选择

一般来讲，对旅游目标细分市场的选择有三种方式：无差异目标市场策略、差异性目标市场策略和密集性目标市场策略。

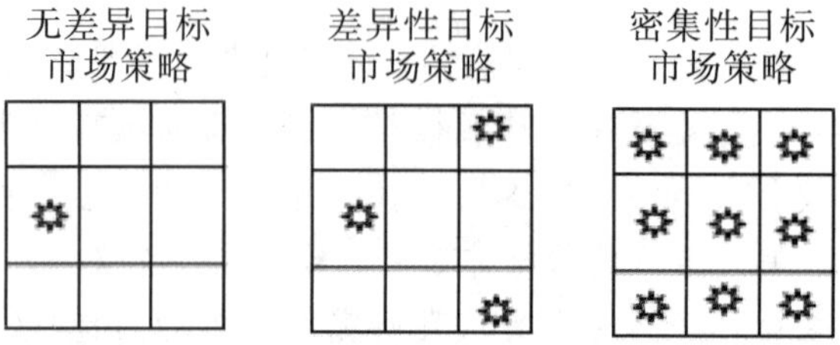

图 2－3　三种目标市场策略的比较

1. 无差异目标市场策略

无差异目标市场策略也叫成本策略，是指旅游企业无视整体市场内部旅游者需求的差异性，将所有细分出的子市场都作为自己的目标市场，只推出一种旅游产品，制定一种价格，运用一种统一的旅游营销组合，为满足旅游者共同的需求服务。

这种市场策略突出的优点在于，企业可以大规模销售，简化分销渠道，相应地节省市场调研和广告宣传的经费开支，使平均成本降低。另外，对于垄断性、吸引力大的旅游产品容易形成名牌产品的强大声势，创造规模效应。这种策略的缺点是不能完全满足旅游者的差异性需求。随着旅游者社会经济情况、生活方式以及个人兴趣的不断变化，对旅游多样化的需求日益增长，单一的市场策略不易吸引旅游者。因此，本策略主要适用于市场上供不应求或少数垄断性较强以及初上市的旅游产品市场，随着旅游市场竞争的加剧，旅游企业采用本策略的机会越来越少，它已不能适应现代旅游的发展。

2. 差异性目标市场策略

差异性目标市场策略根据消费者的不同需求特点，对整体市场进行细分。企业在此基础上选择整体市场中若干个细分市场作为自己的目标市场，针对不同细分市场的需求特点，提供不同的旅游产品及制定不同的营销组合，为满足不同的细分市场的需求服务。

例如，将旅游市场细分为观光、度假、会议、体育等不同的细分旅游市场，而观光旅游市场又可细分为丝绸之路、名胜古迹、田园生活、山水风光等不同内容。旅游企业针对不同的需求，设计各种旅游路线，提供不同的服务设施和服务项目。这种策略的优点是能更好地满足各类旅游者的不同需求，有利于提高旅游产品的竞争力和扩大旅游企业的销售量。如果一个旅游地或企业能够同时在几个细分市场上占有优势，就会由于连带效应，而树立起旅游者所信赖的、声誉很高的目的地形象或企业形象。另外，由于同时经营数个细分市场，有助于企业降低风险。

这种策略的局限性表现在，企业产品种类多，导致研发费用增多，要求具有多种销售渠道，会使广告费用、推销费用、行政费用等随之增加。由于经营分散，在某一种产品中难以实现规模经济效益，从而影响了经营效率，影响企业优势的发挥。

3. 密集性目标市场策略

采用这种策略是指旅游企业在市场细分的基础上，集中选择一个或少数几个细分市场作为自己的目标市场，集中企业的全部精力，以某几种营销组合手段服务于该市场，实行高度的专业化经营。

比如有的旅行社专门为探险旅游、农业旅游等特色旅游服务。这种策略往往适合资源能力有限的中小型旅游企业以及旅游资源独特的旅游目的地。他们在较大的市场上难以取得竞争优势，因而力图在较小的市场范围内取得较高的市场占有率。采取这种策略的突出优点在于能充分发挥企业的优势，使企业在特定市场上具有很强的竞争力。由于企业经营范围针对性强，容易形成产品与经营特色，因此有利于扩大企业在特定细分市场上的知名度以及由此带来的销售额的增加。

这种策略的不利之处是企业过分依赖少数几个市场，具有较大的风险性。由于市场面窄，一旦需求发生变化，企业就会出现危机。

以上三种策略各有其优缺点，旅游企业在选择自己的经营策略时必须考虑到自身的条件、产品和服务的特点以及市场的情况，加以权衡，慎重行事。

（三）影响目标市场选择的客观因素

一般来讲，影响目标市场选择的客观因素有以下几种：

1．旅游企业自身实力条件

旅游企业自身实力条件包括人员的素质、可支配的资金、管理水平、产品及营销组合设计能力以及关系网络等，这些条件对于确定目标市场经营范围的大小起到决定性的作用。如果经营者实力强，各种资源丰富，可以采取差异性目标市场策略。反之，如果实力不足，且规模不大，则应采取密集性目标市场策略。

2．旅游产品特点

不同的旅游产品在满足旅游者需求方面有很大的差异。对于特色旅游产品、旅游餐饮服务等性质差别较大的旅游产品，可能需要很多档次来满足不同旅游者的需求，而有些以单一的产品就能满足所有旅游者的需要，比如像航空客运服务、标准间客房服务这些性质接近、替代性强的旅游产品。

3．旅游市场特点

当旅游产品市场需求异质程度很低，旅游者的兴趣爱好及其他特点很相近时，可采用无差异目标市场策略。如一些名胜古迹、风土人情等项目可以采用此策略。相反，对于需求异质程度很高的旅游产品市场，则采用差异性或集中性目标市场策略。

4．旅游产品生命周期

应根据产品生命周期的不同阶段采取相应的目标市场策略。对处在投入期或成长期的旅游产品，应采用无差异目标市场策略，因为此时对市场需求不甚了解，并且没有或很少有竞争者。当产品进入成熟期或衰退期后，应采用差异性目标市场策略，以利于开拓新的目标细分市场，尽力延长产品生命周期，或者采用集中性目标市场策略，使企业集中力量对少数有利可图的细分市场进行营销推广。

5．旅游市场竞争特点

如果企业的产品垄断性强，竞争者数量少或势力弱，可以采用无差异目标市场策略。反之则采用差异性或集中性目标市场策略。企业采取何种策略，往往视竞争对手的策略而定。比如，若竞争者采用无差异目标市场策略，企业就应当针对细分市场采用差异性或集中性目标市场策略，争取占领几个有利市场。

目标市场的选择是一个系统性的工作，不但需要旅游经营者做好充分的市场调查，还要全面考虑各种影响因素。只有这样才能选择一个准确有效的目标市场。从整个旅游营销活动来看，目标市场的选择仍属于前期工作，这一工作的成功与否会直接影响后面工作效果的好坏。

知识拓展

万豪酒店市场细分

万豪酒店（Marriott）是与希尔顿、香格里拉等齐名的酒店巨子之一，其总部位于美国，现在业务已经遍及世界各地。

在市场细分这一营销行为上，万豪酒店可以被称为超级细分专家。在原有的四个品牌都在各自的细分市场上成为主导品牌之后，万豪酒店又开发了一些新的品牌。在高端市场上，Ritz－Carlton（丽兹·卡尔顿）酒店在为高档次的顾客提供服务方面赢得了很高的赞誉并备受赞赏；Renaissance（新生）作为间接商务和休闲品牌与万豪酒店在价格上基本相同，但万豪酒店面对的是不同消费心态的顾客群体——已经成家立业的人士，而新生的目标顾客则是那些职业年轻人；在低端酒店市场上，万豪酒店由 Fairfield Inn 衍生出 Fairfield Suite（公平套房），从而丰富了自己的产品线；位于高端和低端之间的酒店品牌是 Towne Place Suites（城镇套房）、Court Yard（庭院）和 Residence Inn（居民客栈）等，他们分别代表着不同的价格水准，并在各自的娱乐和风格上进行了有效的区分。

伴随着市场细分的持续进行，万豪酒店又推出了 Springfield Suites（弹性套房）——比 Fairfield Inn（公平客栈）的档次稍高一点，主要面对一晚 75～95 美元的顾客市场。为了获取较高的价格和收益，酒店使 Fairfield Suite（公平套房）品牌逐步向 Springfield Suites（弹性套房）品牌转化。

万豪酒店会在什么样的情况下推出新品牌或新产品线呢？答案是：当其通过调查发现在旅馆市场上有足够的、尚未填补的“需求空白”或没有被充分满足的顾客需求时，公司就会推出针对这些需求的新产品或服务——这意味着公司需要连续地进行顾客需求调研。从某种意义上说，万豪酒店的专长并不是旅馆管理，而是对顾客知识的获取、处理和管理。如果调查显示某细分市场上有足够的目标顾客需要一些新的产品或服务特色，那么万豪酒店就会将产品或服务进行提升以满足顾客新的需求；如果调查表明在某一细分目标顾客群中，许多人对一系列不同的特性有需求，万豪酒店将会把这些人作为一个新的“顾客群”并开发出一个新的品牌。

（资料来源：同程网，http://www.17u.net/bbs/show_15_967460.html）

三、旅游市场定位

旅游市场定位是指旅游企业根据目标市场上的竞争者和企业自身的状况，从各方面为本旅游企业的旅游产品和服务创造一定的条件，进而塑造一定的市场形象，以求在目标顾客心目中形成一种特殊的偏好。旅游市场定位主要涉及三个问题：可利用的主要差异化属性有哪些；怎样在市场上选择有效的定位；怎样把它的市场定位向市场传播。

（一）旅游市场定位的作用

旅游企业进行准确的市场定位，其作用主要体现在以下几个方面。

1. 有利于企业建立竞争优势

所谓竞争优势，按照战略管理大师波特的描述，是产生能为顾客创造的价值，而这个价值量大于企业本身创造这个价值时所花费的成本。顾客愿意花钱购买的就是价值，花费低于竞争对手的价格而获得等值的利益，或者得到足以抵消较高价格的独特利益（即超值），顾客均会感到满意。而旅游企业要建立竞争优势，最大限度地让顾客满意，就必须事先明确企业在哪些方面与竞争对手不一样，在顾客心中处于什么位置，即定好位。

2. 有利于企业营销组合的精确执行

解决旅游企业市场定位问题的好处在于，它能够帮助企业解决好营销组合问题，并保证营销组合的精确执行。营销组合——产品、价格、渠道和促销——是执行定位战略的战术细节的基本手段。如果说确定目标市场是让营销人员知道为什么要制订相应的营销组合的话，那么，准确的定位战略则是告诉营销人员如何设计营销组合的内容。

例如，一个定位于“高档次旅游和服务”位置的企业，必须提供优质的旅游产品和服务，为这个档次的产品制定一个较高的价格，同时，通过高档的销售渠道进行分销，以及在面向高端人群的杂志上登广告，为这个产品及企业营造一种始终如一的、令人信服的高质量形象。

3. 避免企业间的恶性竞争

旅游企业如果不能突出自身优势，使企业与竞争对手区别开来，在争夺同样的目标旅游者时，由于客源的有限性，必然会进一步加剧市场竞争，甚至会出现恶性竞争的局面。由于没有进行有效的市场定位，企业产品雷同，在产品品种、服务、人员、形象等方面没有明显的差异，企业间的竞争就会更多地反映在价格上。价格竞争又会进一步降低企业的利润，使企业缺乏技术改造和提高服务质量的资金，最终影响到企业和整个行业的发展。

知识拓展

旅游企业常见的四种定位错误

旅游企业在营销活动中，有可能出现定位错误的四种情况：

(1) 定位不够。一些企业发现顾客对自身产品和服务（或者说差异化利益）只有一个模糊的概念，顾客并不真正知道它的特殊之处。

(2) 定位过分。这引起顾客产生过于狭窄的印象，未来将难以进一步拓展。

(3) 定位模糊。对定位有着过多的说明或者时常改变产品和服务的定位，均有可能使顾客产生混乱的印象。

(4) 定位疑惑。顾客很难从产品和服务特征、价格或提供者的角度相信企业宣传的各种利益。

（二）旅游市场定位的步骤

旅游市场定位的关键是企业设法在自己的产品上找出比竞争者更具有竞争优势的特性，根据竞争者现有产品在细分市场上所处的地位和旅游者对产品某些特性的重视程度，塑造出本企业产品的市场定位。因此，旅游企业市场定位的全过程可以通过以下三个步骤来完成。

1. 识别企业的竞争优势

旅游者一般都会选择那些给自己带来最大价值的产品和服务。因此，赢得和留住顾客的关键是要比竞争对手更好地理解顾客的需要，并向他们提供更多的价值。旅游企业的竞争优势取决于其旅游产品开发设计和经营管理方面的成本优势及其旅游产品的创意设计能力。

要想确定企业的竞争优势，需要具体了解以下问题：竞争对手的产品定位是怎样的；目标市场上旅游者的需要和欲望的满足程度如何；哪些需要和欲望是尚未得到满足的；针对竞争对手的市场定位和目标市场上旅游者需要的利益，企业可以做些什么等。旅游企业通过回答以上问题，就可以从中找出与竞争对手的差异所在，并由此确定自己的竞争优势。

2. 选择有价值的竞争优势

并不是所有的差异都能成为竞争优势，旅游企业要做的就是区分哪些差异能够成为有价值的竞争优势。通常，企业要通过对以下问题的回答来衡量。

（1）重要性：要能够给相当数量的旅游者带来实惠。

（2）独特型：既没有其他企业使用，也不能再以更独特的方式被竞争对手使用。

（3）可沟通性：易于被旅游者见到并理解。

（4）可负担性：旅游者能够负担得起由于差异带来的费用。

（5）获利性：旅游企业能够从中获得利益。

大多数旅游者对每家旅游企业之间的细微差异并不十分感兴趣，旅游企业也没有必要费时、费力去深入探求每一处的不同。一般来说，旅游企业只需要对那些最能体现企业风格、最适合目标市场需要之处进行必要宣传即可。这就要求企业确定需要突出多少种差异和需要突出哪些差异。

3. 沟通及传播企业的市场定位

在确定了市场定位后，旅游企业就必须要把它准确无误地传递给目标旅游者，使其独特的竞争优势在旅游者心目中留下深刻印象。旅游企业要通过营销活动使目标旅游者了解、熟悉、认同本企业的市场定位，并在旅游者心目中建立与其定位相一致的形象。如一家旅游企业定位于“质量上乘”，那么它就必须努力地把这种信息传播出去。优质产品的信息可以通过营销的其他要素表达出来，如高价格，因为在人们的观念中高价格往往意味着高质量，高品质的旅游产品设计、高质量的广告媒体选择、高素质经销商的合作等，这一切必须与企业“质量上乘”的定位相一致。

此外，旅游企业还要不断强化其市场形象并保持与目标旅游者的沟通，以巩固其市场地位。如果目标旅游者对企业的市场定位理解出现偏差，或者由于企业宣传上的失误而造成目标旅游者的误会，企业要及时纠正与其市场定位不一致的形象。

知识拓展

锦江国际旅游中心揭幕，定位中高端旅游定制服务

2013年12月28日，锦江国际旅游中心将在长乐路400号（原锦江迪生商厦）举行亮灯揭幕仪式，沪上老牌精品商厦将实现华丽变身。锦江国际旅游中心是锦江国际集团实施“6+2中心”战略举措的重要组成部分，是锦江国际集团推进“整体上市、国际化、‘锦江’品牌走向世界”三大战略的重要抓手。根据《锦江国际集团旅游业“十二五”专项规划》的设想，锦江旅游将通过旅游中心的建设，创新发展模式，融合线上线下业务，加快推进传统旅行社企业向现代服务业的转型升级，为使上海成为世界著名旅游城市建设做出更大的贡献。

锦江国际旅游中心是中高端旅游的定制服务中心，锦江旅游将在这里营造温暖而现代的环境、轻松高雅的情调，由高素质的旅游顾问为旅游者提供专业咨询，为旅游者倾情打造休闲度假、蜜月旅行、邮轮旅游等定制旅游产品，让旅游者在出游之前对目的地产品获得良好的体验，实现产品创新、技术创新、概念创新和传播创新。

走进锦江国际旅游中心，你的度假似乎已经开始了。迎面而来的是巨幅长白山滑雪场的画面。在服务台工作人员的引导下，你可以在自助终端上查询世界各地天气和汇率。同时，锦江旅游的咨询顾问已经在终端上和你互动，你可以在你所向往的目的地区域通过视频找到你满意的旅游顾问立即现场咨询，旅游顾问随即在专享的目的地展示厅恭候你的光临，并打开镜面电视为你展示产品视频，耐心解答你的问题，为你量身订制。九间目的地展示厅风格各异，有蜜月旅游区、邮轮旅游区、海岛旅游区等专项产品展示区域，也有各个目的地旅游资源和产品的展示区域。你还可以来到大型的多媒体互动室内参与小组讨论、小型讲座和说明会。

中心的西侧是特别规划的5D电影体验区，锦江旅游将把特别摄制的旅游资源介绍和产品制作成5D影片，让顾客在出门之前就能有身临其境的体验。你可以随着影片乘上吉普车在非洲的自然保护区内驰骋，和动物们亲密接触，也可以登上游艇，在海上把酒迎风，全方位地感受异国情调。大厅内每周末将举办目的地文化周、路演、旅游讲座和旅游知识竞赛，在这里你不仅可以看到目的地资源的介绍，听到当地旅游专家的讲解，还可以品尝当地特色食品，领取小小的纪念品，最让人心动的是，末了一定会有抽奖活动！

大厅里飘荡着浓浓的咖啡香，你可以在咖啡座内聊聊天，看看旅游攻略。预订完旅游产品的顾客，还可以在自助照相机上选择一张你所心仪的目的地景色的照片作为背景留个影，最后你可以去游艺机上小试身手，碰碰运气，也许能中个大奖！

锦江国际旅游中心将逐步挖掘旅游资源，树立品牌形象，集聚忠诚客户，引领旅游市场，使之成为时尚旅游产品的发布地、旅游定制产品的体验服务区。锦江国际旅游中心将充分利用线下线上的互动，不断整合航空公司、酒店、邮轮、餐厅、商场等资源，构建起旅行社和顾客的多赢平台。要通过移动网络和微平台的技术创新搭建起顾客之间的交流平台，加强顾客间情感交流，促进公司和顾客的互动，塑造感官体验和思维认同，

让旅游者走进自然、品味生活、感受文化，使旅游中心成为旅游者心目中的市场标杆。

当天，在锦江国际旅游中心盛大开业之际，锦江旅游与世界知名的高端邮轮品牌“公主”邮轮合作推出的2014年5月22日“蓝宝石公主”号中国首航日韩6日之旅，将召开新闻发布会。

（资料来源：旅业网，http://www.sottoc.com/）

（三）旅游市场定位的方法

旅游市场定位的常用方法有以下几种。

1. 初次定位

初次定位是指新成立的旅游企业初入市场、旅游新产品投入市场，或者旅游产品进入新市场时，企业为满足某一特定目标旅游者的需要，采用所有的市场营销组合而使其竞争优势与特色为目标旅游消费群体接受的过程。

2. 避强定位

这是一种避开强有力的竞争对手进行市场定位的模式。当企业意识到自己无力与强大的竞争者抗衡时，则远离竞争者，根据自己的条件及相对优势，突出宣传自己与众不同的特色，满足市场上尚未被竞争对手发掘的需求，这就是避强地位。这种定位的优点是能够迅速地在市场上站稳脚跟，并在旅游者心中尽快树立起一定形象。由于这种定位方式市场风险较小，成功率较高，常常为多数旅游企业所采用。

3. 迎头定位

这是一种以强对强的市场定位方法，即将本企业形象或产品形象定在与竞争者相似的位置上，与竞争者争夺同一目标市场。例如，于1999年10月开通的城际间快速列车，以其快速、舒适、便利、价格合理的优势，吸引了更多的乘客，与航空客运展开了针锋相对的竞争。实行迎头定位的旅游企业应具备的条件是能比竞争对手设计出质量更好或成本更低的旅游产品；市场容量大，能容纳两个或两个以上的竞争者；拥有比竞争者更多的资源和能力。这种定位存在一定风险，但能够激励企业以较高的目标要求自己奋发向上。

4. 重新定位

重新定位是指旅游企业通过改变产品特色等手段，改变目标旅游者对产品的认识，塑造新的形象。

即使企业产品原有定位很恰当，但当出现下列情况时，也需要考虑重新定位。第一，竞争者推出的市场定位侵占了本企业品牌的部分市场，使本企业产品市场占有率下降。第二，旅游者偏好发生了变化，从喜爱本企业品牌转移到喜爱竞争对手的品牌。重新定位是企业为了摆脱经营困境，寻求重新获得竞争力的手段。也可能是由于企业发现了新的产品市场范围而主动发起的。

知识拓展

爱尔兰航空面对强大竞争者如何咸鱼翻身？

在目前的航空市场上，新兴航空公司超越强大竞争对手的案例已经屡见不鲜了。然而，一些积弱积贫的老牌航空公司面对强大的竞争对手会有咸鱼翻身的机会吗？答案当然是肯定的。爱尔兰航空公司作为一家区域航空公司，运营业绩一直不理想。尤其是在金融危机后，其业绩更是一蹶不振。面对多次要并购他的强大对手瑞安航空公司，爱尔兰航空的生存状况已危如累卵。然而，经过战略调整和几年的励精图治，该公司的状况现在已经大有改观。

虽然爱尔兰航空与瑞安航空的总部都设在爱尔兰，但他们的生存状况却有着天壤之别。另外，他们的关系也非常复杂。爱尔兰航空成立于1936年，政府曾持有90%的股份，国企色彩浓厚，一直守着跨大西洋航线和伦敦希思罗机场航线，并拥有爱尔兰岛内都柏林、香浓、科克3个主要机场的良好市场环境，却没有什么建树。而成立于1985年的瑞安航空不仅后来居上，而且现在已是欧洲最大的廉价航空公司，拥有32个基地和遍布26个国家的830条廉价航线。

很明显，在这种情况下，瑞安航空可以将爱尔兰航空玩弄于股掌之上。目前，瑞安航空已经持有爱尔兰航空29.8%的股份。从2006年以来，瑞安航空3次试图通过并购获得爱尔兰航空的控制权，但均未获得欧洲竞争委员会的同意。其实，在瑞安航空看来，金融危机爆发后，市场形势非常有利于收购爱尔兰航空。如果收购计划得不到欧盟的批准，爱尔兰航空的运营也将难以为继。

或许，来自瑞安航空的强大生存压力，反而激发了爱尔兰航空的求生欲望。正像欧洲许多航空公司的首席执行官一样，爱尔兰航空首席执行官穆勒也不愿意轻易让出自己的宝座。他面对"邻居"、竞争对手、股份持有者兼可能的买家瑞安航空时，只能尽力让爱尔兰航空降低成本。

为此，爱尔兰航空首先制定了远程航线的战略，改变了以往只把眼光放在爱尔兰这个有限市场上的理念，利用跨大西洋航线和连接欧洲大陆的良好航线资源，通过为欧洲的合作伙伴输送中转旅客，并加大北美门户机场的航班密度来争取客源。而在短程航线方面，爱尔兰航空通过湿租其他航空公司的飞机来运营，以降低投入成本。这种转变很快就收到了成效，客源大幅增长，成本明显降低，与以短程航线见长的瑞安航空形成了差异化竞争。

如今，爱尔兰航空不仅夺回了都柏林机场的控制权，还将该机场建成了自己的枢纽港口。据统计，2013年，该公司跨大西洋航线载运量增长了13%，预计2014年还将增长24%。现在，爱尔兰航空又订购了9架空客A350－900飞机，并将从2015年开始陆续交付。这不仅可以扩充其远程航线的机队，还可以替换一些老旧的空客A330飞机，达到增强实力和降低油耗的目的。

在奠定了这样一个良好的基础后，爱尔兰航空将于2014年4月恢复都柏林至旧金山的航线，并将在一年内开通都柏林至多伦多的航线和加密香浓机场飞往波士顿、纽约的航班。其实，旧金山航线在2008—2009年就开通过，但最终以失败告终。重新开通此航线是以运输中转旅客为主的，具有很大的市场潜力。2012年，爱尔兰航空的中转旅客数量大增，其中来自英国的旅客就占到了20%。穆勒不无感慨地说："我们为今天的转变付出了3年的艰苦努力。3年时间一晃而过，但都柏林机场枢纽港口的建成是成功的第一步。明年我们将通过网络联运拓宽发展道路。"

实际上，爱尔兰航空在都柏林机场建成枢纽港口，也标志着其在强大的竞争压力下找到了一条适合自身发展的生存之道。这种生存状态的变化，也带来了市场的有利变化。现在，英国竞争委员会以保护市场竞争为由，勒令瑞安航空出售所持有的爱尔兰航空29.8%的股份。

（资料来源：环球旅讯，http://www.traveldaily.cn/article/75920.html）

习题与实践

一、名词解释

1. 旅游市场营销环境
2. 宏观环境
3. 微观环境
4. 市场细分
5. STP 战略
6. SWOT 分析
7. 问卷调查法
8. 旅游市场调研

二、选择题

1. 2001 年“9·11”事件使西方旅游业受到沉重打击，这说明了（　　）对旅游市场营销的影响。

A. 政治法律环境　B. 人口环境　C. 经济环境　D. 社会文化环境

2. 下列属于旅游市场营销微观环境的是（　　）。

A. 政治法律环境　B. 竞争者环境　C. 经济环境　D. 人口环境

3. 居民收入增长时，旅游消费需求也随之上涨，这说明旅游业会受到（　　）的影响。

A. 政治法律环境　B. 社会文化环境　C. 经济环境　D. 社会公众环境

4. 以下对于企业竞争对手的条件描述，不符合的是（　　）。

A. 地理位置相近　B. 目标市场一致

C. 产品和服务相同　D. 价格相差大于 20%

5. 一酒店员工素质高，管理人员均为本科以上文化，在 SWOT 分析法这属于（　　）。

A. 优势　B. 劣势　C. 机遇　D. 威胁

6. 位于广州环市东路附近的花园酒店和中心皇冠假日酒店同为五星级酒店，它们之间属于（　　）竞争者。

A. 消费类型　B. 替代

C. 产品形式　D. 品牌

7. 问卷中的问题只设两个选项的，称为（　　）。

A．两项选择题　　B．多项选择题　　C．顺位式问答题　D．自由问答题

8．在问卷设计中，以下陈述错误的是（　　）。

A．问题的陈述应简洁　　B．避免双重或多重含义的问题

C．避免否定句　　D．问题的类型只能采用一种

三、判断题

1．在调查对象中选择一个或几个市场现象比较集中、对全局具有决定作用性的重点单位进行调查的方式是抽样调查。（　　）

2．定量预测主要依靠预测人员所掌握的信息、经验和综合判断能力，预测市场未来的状况和发展趋势。（　　）

3．问卷的开头部分应安排比较容易回答的问题，给调查者轻松的感觉并愿意继续回答。（　　）

四、简答题

1．简述旅游市场调研的意义。

2．简要分析我国旅游行业面临的宏观环境情况。

3．影响旅游者购买行为的社会因素主要有哪些？环境因素主要有哪些？

4．旅游者的人口统计因素和心理因素是怎样影响其购买行为的？

5．说明旅游者购买行为模式并简要分析其对旅游营销活动的影响。

6．旅游者的购买过程主要包括哪几个阶段？旅游营销人员需相应采取哪些营销措施？

五、技能训练

1．运用SWOT对广东旅游市场中的旅游景区、旅游交通、旅游餐饮、旅行社等旅游相关行业进行分析。

2．选择本地知名的某一个行业，了解和分析该行业的代表企业，它们的市场是怎样细分的？

3．设计一份问卷，调查旅游景区对消费者的满意度，并形成一份景区消费者满意度报告。

本模块小结

本模块首先对旅游市场营销宏观环境和微观环境进行了分析，然后提出了旅游市场调研的定义、研究种类和研究方法，以及市场调查问卷的设计方法，最后对STP战略营销进行了具体讲述。

模块3　旅游产品策略

任务目标

1. 认识旅游产品的概念，理解旅游产品的特性和整体旅游产品的构成。
2. 了解旅游产品品牌的概念和构成，认识品牌战略在旅游市场中的重要作用，熟练运用各种旅游产品品牌策略。
3. 掌握旅游新产品开发的一般过程和策略，并灵活运用到实际工作中。

项目1　旅游产品的概念

案例引入

盘龙峡：把三流资源打造成一流景区

在广东，只要提起漂流，首先让人想到的就是盘龙峡。因为无论是旅行社的橱窗广告、车身广告，还是报纸、电视、网络上的广告，只要有漂流两字的，都有盘龙峡的“身影”。

盘龙峡生态旅游区位于德庆县西北部，有专用公路直达景区，交通十分方便。据资料显示，自2001年盘龙峡景区开园以来，德庆县游客数量和旅游收入呈几何级数增长。迅速增长的数据说明了什么问题呢？

很多人认为，盘龙峡之所以受欢迎，是因为它拥有得天独厚的自然资源，而这一优势是其他同类景区无法相比的。但广东漂流景点何其多，很多景点自然条件并不比盘龙峡差，就漂流的概念而言，盘龙峡远不及清远、台山、韶关的一些漂流更有优势，如果要在漂流景区中做比较的话，它甚至只能算是个三流角色。

其实，盘龙峡之所以做得如此成功，完全得益于行之有效的宣传策划及成功的媒体运作。

近些年来，业界越来越意识到旅游是一种产品，那么当务之急就是怎么把你的产品销售出去？怎么让顾客来买你的产品？怎么留住顾客？既然是产品，当然可以借鉴企业营销的那一套成熟的模式：包装、策划、创造品牌、提升品牌……一个都不能少。

景区在策划的同时要加强自身建设，如景区的环境建设、安全建设、附加项目的建设等。自身的资源、专业化的推广队伍、创新的经营理念、密切的媒体关系、文化层面的提升、明确的品牌意识，这些因素造就了成功的盘龙峡生态景区。

（资料来源：旅游界，http://travel.sohu.com/20070615/n250593134.shtml）

提出问题

业界越来越意识到旅游是一种产品，那么当务之急就是怎么把你的产品销售出去？怎么让顾客来买你的产品？怎么留住顾客？既然是产品，那这个产品是如何界定？

我们小组的回答是：____

____

____

相关知识

谢彦君指出，旅游产品是指为满足旅游者的愉悦需要而在一定地域上被生产或开发出来以供销售的物象和劳务的总和。第一，旅游产品的生产有两种方式，一种是依赖旅游资源所做的开发，从而生产出一种资源依托型旅游产品，另一种是凭借拥有的人力、财力、物力资源而仿造或创造的旅游产品，从而生产出一种所谓资源脱离型旅游产品；第二，旅游产品主要供旅游者购买，功能上具有可观赏性和愉悦性，空间上具有地域性；第三，旅游产品可以有物质实体，也可仅仅是某种现象；第四，旅游产品都或多或少含有人类专门为旅游目的而投入的劳动，但绝不能没有人类的这种劳动投入，否则，就不能称其为旅游产品；第五，各种媒介要素（包括饭店、交通设施等各种接待型产业要素）不是旅游产品，但它们可以构成旅游产品利益的追加组成部分。

从顾客的角度来说，旅游产品是旅游者从离家外出开始直至完成全程旅游活动并返回家中为止这一期间的全部旅行经历的总和；从供给角度来说，是指旅游目的地为满足来访旅游者的需求而提供的各种旅游活动接待条件和相关服务的总和。单项旅游产品是旅游企业所经营的设施和服务，或者说是旅游企业借助一定的设施而向旅游者提供的项目服务。

（一）旅游产品的特点

1. 无形性

无形性是服务产品的共同特点，旅游产品主要是由无形服务组成的集合体。旅游产品的无形性主要体现在两个方面：首先，旅游产品是旅游者通过旅游活动体验一系列旅游服务获得感受的全过程；其次，旅游产品的无形性表现在其价值和使用价值，不是凝结在具体的物上，而是在无形的劳务活动中，只有当旅游者享受了服务后，才能体会到旅游产品的价值和实用价值。由此，旅游产品的深层次开发和对市场需求的满足较多地依赖于无形产品的开发，也就是不断地提高旅游服务的质量和水平。

2. 生产与消费的同步性

有形产品拥有“生产—销售—消费”环节，而多数旅游产品的生产与消费却是同时进行、不可分割的，所以又称“生产与消费的同步性”，这也是服务产品的共性。旅游产品尽管有预付等形式的非生产地交易，但旅游者只有到旅游产品产地才能真正购买到旅游产品，拥有其使用价值。旅游产品交易的最终完成必须在产地实现。旅游产品生产与消费同步性的特点构成其与有形产品最突出的差别，并使其质量控制的难度增大。这一特点还说明旅游产品在旅客消费前还不是“成品”，旅游者在消费前一般也难以对旅游产品质量做出评价，这意味着旅游者的购买风险较高，同时也意味着沟通与促销将对旅游者起到重要的引导作用，恰如其分的沟通与促销，将有利于旅游者了解企业产品并进行选购。

3. 不可转移性

旅游者购买的旅游产品是特定时间、特定地点的使用权，因此，旅游者只能到旅游产品生产地就地消费。旅游产品的不可转移性还体现在产品销售后所有权的变更上。一般物质产品通过买卖交换，所有权发生转移，但旅游产品的买卖是旅游者在特定时间、特定地点拥有产品的使用权，不是永久性的。

4. 不可储存性

一般实物产品销售不出去可以贮存待售，而旅游产品由于具有生产与消费的同步性和时空上的不可分割等特点，任何时间、地点的旅游产品都不可能首先生产出来等消费者购买，只有当旅游者购买并消费时，以服务为主体的旅游产品才会生产出来。如果服务在生产过程中未被销售，就意味着失去了这部分价值。

5. 综合性

由于旅游产品满足的是人类较高层次的精神需求，而非生活必需品，从而决定了旅游产品具有较大的需求弹性，容易被替代。精神需求的满足也可通过教育、体育健身、在居住地附近休闲游憩等方式获得。

（二）整体旅游产品的构成

整体旅游产品是指旅游企业向市场提供的能满足人们旅游活动需要的一切物品和劳务，包括有形的物质产品、无形的服务、旅游企业的人员素质及理念、包装和品牌的价值、游客的期望值等一系列因素的综合体。菲利普·科特勒指出，整体旅游产品可分解为5个层次：核心产品、形式产品、期望产品、延伸产品和潜在产品。

现代市场学认为，一般产品由三部分组成，即产品的核心部分、形式内容和延伸部分。其中，核心部分是指产品能满足顾客需要的基本效用和利益；形式内容是指产品向市场提供的实体和劳务的外观、质量、款式、特点、商标及包装等；延伸部分是指顾客购买产品时所得到的其他利益的总和，如咨询服务、贷款、优惠条件等对顾客有吸引力的东西。旅游产品同样由三部分组成：

（1）产品的核心部分，即向旅游者提供基本的、直接的使用价值以满足其旅游需求。

（2）产品的外形部分，如旅游产品的质量、特色、风格、声誉、组合方式等。

（3）产品的延伸部分或辅助部分。提供给旅游者在购买之前、购买之中和购买之后所得到的附加服务和利益，即各种优惠条件、付款条件及旅游产品的推销方式等。

由此可知，任何一种旅游产品都是一个整体系统，不单用于满足某种需求，还能得到与此有关的一切辅助利益，并且产品的外形部分、延伸部分诸因素决定了旅游者对旅游产品的评价。这种从理论上对旅游产品内涵的界定，对旅游企业的营销具有重要意义。

旅游经营者在进行旅游产品营销时，应注重旅游产品的整体效能，并在外形部分和延伸部分形成自身产品的差异化，以赢得竞争优势。质量是旅游产品差异化的基础。目前，许多旅游企业都把提高产品质量和改进产品延伸部分作为吸引顾客、参与竞争的有效手段。旅游产品的延伸部分有安全保障、信息服务、信贷服务等。饭店业产品的延伸部分包括预订、客房用餐服务、信息服务、信贷服务、折扣、对儿童和残疾人照顾等。延伸部分为顾客提供了许多附加利益，能形成对顾客的独特吸引因素，从而创造顾客对产品和企业的信赖，有助于旅游企业保持和扩大市场。

项目2　旅游产品品牌策略

案例引入

图3-1　广之旅 Logo

广之旅国际旅行社股份有限公司的前身是创立于1980年的广州市旅游公司。1993年，公司旅游接待收入首次突破亿元大关，开始面临企业发展的第一次重大转折。难能可贵的是，公司并没有故步自封，而是以超前的眼光和意识，为企业导入CI，从而使广之旅走上了一条品牌化的企业发展之路。

广之旅原来的公司名称是地名加行业名，标志是象征广州的红棉加“马踏飞燕”，跟中国旅游标志雷同。为了使社会公众易于识别广之旅的企业形象，广之旅实施品牌战略的第一步，就是请来专业广告公司对企业形象重新包装，以“灿烂阳光，怒放红棉，无边绿野”作为公司标记。亮丽鲜明的红、黄、绿三色，和洒脱酣畅的几笔，勾画出一个风光无限的旅游世界，醒目鲜明而又极具个性，令人见而难忘。同时，以朗朗上口的“广之旅”作为公司简称，寓意为服务广州市民，接待来广州的八方游客，广阔的旅游空间。

CI设计完成后，公司在1994年香港国际旅游交易会期间，将“广之旅，无限风光带给您”的广告语正式对外发布。同时，利用当时旅游界宣传意识淡薄的时机，大张旗鼓地在各大传媒做形象广告，使广之旅这一新品牌捷足先登，在短时间内深入人心。

品牌要以品质为基础，没有优良的品质，品牌无法持续不坠。为了使广之旅的品牌建设获得产品和服务层面的品质保证，自2011年以来，公司开始推行全面质量管理，走上了一条变人治为法治的道路。而广之旅的市场成功经验，归结起来就是一句话：“一切为了客人满意。”

提出问题

旅游品牌是否只是一个标志，如何打造一个成功的旅游品牌？

我们小组的回答是：____

____

____

相关知识

旅游产品品牌，是指用以识别某旅游产品（包括目的地、旅游线路、特种旅游项目、单项旅游服务等）的名称、标记、符号、图案或其组合，以便消费者能识别旅游企业或旅游地的产品和服务，将其与竞争对手区分开来，获得旅游者的购买与参与。对于旅游市场而言，品牌最持久的特性是旅游产品的价值、文化和个性。

一、旅游产品品牌及其构成要素

菲利普·科特勒指出，一个优秀旅游品牌的构成要素包含六方面的内容。

（一）品牌属性

旅游品牌首先代表着特定产品的某种属性，能给旅游者带来特定的价值和体验。例如里兹·卡尔顿饭店以其“最完美的服务、最奢华的设施、最精美的饮食与最高档的价格”被誉为饭店的“奔驰”，它不再单单是一个提供食宿的普通机构，而是身份、尊贵与奢华的代名词，这也就是里兹·卡尔顿的品牌属性。

（二）品牌利益

品牌不仅代表旅游产品的一整套属性，还意味着特定利益。旅游者在选择特定的旅游目的地，购买特定的接待业产品时，不仅仅是为了购买相应的属性，更是为了得到某种独特的利益。例如饭店属性只有转化为相关的利益，才能使顾客的食宿需求以及更高层次的意愿得到满足，“最高档的价格”属性可转化为“这顿晚餐表明我是成功人士”的情感利益。

（三）品牌文化

品牌文化是企业文化的重要组成部分。品牌象征着一定的企业文化，如香格里拉饭店一贯恪守为客人提供优质服务的承诺，并把其企业文化浓缩为一句话——由体贴入微的员工提供亚洲式接待，深入顾客内心，成为香格里拉饭店品牌的重要组成部分。

（四）品牌个性

品牌代表了一定的个性，形成了特定产品与其他产品相区别的重要因素。David A. Aaker 提到品牌有五大个性要素，分别是纯真、刺激、称职、教养、强壮。个性化的利益品牌更能够让消费者亲近，成为沟通旅游地和具体接待产品与游客情感的纽带；品牌个性同时也容易使政府和企业苦心经营的旅游形象深入人心，提高旅游地的重游率和产品的重复购买率。

（五）品牌使用者

不同的地域、年龄、性别、受教育程度、性格特征的客户，会选择不同的旅游地、不同的旅游企业服务，选择不同组合的旅游套装行程，参与不同类型的旅游活动项目，这些都体现了旅游产品品牌和旅游者特定的对应关系。这也再一次提醒旅游目的地和旅游企业在设计旅游产品、打造旅游产品的过程中，要从品牌使用者实际出发进行各种经营决策。

（六）品牌价值

旅游品牌在一定程度上展现了旅游目的地的政治经济文化状态和自然历史人文风貌，以及旅游企业特定的需要向客户表达的思想、情感和行事风格，这些都可以归结为旅游品牌的价值观。

二、旅游产品品牌的作用及特点

知识拓展

我省将打造“空中看山东”旅游新品牌

2013年12月3日至4日，山东航空产业协会年会在青岛举行，山东省旅游局局长于冲做了“旅游加航空等于成功”的主题演讲，表示将积极推动旅游与航空结合，开发通用航空旅游产品，打造“空中看山东”旅游新品牌。

于冲表示，我省将抓住发展航空旅游的最佳时机，于明年上半年，启动航空旅游规划编制，把山东打造成通用航空旅游的先行区、示范区和全国重要的通用航空旅游目的地，设计推出“空中看山东”旅游产品，培育一批通用航空旅游基地，并积极支持沿海、沿湖、沿山等重点旅游城市、景区多建一些通用航空机场或起降点，为通用航空旅游业的发展创造良好条件。在航空旅游品牌打造方面，着重培育一批具有国际影响力的通航旅游城市品牌，如莱芜航空运动之城等。

针对通用航空旅游还处于起步发展阶段，大多数相关企业分散经营、业态单一、产业链短，开拓市场能力不强的现状，于冲谈到，将成立山东省旅游行业协会通用航空旅游分会，引导景区协会、旅行社协会等，与航空协会联合开发产品，创新商业模式，拉长产业链，选择省内实力强的旅行社与机场、通用航空企业合作，设计如航空博览、航空运动、空中游览等旅游产品，旅游局将重点进行营销推广。

（资料来源：齐鲁晚报，2013－12－05）

（一）旅游产品品牌的作用

1. 体现核心价值

品牌是帮助消费者或用户牢记产品或服务的利器，品牌不仅要将产品销售给消费者，还要使消费者通过使用对其产生好感，从而选择再次购买，不断口耳相传，形成品牌忠诚。同时，消费者通过品牌和对品牌产品的使用，形成满意，就会围绕品牌形成消费经验，存贮在记忆中，为将来的消费决策形成依据。形象良好的品牌，被赋予美好的情感，代表了企业文化，使品牌产品在消费者心目中形成美好的记忆，最终体现企业和产品的核心价值。

2. 便于识别分辨

品牌的建立是由于竞争的需要，用来识别某个销售者的产品或服务的。品牌设计应具有鲜明的个性特征，品牌的图案、文字等都应与竞争对手区别，展现本企业的特点。同时，各种品牌代表了不同形式、质量和服务的产品，可为消费者的购买决策提供借鉴。选择知名品牌，对于消费者而言无疑是一种省事、可靠又减少风险的方法。

3. 保证竞争取胜

树品牌、创名牌是企业在市场竞争条件下逐渐形成的共识，人们习惯通过品牌对产品、企业加以识别而做出购买决策。企业通过品牌形成品牌追随、扩展市场。品牌的创立、名牌的形成正好能帮助企业实现上述目的，使品牌成为企业有力的竞争武器。品牌，特别是名牌的出现，使用户形成一定程度的忠诚度、信任度、追随度，由此使企业在与对手竞争中拥有坚强的后盾。品牌还可以利用其市场扩展能力，带动企业进入新市场，带动新产品占领市场。企业可以利用品牌资本运营的能力，通过特许经营、合同管理等形式进行企业的扩张。

4. 赚取高额利润

品牌有一定的信任度、追随度，企业可以为一定的品牌制定相对较高的价格，获得较高的利润。品牌中的知名品牌在这方面表现得尤为突出。有调查表明，市场领袖品牌的平均利润率为第二品牌的4倍，而在英国最高达6倍。强势品牌的高利润空间在市场不景气或削价竞争的条件下表现得更突出。这种优势来自于消费者对该品牌产品价值的认同。

5. 凝聚无形资产

由于需求的变更和竞争的推动，除了少数产品，绝大多数产品不会长久被消费者接受。一般而言，产品都有一个生命周期，会经历从投放市场到被淘汰退出市场的整个过程，包括投入、成长、成熟和衰退4个阶段。但是品牌却不同，它可以超越生命周期。只要品牌能顺应市场变化和消费趋势，通过改进或创新产品以及保持一贯的品牌个性，品牌就可以长期延续下去。

（二）旅游产品品牌的特点

1. 专有性

品牌是用来识别特定产品或服务的生产者或销售者的。品牌拥有者经法律程序认定，享有品牌的专有权，有权要求其他企业或个人不能仿冒，这一点也是指品牌的排他性。然而旅游景区产品的公共性和旅游线路产品无知识产权，容易模仿，导致旅游产品品牌被模仿和伪造的情况经常发生。

2. 无形性

由于品牌拥有者可凭借品牌的优势不断获取利润，可凭借品牌的市场开拓力、形象扩张力和资本内蓄力不断发展，品牌的价值也由此凸显。这种价值并不能像物质资产那样用实物的形式体现，但它能使企业的无形资产和市值迅速增大。品牌作为无形资产其价值可以有形量化，同时品牌作为商品交易，比如有以品牌入股形式组建企业，有以品牌的号召力发展特许经营，更有加盟到名牌旗下，以图发展。

3．表象性

品牌是企业的无形资产，不具有独立的实体，不占有空间，但它最原始的目的就是让人们通过一个比较容易记忆的形式来记住某一产品或企业，因此，品牌必须有物质载体，需要通过一系列的物质载体来表现自己，使品牌有形化。品牌的直接载体主要是文字、图案和符号，间接载体主要有产品的质量、产品服务、知名度、美誉度、市场占有率。没有物质载体，品牌就无法表现出来，更不可能达到品牌的整体传播效果。

4．扩张性

品牌具有识别功能，代表一种产品、一个企业，企业可以利用这一优点展示品牌对市场的开拓能力，还可以帮助企业利用品牌资本进行扩张。

5．转化的风险性

品牌创立后，在成长过程中，由于市场不断发生变化，需求层次不断提高，企业的品牌资本可能壮大，也可能缩小甚至在竞争中退市，由此品牌的成长存在一定风险。对于品牌的风险，有时由于产品质量出现意外，有时由于服务不过关，有时由于品牌盲目扩张，运作不佳，这些都会给企业品牌的维护带来难度，对企业品牌效益的评估也有不确定性。

三、旅游产品品牌策略的具体措施

知识拓展

“国旅假期”变“广东国旅”

作为广东最老牌的旅行社，广东国旅最为市民所熟知的公司品牌“国旅假期”，正在从各大门市的大招牌上消失，取而代之的是“广东国旅”字样。当然，这不只是简单的字眼变化，记者了解到，已被国旅总社收编旗下的广东国旅，近日完成导入复合品牌系统，这标志着广东国旅与国旅总社的资源和业务整合已经初步完成。

广东国旅国际旅行社股份有限公司过去一直以“国旅假期”为公司品牌，此次导入复合品牌系统以后，公司品牌由“国旅假期”变为“广东国旅”，而“国旅假期”则成为国内游品牌，与此同时，该社旗下入境游导入国旅总社原有的“CITS”品牌，出境游则启用新的“环球行”品牌。广东国旅董事总经理谷训才告诉记者，这三大业务品牌，广东国旅都将与国旅总社旗下的“国旅系”旅行社共享。

国旅总社与广东国旅此次业务对接，只是其全国一揽子品牌推进战略的一部分。业内人士分析，通过对地方国旅流程改革、全国范围内步步为营的收编工作后，国旅总社“中央集权”式管理模式已经凸现。国旅总社扮演批发商的角色，而广东国旅则成为其华南营销中心。

广东国旅还重新划分了业务版块，调整公司架构，将原来按不同业务部门划分的职能版块进行重新整合，变成平行的结构。广东国旅有关负责人表示，国旅总社作为批发社的采购能力是惊人的，广东国旅与国旅总社业务对接后，将给市民直接带来旅游产品价格降低的实惠。

（资料来源：金羊网，2007－04－03）

（一）品牌化决策策略

品牌化决策，是指旅游企业决定是否给产品起名，设计标识、图案、符号等形象识别系统，旅游地是否进行旅游形象设计、旅游口号创作、旅游形象代言人的征集或聘请、开展会展营销、整合营销等一系列活动的决策活动。

对于旅游业来说，饭店业的品牌化战略不管对于高星级饭店、经济型饭店还是中小型饭店而言，都是不可回避的必然趋势；对于其他旅游企业如旅行社、航空公司、游轮公司、餐饮企业、旅游景区等来说，品牌化也是其增加产品在市场的辨识度、认可度，促使其购买，形成消费者对产品的忠诚度的必然选择；而对于旅游城市和乡村或古镇来说，景区各种形式的措施，塑造良好旅游形象，提高在市场上的知名度、美誉度，打造地区品牌，不仅是发展旅游业，也是经营城市、改善投资环境的必然选择。

尽管品牌化是旅游市场竞争的大势所趋，但对于小型旅游企业和一般不知名的旅游地和普通旅游景区来说，是否使用品牌，还必须考虑旅游产品项目和地区经济、旅游资源禀赋的实际情况。

（二）品牌使用者决策策略

品牌使用者决策，是指企业决定使用本企业的品牌，还是使用经销商的品牌，或两种品牌同时兼用。对于旅游业来说，制造商和经销商品牌使用博弈主要体现在旅游产品制造者和销售渠道之间，也就是在饭店、景区和旅游目的地等旅游产品生产者，和旅行社、旅游电子商务网站（如携程、艺龙）等旅游产品销售渠道之间进行。如一些有实力的旅行社和饭店在线销售网站控制了饭店、景区和旅游地套装行程产品的销售，使用经销商品牌，这样就使旅游产品供给者在议价和利润分配中处于不利位置，例如在旅游经销商降价的要求下被迫妥协；然而由于生产者自身的品牌影响力和营销能力较差，无法摆脱对旅游经销商的依赖，自行包装和销售旅游产品。面对这种问题，旅游企业采取了一些措施，如加大广告投入、建立企业网站及电子预定和营销系统，一些有实力的景区和旅游城市开始在主要客源地开设旅游产品直销专营店。这些都有利于旅游产品生产者在与销售渠道的品牌博弈中处于更加有利的位置。

（三）品牌名称决策策略

品牌名称决策，是指企业决定所有产品使用一个或几个品牌，还是不同产品分别使用不同的品牌，大致有以下 3 种决策模式。

1. 个别品牌名称

个别品牌名称，即企业决定每个产品使用不同品牌，采用个别品牌名称，为每种产品寻求不同的市场定位，有利于增加销售额和对抗竞争对手，还可分散风险，使企业整体声誉不致因某种产品表现不佳而受影响，目前大多数国际饭店管理集团都是采取此种策略，如法国雅高饭店集团（ACCOR）根据饭店产品档次和市场定位的不同，使用索菲特、诺富特、美居、宜必思等饭店品牌。

图 3－2 雅高饭店集团 Logo

2. 统一品牌名称

统一品牌名称，就是对所有产品使用共同的家族品牌名称，即企业所有产品都使用同一种品牌。对于那些享有高声誉的著名企业，全部产品采用统一品牌名称策略可充分利用其名牌效应，使企业所有产品畅销。同时企业宣传介绍新产品的费用开支也相对较低，有利于新产品进入市场，如香格里拉集团就只使用统一品牌。

图 3－3 香格里拉饭店集团 Logo

3. 大类品牌名称

大类品牌名称，就是各大类产品使用不同的家族品牌名称，这样做一般是为了区分不同大类的产品，一个产品大类下的产品再使用共同的家族品牌，以便在不同大类产品领域中树立各自的品牌形象，例如：首旅集团的景区、饭店、会展场馆和旅行社等业务部门，拥有海南南山、宁夏沙湖、长春长影世纪城、民族饭店、京伦饭店、北京展览馆和神舟国旅等不同品牌。

（四）品牌战略决策策略

1. 产品线扩展策略

产品线扩展指企业现有的产品线使用统一品牌，当增加该产品线产品时，仍沿用原有的品牌。这种新产品往往都是现有产品的局部改进，如增加新的功能、包装、式样和风格等。产品线扩展的利益有：扩展产品的存活率高于新产品，而通常新产品的失败率在80%～90%之间；满足不同细分市场的需求；完整的产品线可以防御竞争者的“袭击”。

2. 多品牌策略

多品牌策略，是在相同产品类别中引进多个品牌的策略。一个企业建立品牌组合，实施多品牌战略，往往出于回避和减少风险的考虑，并且这种品牌组合的各品牌形象间既有差别又有联系，组合的概念蕴含着整体大于个别的意义。

3. 新品牌策略

新品牌策略，是为新产品设计新品牌的策略。当企业在新产品类别中推出一个产品时，可能发现原有的品牌名不适合它，或是对新产品来说有更好更适合的品牌名称，促使企业设计新品牌。

4. 合作品牌策略

合作品牌，也称双重品牌。合作品牌策略，是两个或更多的品牌在一个产品上联合起来。每个品牌都期望另一个品牌能强化整体的形象或购买意愿。合作品牌的形式有多种。一种是中间产品合作品牌，如饭店和旅行社、会展公司联合开发一个品牌；还有一种形式是合资合作品牌，如丝绸之路旅游线路品牌，云南迪庆、西藏昌都、四川甘孜和青海玉树等联合打造的“大香格里拉”旅游品牌。

（五）品牌再定位决策策略

品牌再定位决策，是指一种品牌在市场上最初的定位也许是适宜、成功的，但到后来企业可能不得不对其重新定位。首先，应考虑将品牌转移到另一细分市场所需的成本，包括产品品质改变费、包装费和广告费。一般来说，再定位的跨度越大，成本越高。其次，要考虑品牌定位于新位置后可能产生的收益。收益大小由某一目标市场的消费者人数、消费者平均购买率、在同一细分市场竞争者的数量和实力，以及在该细分市场中为品牌再定位要付出的代价等因素决定。

（六）品牌延伸策略

品牌延伸策略，是将某一成熟品牌或某一具有较大市场影响力的成功品牌使用到其他产品上。品牌延伸并非只借用表面的品牌名称，而是对整个品牌资产的策略性使用。品牌延伸适用于同一旅游企业的新产品推出或者新产品生产企业与品牌所有企业合作，是新产品快速占用并扩大市场的有力手段，能够缩短产品引入期旅游消费者对产品认知的过程，有效节省促销费用；保证新产品投资决策的快捷准确，降低新产品的市场风险；有助于强化品牌效应，增加品牌无形资产的经济价值；增强核心品牌的形象，提高整体品牌组合的投资效益。

（七）品牌更新策略

由于内、外部原因，品牌在市场竞争中知名度、美誉度下降，以及销量、市场占有率降低等品牌失落的现象，被称为品牌老化。

品牌更新策略是指随着企业经营环境和消费者需求的变化，品牌的内涵和表现形式也要不断发生变化。品牌更新策略包括：第一，形象更新，品牌不断创新形象，适应消费者心理变化，从而在消费者心目中形成新印象的过程；第二，定位的修正，企业在品牌建立之后，会因竞争形势而修正自己的目标市场，也会因时代变迁、社会文化变化而修正品牌定位；第三，产品更新换代，品牌想在竞争中处于不败之地，就必须保持技术创新，不断进行产品的更新换代；第四，管理创新，从企业生存的核心内容来指导品牌的维系与培养，含有多项内容，如与品牌有关的观念创新、技术创新、制度创新和管理过程创新等。

（八）品牌联盟策略

品牌联盟策略，是指若干家企业共同使用统一品牌，利用自身的资源优势生产同一产品或系列产品，形成较大的品牌联合体。在品牌联合体下，可以共享销售渠道、广告，极大降低成本，并使产品进入市场的周期缩短。

项目3　旅游产品开发策略

案例引入

由韩城说到“文化体验游”

一提起“文化体验游”，很多人便会想起北京、洛阳、开封、西安等古都名城。其实，中华大地文化积淀深厚的地方多的是，想旅游，无须在古都“扎堆”。比如，距西安仅200公里的韩城，素来有“关中文物之最”的美誉，是史学家司马迁的故乡，也是全国保存完好的六大古城之一。

司马迁祠位于韩城市西南10公里芝川镇的韩奕坡悬崖上，始建于西晋永嘉四年。祠内碑石林立。祠后为司马迁墓，筑于西晋，经金、元、清四次修葺。如今我们看到的司马迁墓系砖砌，呈圆形，是元世祖敕命建造的蒙古包状八卦墓。据说，是因为司马迁在《史记》中最早把蒙古族祖先匈奴人列入正史，毫无歧视之意，他开放包容的民族观得到了元世祖的尊重。这就是文化的力量。

金元时期，将韩城作为向中原扩散的桥头堡，韩城至今保留了30多处元代建筑，被称为“小布达拉宫”的位于韩城北部的普照寺是其中的代表之一。看来，韩城也是研究元代历史文化的好去处。

韩城有“厚文”的传统，除了司马迁外，清朝丞相王杰也同样赫赫有名，其他御史文官更是代有人杰。在党家村，游客可看到有如“忠信”“谦受益”“和为贵”“平为福”这类标志普通老百姓信仰和追求的门楣，有如“父子御史”“十马高轩”“文魁”“武举”“登科举”这类标志权贵的门楣，也有题写诸如“清白传家”“淡泊”“清平乐”“芝兰其室”等高雅脱俗字句的门楣。在贾家的钱庄墙壁上刻写着四幅家训，有一幅是“傲不可长，欲不可纵，志不可满，乐不可极”，这对于当今某些“暴发户”及不思进取的“富二代”，不也有良性的启发么？

韩城老城，以主街为中轴线辐射出数十道大大小小的街巷。街两侧为明清建筑的两层古式店铺，上面是仓库，下面是店面，前店面后住宅，砖木结构，青砖灰瓦坡屋顶，是典型的北方古城风貌。百姓家里摆着“花馍”和“蒸糕”，特别是“花馍”，已经融入了当地人的生活。孩子满月、老人祝寿、走亲访友、逢年过节，花馍都是最佳礼品，那些小老虎、小龙、小花篮样式的花馍，怎让人舍得吃呢?

我发现目前从各省市来此旅游的多为老年团，其实80后、90后来此也会受益匪浅。文化的体验，不只是体现在博物馆和史籍里面，你瞧，党家村元代的墙、明代的钱庄，文庙里的千年古树，大禹庙里800年历史的壁画，都是学校历史课上感受不到的活文物、活教材。司马迁的人生故事、韩城人对读书和德才的重视，门楣上刻着的“耕读”“忠厚”这些激励人生的词语，都很有教育意义，“文化体验游”确实好。

（资料来源：潮州日报，2012-06-12）

提出问题

文化体验游的新产品在推出之前要经历和传统旅游产品一样的开发程序吗?

我们小组的回答是：____

____

____

相关知识

一、旅游新产品开发原则与程序

（一）旅游新产品开发原则

1. 系统化原则

旅游企业要在市场上立足，不可能只生产一种旅游产品，而要有自己的产品组合系统，其中有主导旅游产品和辅助旅游产品。同时，某旅游目的地要想吸引游客前来和重游，也不能只开发单一的自然和历史文化观光产品，而要建立和完善从本地实际出发、适应市场需要的旅游产品体系。旅游目的地产品的开发也是一项系统工程，需要旅游目的地各行业、各部门和全体居民的共同努力。

2. 内涵特色化原则

目前旅游市场上很多产品表现出由于资源同质、开发思路陈旧、缺乏特色，产品之间抄袭、克隆和同质化，导致低层次低水平竞争不断重复。因此，在旅游新产品设计中，要从产品名字、内容、形式、形象、包装和服务等方面突出亮点，并着力从内涵中挖掘产品对消费者的内在吸引力。

3. 可持续发展原则

旅游发展要以可持续发展理念为指导，旅游新产品开发也不例外。在旅游新产品中，要充分考虑当地环境的容量；注意克服新产品开发对生态环境的负面影响；从新产品开发的利润中，提出一部分作为旅游环境保护的专项基金，在游客对旅游产品的消费中，注意引导游客采取负责任的方式从事旅游活动；大力开发生态旅游新产品。

4. 功能多样原则

旅游产品生命周期的长短在一定程度上取决于产品功能是否符合旅游消费者需求，而旅游者所希望的产品不再是单调的、缺乏人性化的、雷同的产品。新产品开发要注意对客源市场的需求进行调查和回应，真正从游客需求出发开发功能多样的旅游产品，提高旅游地重游率和旅游产品重构率。

（二）旅游新产品开发程序

1．收集创意

在旅游新产品开发过程中，旅游经营者要集思广益，创造宽松的言论环境，构建必要的创意激励机制，激发员工丰富的想象力。激发创意的方法很多，有头脑风暴法、角色扮演法、逆式思维法、相似类推法、连接联想法和焦点法等。旅游企业应倡导员工创新，把员工的创意运用到旅游新产品开发中去，把有用的建议收集起来。此外，旅游企业还可从旅游者、竞争者、旅游零售商、代理商，以及各大科研机构、行业协会、咨询公司等吸收创意。

2．筛选创意

要对收集的创意进行评估、研究其可行性，并挑选出可行性较强的创意，这就是创意筛选。创意筛选一般要考虑两个因素，一是该创意是否与旅游企业的目标相适应，表现创意与企业利润目标、销售目标、销售增长目标、形象目标等几个方面的符合程度；二是旅游企业有无足够的能力开发这种创意，这些能力表现为资金、人力、销售能力等。

3．概念形成

旅游企业对筛选后的创意进一步升华，发展成旅游新产品概念。其任务是把创意转变成旅游者喜闻乐见、愿意购买的现实产品。旅游企业要在从顾客的角度对这种创意所做的详尽描述中，形成特定形象，并发展成旅游产品概念。

4．概念测试

确定最佳旅游产品概念，进行市场定位后，就要进行概念测试，即用文字、图画描述或者用实物影像资料将旅游产品概念展示于一群目标客户面前，了解他们的反应，征询他们的意见。争取使推出的旅游产品更符合顾客需要，被顾客认为没前途的概念产品很容易被淘汰。

5．拟订营销计划

为提高旅游新产品的市场成功率，经过测试后，就要制订相应的营销计划。营销计划包括新产品的目标市场、在旅游市场上的定位、目标市场规模与发展潜力、目标市场占有率，短期、中期和长期的价格，渠道、沟通与促销等营销策略。

6．新产品试制

试制阶段的任务是把概念性旅游产品转化为现实旅游产品。由于旅游产品的特殊性，在本阶段，旅游企业对实物产品和服务产品的要求有较大差异。实物产品试制既要考虑需求水平，又要考虑在技术上有一定的先进性，服务产品更多地考虑服务技能所能达到的水平及旅游者兴趣变化的趋势。一些企业在新产品试制成功后，请各方面的专业人士提出意见和建议，并据此进行改进。例如：某一新的旅游景区试业之前，邀请同行企业代表、旅行社代表、游客代表等参观一天，共征询意见 800 多条，景区根据这些意见进行整改，正式开业后客人比较满意。

7．新产品试销

通过试销，旅游企业可进一步了解旅游者偏好，了解旅游者对产品在质量、样式及价格等方面的意见，发现旅游产品设计时所忽略的缺陷。旅游企业根据市场试销搜集来的信息，对旅游新产品加以改进和完善。生产成本不高或对市场很有把握的旅游新产品，也可直接拿到市场销售，以抢占市场先机，如旅游线路的推出，由于设计研发成本低，一些企业在旅游新线路设计后即投放市场，越过试销这一环节。对于投入大、一时拿不准的旅游新产品，一般还需经过市场试销这一环节。如果试用率和重复购买率都高，便可停止试销，将旅游新产品正式投放市场；如果试用率高，重复购买率低，则说明旅游者对产品尚不满意，尚待改进；如果试用率低，重复购买率高，则说明产品尚受欢迎，但旅游者对产品不够了解，需要加强促销；如果试用率和重复购买率都低，则说明新产品无发展前途，应停止开发。

8. 正式投放市场

旅游新产品经过试销阶段，得到市场肯定之后，旅游企业高层管理者应做以下决策：何时推出旅游新产品，在何地推出旅游新产品，向谁推出旅游新产品，如何推出旅游新产品。只有这几方面的问题得到了解决，企业才能真正实现其批量上市的目的。在旅游新产品刚投放市场时，一般销售量较小，各种费用较高，往往会发生亏损，这是正常现象，如新饭店一般在开业3到6个月会出现亏损，管理人员此时的任务是把亏损控制在一定范围内。

知识拓展

盘龙峡打造全国首个户外“密室逃脱”基地

2013年7月13日，盘龙峡斥资过千万打造中国首个户外“密室逃脱”基地，主题区覆盖盘龙峡古堡别墅、瀑布深潭、栈道、原始森林、薰衣草花海、森林水世界等十余个户外基地约10万平方米，成为中国至今面积跨度最大的“密室逃脱”户外基地。“魔法黑森林”“摩卡的百变密室”“不二神探”“聊斋志异之倩女幽魂”“密室之不可告人”“吸血鬼日记之复活戒指”六大主题场景区正式开门“迎客”，还特别增设“勇救海龙王”“薰衣草的约定”两大免费户外区，同时满足暑期家庭亲子出游的多种玩法需求。

1. 占地十万平方斥资千万，六大主题区首迎暑期客

德庆盘龙峡生态景区是东南亚面积最大的森林休闲度假景区，曾被《中国国家地理》评为“广东最美丽的地方”，近年来接待的来自全国各地的游客数量正以35%的上升幅度逐年攀升，这与盘龙峡玩法不断推陈出新分不开。盘龙峡生态旅游区负责人刘亮表示，随着真人“密室逃脱”在中国的疯狂式流行，盘龙峡正式邀请来自广州—香港的“真人密室”专业策划团队进驻，实地考察盘龙峡得天独厚的独特地理环境，并着手规划和设计结合户外、室内环境的“盘龙峡60 mins真人密室逃脱”六大主题基地。整个基地横穿盘龙峡古堡别墅、湖泊、瀑布深潭、栈道、原始森林、寻龙谷、薰衣草花海、森林水世界、桃花寨9大区域，面积超过10万平方米，总投资高达1 500万人民币，成为全国首家运营户外真人版“密室逃脱”项目的旅游景区。

第一期重点打造的六大主题区提前完成场景设置和布局，其中不仅有能同时容纳过

百玩家同场“对战”的户外主题区“魔法黑森林”，有针对喜欢漫画的孩子特别推出的“摩卡（Mocha）的百变密室”，有适合挑战欲望更强烈的年轻一族推出的“不二神探”“聊斋志异之倩女幽魂”“密室之不可告人”“吸血鬼日记之复活戒指”等侦探类、悬疑类“密室”，暑期更是推出盘龙峡水世界全力打造的全国首个水上“密室”——“勇救海龙王”和“薰衣草的约定”等适合全家人一起游乐的项目。家庭游客既可以在夏日冰爽的水中“寻宝”，最终找到打开“铁笼”的线索；又能一步步在薰衣草上下片区花田中寻找“照片”，找到破解密码的关键。游客到盘龙峡可以先免费体验“勇救海龙王”和“薰衣草的约定”两大主题区，再根据自己的喜好选择难度系数更大的其他主题区。

2. 专业团队打造，数千精密道具营造“魔法黑森林”

相比北京、上海等其他地方的“密室逃脱”项目，盘龙峡全国首个户外“密室逃脱”主题区的策划设计人员均来自广州—香港两地专业策划团队，配套1~5星级不同难度系数级别，并充分利用盘龙峡的自然生态环境和木道别墅等资源，制造以电影、历史、地理、传说为游戏背景的更多样化的主题，大量采用光、声、电、气等科技含量高的技术，使得玩家必须充分调动视、听、嗅、味等每条神经才能顺利实现通关，难度系数增大。

盘龙峡第一季重点打造的户外主题“魔法黑森林”以风靡全球的小说、电影《哈利波特与魔法石》为创作蓝本，玩家在寻找失落的宝石中展开一场凭智慧、合作和胆识的“大战”。该主题区落户于拥有葱郁森林、古木栈道、叮咚河道和青翠草地四位一体的盘龙峡“阳离子”宝库寻龙谷，“我们选用电影片场级别的布景和道具来布置整个主题区，单是各种道具数量就达到数千件，比如电影里出现的魔棒、巫师长袍、半人马以及它站着的石台等各类模型和道具，都经过严谨选材和精细做工，力求还原最真实的电影场景，让玩家无障碍进入角色，疑幻疑真，大大增加代入感。”盘龙峡“密室逃脱”项目总策划师吴杰华向记者介绍。

3. “密室”结合生态景区，健康玩法更新潮

盘龙峡首个户外“密室逃亡”项目不同于“网络游戏版”和传统“真人版”游客，它首次摆脱了在紧闭和黑暗空间状态下的游戏状态，将盘龙峡独特的天然大氧吧、丰富的空气负离子、欢乐的森林水世界、浪漫的薰衣草花海美景等自然健康的生态元素融入游戏过程中，令玩家一扫封闭空间的压抑之感。“密室”与生态景区相结合，健康玩法更显新潮。

“在盘龙峡天然大氧吧中体验‘密室逃脱’新潮而健康，不仅适合追求刺激的年轻人，对于家庭游客也同样具有很大的吸引力。通关时满满的成就感，更有利于启发儿童的心智，增加家庭互动。”刘亮这样说道。

（资料来源：搜狐网，http://m.sohu.com/n/380621025）

二、旅游产品组合策略

（一）旅游产品组合的类型

1. 地域组合形式

地域组合是将跨越一定地域空间、特色鲜明突出、差异性较大的若干个旅游产品项

目组合而成的。此类组合产品要求内容丰富、项目间差异性大。根据地域范围大小，可分为国际与国内组合形式。国际组合可细分为欧洲、亚洲、南亚和北美组合等；国内组合可细分为全国组合、地区组合、城市县域组合等。

2．时间组合形式

时间组合形式的维度包含两个层面。第一，在一次旅游行程中具体时间的安排，包括花在区外和区内交通上的时间、在景区的停留时间、在目的地的娱乐和休闲时间，以及在旅游过程中的其他时间安排；第二，在一年当中，根据季节变化对旅游产品进行组合，如春季的“油菜花节”、夏季的“泼水节”、秋季的“水果品尝节”、冬季的“冰灯节”等。但有些旅游产品季节变动性小，不需时间组合形式，如海南一年四季均可游览。

3．内容组合形式

内容组合形式是根据旅游活动主题，将产品项目组合起来，可分为综合性和专题性组合产品。中国文化旅游属于综合型组合旅游，而具体的佛教文化旅游、茶文化旅游等属于专题组合旅游。比如古代陆上丝绸之路主题旅游，内容上应包括西安、天水、兰州、嘉峪关、敦煌、吐鲁番、乌鲁木齐和喀什等城市及其历史遗迹与文化风貌。

（二）旅游产品组合策略

1．扩大产品组合策略

扩大产品组合策略是开拓旅游产品组合的广度和加强旅游产品组合的深度，如在某旅游地开发新的旅游产品类型，以及丰富原有旅游产品或服务的内涵。具体方式是：

（1）在维持原产品品质和价格的前提下，增加同一产品的规格、型号和款式；

（2）增加不同品质和不同价格的同一种产品；

（3）增加与原产品相类似的产品；

（4）增加与原产品毫不相干的产品。

扩大产品组合的优点是：满足不同偏好消费者的需求，提高产品市场占有率；充分利用企业信誉和商标知名度，完善产品系列，扩大经营规模；充分利用企业资源和剩余生产能力，提高经济效益；减少市场需求变动性的影响，分散市场风险，降低损失程度。

2．缩减产品组合策略

缩减产品组合策略是削减产品线或产品项目，特别是要取消那些获利小的产品，以便集中力量经营获利大的产品。其方式有：

（1）减少产品线数量，实现专业化生产经营；

（2）保留原产品线，削减产品项目，停止生产某类产品，外购同类产品继续销售。

3．高档产品策略

高档产品策略即在原有的产品线内增加高档次、高价格的产品项目，这种策略目前在我国休闲度假旅游产品开发中使用得十分普遍，但要考虑高端市场的容量和接受程度，以免盲目投资带来损失。优点有：容易为企业带来丰厚利润；可提高产品声望和旅游企业的市场地位；有利于带动旅游企业生产技术水平和管理水平的提高。缺点是：企业要承担一定风险。由于企业惯以生产廉价产品的形象在消费者心目中不可能立即转变，使得高档产品不容易很快打开销路，而影响新产品项目研制费用的收回。

4. 低档产品策略

在原有的产品线中增加低档次、低价格的旅游产品项目，如目前许多世界知名饭店集团在打造豪华品牌的同时，也发展经济型饭店产品，兼顾中低档市场。优点是：充分利用企业现有生产能力，补充产品项目空白，形成产品系列；增加销售总额，扩大市场占有率。与高档产品策略一样，低档产品策略的实行能迅速为企业寻求新的市场机会。缺点是：企业存在一定的风险。如处理不当，可能会影响企业形象；需要有一套相应的营销系统和促销系统手段与之配合，必然会加大企业营销费用的支出。

5. 合理的时间、空间安排

设计旅游产品组合时，首先，要考虑时间安排的合理性。如：旅行社的包价旅游，从一日游到多日旅游线路的设计，就是以时间为序组合旅游产品。切实可行、有张有弛、衔接紧密的时间安排，给游客留出充分的休闲、欣赏、体验时间；如时间安排不当，导致误机、误车事故会令旅客十分反感。其次，还要考虑空间设计方面，考虑旅游目的地类型、旅行模式、客源地与目的地的距离，旅行的可移动性，游客多样化利益的追求，游客的信息来源和旅行目的等因素。

6. 交通工具的选择

选择适当的交通工具既可节省旅途时间和交通费用支出，又能带给旅游者安全、便捷和舒适。旅行社在远程旅游线路设计时，在交通工具的选择上既要考虑远距离景点的飞机，又要考虑中距离的火车，还可以安排短距离的汽车，甚至游轮，使客人在交通工具变化中体验不同的感受。而一些特殊交通工具对游客有巨大的吸引力，如在冰雪皑皑的北国坐雪橇游林海雪原、坐森林小火车穿越张家界、骑马经过云南茶马古道等都会给旅游者带来与众不同的体验。

知识拓展

华美达饭店“一个市场、三种产品”

这是一则成功运用市场分割策略的经典案例。华美达是从吸引家族旅游者的汽车旅馆起家的，成立几十年来始终瞄准中等市场，饭店价格适中，设施使用方便，颇受游客的欢迎。

为了拓展饭店集团业务，他们为自己制定了一个目标，要向中等市场中各个消费层提供其所需的各种产品。于是，华美达又把他的饭店分为三个不同的档次，满足三个不同层次的需求，各个档次都有自己的独特之处。

华美达客栈是华美达公司的基础。这些饭店一般都是花园式的，位于高速公路沿线、靠近市中心和度假地，对驾车人最为方便。它的服务、设施与城市大饭店所能提供的相差无几，有全服务的餐厅、会议设施，对那些希望舒适与经常出门旅行的个人来说十分合适。

在改造现有传统客栈的同时，1985年华美达又推出了一种新型客栈，这种客栈的建筑是住宅式的，公共活动区不大，但客房很宽敞。客栈规模比较小，除客房的规模和其他基本设施有一定的标准外，其他地方不要求一致，尤其是外观造型尽量与当地社会相匹配。

华美达复兴饭店是华美达中档次最高的住宿设施，是为满足中等市场中高消费阶层的需求而建设的。其设施服务与四星饭店相似，但集中在大城市市区、商业性公园和机场。其特点是设施豪华，环境优美，提供传统的欧式服务，但价格并不高。

华美达饭店是介于复兴饭店与客栈之间的产品，它提供一般豪华客栈里没有的设施服务，如全服务餐厅、大型会议设施和室内娱乐健身活动场所，并能提供每天18小时以上的客房服务，其房价略高于客栈。

习题与实践

一、名词解释

1. 旅游产品
2. 品牌
3. 品牌利益
4. 营销计划
5. 产品组合

二、选择题

1. 只有当旅游者到达旅游目的地享受到旅游服务时，才能感受到旅游产品的使用价值，这说明产品具有（　　）。

A. 无形性　　B. 综合性　　C. 替代性　　D. 外向性

2. 酒店的建筑风格属于整体旅游产品中的（　　）。

A. 核心层　　B. 形式层　　C. 附加层　　D. 延伸层

3. 下列属于文化旅游产品的是（　　）。

A. 桂林山水游　　B. 世界之窗　　C. 故宫游览　　D. 上海世博会

4. 在旅游产品的生命周期中，营销重点是增加市场深度的时期是（　　）。

A. 导入期　　B. 成长期　　C. 成熟期　　D. 衰退期

三、判断题

1. 旅游产品是指旅游者在旅游过程中所购买的某一单项产品或服务。（　　）

2. 旅游产品通常包括食、住、行、游、购、娱等产品，这体现出旅游产品的综合性特点。（　　）

四、简答题

1. 简述旅游产品的基本特性。

2. 简要分析旅游产品特性对旅游产品营销的影响。

3. 是否所有品牌产品都能取得成功？有无失败的例子，其经验教训是什么？

4. 收集国内外旅游地和旅游企业品牌化运作成功与失败的案例，并对其经验与教训进行评述。

5. 简答旅游产品品牌的特点和作用。

6. 张家界的南天一柱景区改名为电影大片《阿凡达》中的哈利路亚山，你觉得这种品牌再定位策略成功吗？

7. 请简述旅游新产品开发的程序。

五、技能训练

1. 到市内几家五星级饭店，感受各饭店的品牌文化在实际中的体现，并制作成PPT。

2. 请找出国内某些旅游品牌通过资源整合在国内股市上市的例子。

3. 某旅行社的某个品牌是专门做学生市场的，请为该旅行社设计一品牌名称，并说明其含义。

4. 试用有关知识点分析，阐述某个新晋世界文化遗产这一产品的发展策略。如果你是景区总经理，你会如何策划这一产品的发展前景？

5. 去当地一家著名旅行社的营业部，索取旅游广告简章，试分析该公司的旅游产品组合策略。

本模块小结

本模块对旅游产品的概念进行了系统介绍，阐明了旅游产品的主要特性，解析了整体旅游产品的构成；论述了旅游产品品牌的概念、内涵、作用与特点，介绍了旅游产品主要的品牌策略；阐述了旅游新产品的开发策略；叙述了旅游产品组合的概念和类型，介绍了旅游产品组合的主要策略。

模块 4　旅游产品的定价策略

任务目标

1. 认识旅游产品价格的基本概念，了解其在旅游市场营销中的主要作用。
2. 旅游产品定价策略是指旅游企业为达到总体经营目标，根据旅游产品的特点、市场供求及竞争状况、产品、成品变动状况和旅游者行为倾向等所采取的各种定价措施与技巧。

项目 1　旅游产品价格概述

案例引入

外国旅游分销商入华获批，机票价格将更低

昨天，记者从中国民航局以及艾玛迪斯和阿巴克斯两大旅游分销商处获悉，历时一年多，外国航空公司终于获批在中国使用外国的机票分销系统，而此前外国航空公司及机票代理仅允许使用中航信的系统。外国旅游分销商入华，开始触碰中航信的垄断地位，但也将丰富中国机票旅游产品。

1. 外国旅游分销商入华

许多消费者不了解什么是全球分销服务提供商（GDS），一般的 GDS 系统包含了所有航班时刻、座位信息、票价和定价规则、离港系统，甚至是出票和结算等内容。航空公司、旅行社和线上线下的机票代理都要给 GDS 交“过路费”，因为在查询、预订、出票等过程中几乎不可避免地用到 GDS 系统的数据。

2014 年 1 月以前，在中国，央企中航信几乎就是 GDS 的代名词，因为相关政策和法律规定，国内国外航空公司和旅行社、机票代理在中国只能接入中航信的系统。中航信内部人士告诉记者，消费者每订一张机票（航段），在中航信系统都会生成一条记录，其中包括旅客姓名和身份证号码等信息，这些信息每传递一次，中航信就要向航空公司收取一次旅客处理费，同时也向代理人收取配置流量费。有数据显示，每张机票通过中航信系统产生的费用在 5 元钱左右。

在国际上有较大影响力的 GDS 主要是欧洲的艾玛迪斯、美国的 Travel port 以及亚太区的阿巴克斯。

根据中国民用航空局的文件，从2012年10月1日起，外国航空公司在中国境内指定的销售代理将可以使用国外GDS提供的订座系统和服务。历时15个月的审批，艾玛迪斯和阿巴克斯终于拿到了进入中国国际机票分销市场的通行证。

昨天，艾玛迪斯内部庆祝其在中国市场实现了实质性突破。艾玛迪斯方面告诉记者，法国航空公司、荷兰皇家航空公司、德国汉莎航空公司成为首批获得中国民航局授权在中国使用艾玛迪斯系统的外国航空公司。

2. 机票更丰富、价格更低

艾玛迪斯方面介绍，在北京地区预先指定的多家旅行社及机票代理人，以及获得授权的航空公司，其机票将可首次实现通过艾玛迪斯系统进行预订，首批被指定使用艾玛迪斯系统的旅行社及机票代理人的范围也将很快扩展到上海、广州等其他地区。

芒果网机票事业部负责人认为，接入国外GDS查询系统，航空公司和机票代理可查询到更多的国际机票价格，为消费者提供更有价格优势的机票。未来，航空公司和机票代理也有望打破对中航信的依赖，在一定程度上减少成本的支出。对中航信来说，国外GDS入华后，在更具竞争力环境中有利于其提升服务及技术水平。

艾玛迪斯称，作为全球覆盖范围最广的GDS，其不仅连接430家航空公司，还连接了全球40%的线上和线下的旅行社，此外还有30万家酒店、32家租车公司、50家游轮公司和24家保险公司。业内认为，艾玛迪斯等外国GDS已经凭借其强大的旅游产品分销系统在几年前“曲线入华”，因其产品数据丰富，对机票代理吸引力不小。

（资料来源：京华时报，2014－01－08）

提出问题

外国旅游分销商入华获批，对中国航空代理市场会有怎样的深远影响？

我们小组的回答是：____

____

____

相关知识

一、旅游产品价格的形式及作用

旅游产品的价格就是对所获得的有形产品和无形服务的货币衡量。旅游者出行时，为满足自身吃、住、行、游、购、娱等各项需求，必须支付一定的费用以购买旅游产品，所支付的费用就形成了旅游产品的价格。

1. 旅游产品价格的形式

同其他有形产品一样，旅游产品也是人类劳动的成果，具有满足旅游者需求的使用价值。因而，在市场循环中，旅游产品也是通过货币交换来体现自身价值的，简而言之，旅游产品价格就是旅游者为了满足旅游活动的需要而购买旅游服务项目及相关的实物产品组合所需要付出的货币价值形式。其表现形式是多样的，如客房的租金、各种交通工具的票价、旅行团的团费、景区的门票、购买旅游商品的费用等，同时也可以是多个旅游产品的组合价格。

2．旅游产品价格的特点

旅游产品的特殊性决定了旅游产品价格具有与众不同的特点，主要表现在以下几个方面。

（1）综合性。

旅游产品价格的综合性是由旅游产品的综合性决定的。旅游产品的综合性主要表现在两个方面，一是旅游产品是由各种旅游资源、旅游设施和旅游服务构成的产品；二是旅游产品是由众多行业和部门共同生产的。所以产品的综合性必然使得价格也带有综合性的特点。

（2）垄断性。

旅游资源是旅游产品开发的基础，旅游资源的历史、社会和自然因素具有很强的不可模仿性，导致了众多旅游吸引物既具有一定的稀缺性，又不易再生产和复制，致使旅游产品价格具有垄断性这一特点。

（3）季节性。

旅游活动具有一定的季节性的特点，在淡季，旅游者人数减少，购买力下降，旅游产品供过于求；在旺季，旅游者人数增加，旅游产品供不应求，这必然会引起旅游产品价格产生季节波动。

3．旅游产品价格的作用

旅游产品价格的制定将会对旅游产品的销售、利润及旅游企业的形象产生重大影响，其在旅游市场营销中的作用主要表现在以下几个方面：

（1）价格是直接获取利润的重要手段。

（2）价格体现旅游产品形象和质量，是进行产品市场定位的重要手段。

（3）价格是营销人员进行市场细分的主要依据之一。

（4）价格会影响新产品进入市场的速度。

（5）消费者的购买行为常常随着价格的变化而发生改变。

二、影响旅游产品定价的因素

旅游产品价格的影响因素较多，既有旅游企业的可控因素（即内部因素），又有不可控因素（即外部因素）。把握旅游产品价格的影响因素是制定价格的基本前提。

（一）内部因素

1．营销目标

旅游产品定价目标要服从旅游企业营销战略，如实行市场渗透战略的企业在定价时很可能会采取低价策略。旅游营销管理人员要根据不同阶段营销目标的不同来制定不同的价格。企业的营销目标主要有：以扩大市场占有率为目标，以取得最大利润为目标，以求生存为目标。

2．营销组合策略

定价只是旅游企业借以达到其营销目标组合工具当中的一种，价格一定要与产品设计、分销及促销等手段相互协调，构成一个统一而有效的营销计划，对营销变量的决策会影响到价格决策。在制定旅游产品价格的时候，必须全面考虑各种营销组合策略。

3. 成本因素

旅游产品的成本是制定价格的基础。一般情况下，旅游产品成本越高，旅游产品的价格相应也会提高。旅游企业在制定价格时，不仅要考虑本企业旅游产品的个别成本，更重要的是要把个别成本和社会平均成本进行比较，如果个别成本比社会平均成本低，制定旅游产品价格时回旋余地就比较大。因此，适当降低成本，争取使个别成本低于社会平均成本，争取成本领先是许多旅游企业谋求价格竞争优势的利器。

（二）外部因素

1. 旅游市场需求

决策一定要考虑市场需求因素。一般来讲，供给不变，需求上升会推动价格上涨；需求下降，价格就下调。一定时期旅游产品供给是个既定的量，而旅游产品需求的季节性特点很明显。如海南岛在每年冬季是旅游旺季，酒店价格往往会涨50%。

2. 宏观经济状况

经济景气状况对旅游产品价格有一定的影响。在经济发展较快时，旅游产品较为旺销，价格也有上行的要求；当经济增长速度趋缓，经济萧条时，价格就有下行的趋势。如1998年亚洲金融危机期间，泰国、印尼等国民众财产大幅缩水，当地一些旅游业不得不降价促销。

3. 汇率因素

一国的汇率因各种因素而变动，汇率变动对旅游产品价格有一定影响。通常本币升值，旅游企业要考虑提高外币定价；反之亦然。如某五星级标准客房以美元计价为每天100美元，假定美元与某国货币比价为1∶5，本币定价应为每天500元，当本币升值，如假定美元与本币比价为1∶4，该企业为保持原有收入不变，就会把标准客房房价定为每天125美元。相反，当本币贬值，如假定美元与本币比价为1∶5.5时，标准房价就应定为每天90美元。

三、旅游产品定价的目标

价格制定的目标，是指企业在对其生产或经营的产品定价之前，预先设定的、有意识地要求达到的目的和标准。旅游企业在制定旅游价格时，必须首先确定旅游价格制定的目标，因为它是旅游价格决策的依据，直接关系到价格策略和定价方法的选择。因此必须慎重对待，科学地确定旅游定价目标。

旅游定价目标是由旅游企业生产经营目的决定的，它是生产经营目标的具体化。定价目标必须与旅游企业生产经营的总目标相适应，为总目标服务。旅游企业作为市场经济的主体，其生产经营的根本目的是价值的增值，是追求收益的最大化。因此，判断旅游定价目标制定得正确与否，取决于一个较长时期内最终是否给企业带来尽可能多的利润总量。由于影响旅游企业收益大小的因素很多，这些因素又具有不确定性和多变性，因而旅游企业生产经营的总目标在根本目的一致的基础上又呈现出多样化的特点，于是旅游定价目标也是多种多样的。通常围绕收益最大化而展开的旅游定价目标，概括起来主要有三大类。

1. 以反映提高产品质量为目标

产品质量是产品价值的表现，是产品价格的基础。旅游产品价格必须反映旅游产品质量，做到质价相符，才能吸引游客，增大销量，实现收益的最大化。旅游定价选择这种定价目标具体又可分为以下三种类型：

（1）反映旅游产品特色的目标。旅游产品特色指产品的造型、质量、功能、服务、品牌、文化氛围的全部或部分，它反映了旅游产品对旅游者的吸引力。旅游产品有特色，旅游者不仅对该产品满意，而且还会期望通过消费这种旅游产品来炫耀与众不同，显示其经济上的富有或地位上的优越，以获取精神上的满足。因此，这种旅游产品在定价时具有有利地位，其价格也相应地要比同类旅游产品高。

（2）反映旅游产品垄断的目标。旅游资源是旅游产品形成的基础，一定的时空环境里，旅游资源科学开发和组合而形成的旅游产品具有稀缺性，其价格也便具有垄断性。如深圳锦绣中华、西安兵马俑和云南石林等这类产品的稀缺性使之与同行业竞争对手相比具有很强的竞争能力，旅游者的边际需求评价较高，因此其定价可以取较高的价位，高于其他同类旅游产品的价格。

（3）提高旅游者满意度的目标。旅游者通过旅游获得精神上的体验，留下长久的回忆，旅游服务对旅游者的心理感受和满意度影响很大。由于旅游者的文化背景、个人素养不同，阅历各异，因此，相同的旅游服务（即使是标准化的、规范化的服务）对不同的旅游者来说会有不同的感受，从而形成不同的评价。旅游企业针对不同旅游者的需求提供有针对性的服务，得到旅游者的较高评价，可以确定较高的旅游价格。

2. 以保持和扩大市场占有率为目标

市场占有率，又称市场份额，是指某旅游企业产品销售量或旅游收入在同类产品的市场销售总量或旅游总收入中所占的比重。市场占有率是企业发展的基础，代表着潜在的利润率。旅游企业的市场份额越大，就越有发展潜力，增加利润的机会就越多。特别是旅游产品既不能贮存，又不能运输，因此，保持和扩大市场占有率尤为重要。以稳定和扩大旅游市场占有率为目标，具体又分为以下三种类型：

（1）以稳定价格为目标。旅游企业采取稳定价格的目标，实质是想通过本企业产品的定价或少数几家旅游大企业产品的定价左右整个市场价格水平。选择这种定价目标的应当是那些实力雄厚、市场占有率较高的大企业。

（2）以有助于市场推销为目标。旅游价格与旅游产品配置、促进销售和分销渠道结合，共同构成旅游目的地或旅游企业的营销组合，产品、价格、分销和促销四大要素彼此配合、相互依赖，形成强有力的营销阵容，推动旅游产品的顺利销售。因此，旅游价格的制定和调整要考虑其他三个因素，要有利于其他要素作用的发挥，以保持和提高市场占有率。

（3）以符合市场行情为目标。旅游业是一个市场导向型产业，市场占有率的形成和变化是旅游市场竞争的结果。旅游企业要保持和提高自己的市场占有率，其价格制定必须符合市场行情，脱离市场行情的旅游价格很难吸引旅游者，也就很难保持市场占有率。

3. 以稳定和增强企业竞争力为目标

稳定和增强旅游企业的市场竞争力，使其在市场竞争中不断谋求有利地位，较好地实现旅游产品的价值，取得尽可能多的收益。旅游定价选择这种定价目标具体又可分为以下三种：

（1）以增加当前利润为目标。这一目标是指旅游企业通过价格手段在短期内获取最大限度的利润。它适用于旅游产品的技术含量和质量指标在短期内居于市场领先地位，旅游者认同感明显，短期内供不应求的企业。这时旅游企业或通过薄利多销的低价，或通过厚利适销的高价较快地获取最大利润。待到其优势消失的时候，旅游企业已经有了开发新产品的财力，又可以营造新的竞争优势。

（2）以一定的均衡收益为目标。当旅游企业在同行业中占据主导地位，能够掌握市场需求情况，并基本能控制本企业的市场份额时，旅游企业可以选择一个保持长期稳定收益的定价水平，以一个固定的收益额作为定价目标，以使本企业在市场竞争中稳步发展。

（3）以平均利润为目标。当旅游企业的经营管理水平处于同行业中的中等地位时，企业往往以获取平均利润作为定价目标。

综上所述，旅游价格制定的目标是多种多样的，不同的企业可能有不同的定价目标，同一旅游企业在不同时期也可能有不同的定价目标。在遵循收益最大化的基本目标前提下，旅游企业应当根据所处的市场竞争环境、企业本身的经济实力、旅游产品的特点及其在生命周期中所处的不同阶段来确定具体的定价目标。

项目2　旅游定价策略

案例引入

商务会展减少酒店价格跳水　星级酒店降价两成

随着北京进入盛夏，受各类商务活动、大型展会数量减少影响，北京的酒店价格跳水不少。

由于北京在七八月份没有大型展会及大型商务活动，商务市场预订情况平淡，四、五星级酒店房价均有大幅降低，同时出租率都有降幅。高星级品牌酒店降价幅度大约在25%～27%（以基础房型为准）之间，例如位于燕莎地区的某外资五星级酒店降幅26%，位于王府井地区的某外资五星级酒店降幅24%等；而部分三、四星级酒店降幅在6%～15%不等，例如位于燕莎地区的某三星级酒店降幅12%。二星级酒店价格保持不变或略有提高。但暑期将对二、三星级酒店的预订会有一定促进作用，预订量平稳，价格调整不大。

业内人士表示，在此期间，国内大中型城市的高档商务酒店价格均有普遍下调，例如在上海，出现了酒店房价和出租率双双下降的情况，部分高星级品牌酒店的降价幅度大约在15%。

不过受到暑期旅游的支撑，一些旅游城市和景点的酒店价格还比较坚挺，比如西北地区进入传统旅游旺季，乌鲁木齐、西宁、敦煌等旅游地区的酒店资源可能会比较紧张，甚至还会出现价格上涨的情况。他预计，进入9月份，随着高温天气的结束、商务活动增加，各地的高档酒店将逐步回调价格。

（资料来源：新华网，http://news.xinhuanet.com/life/2007-07/05/content_6331181.htm）

提出问题

试分析影响酒店业价格的因素有哪些？

我们小组的回答是：______________________________

____

____

相关知识

旅游定价方法是旅游企业在特定的定价目标指导下，根据企业的生产经营成本、面临的市场需求和竞争状况，对旅游产品价格进行计算的方法。旅游定价方法选择得正确与否，直接关系着旅游定价目标能否顺利地实现，关系着旅游业的经济效益能否有效地提高。

一、旅游产品定价策略

通常，旅游定价方法有以下几种：

（一）成本导向定价法

成本导向定价法是以旅游企业的成本为基础来制定旅游产品价格的方法，成本加上企业的盈利就是旅游产品的价格。成本导向定价法具体又分为以下几种。

1．成本加成定价法

该方法是将生产经营中耗费的固定成本除以产品销量加上单位变动成本得到单位产品成本，再加上按成本计算的一定比例的利润，即成为纳税前价格。纳税前价格加上应纳税金便形成旅游产品的售价，其计算公式如下：

$$P=\frac{(F/Q+V)\ (1+R_p)}{1-T_s}$$

其中：P——旅游产品价格；

Q——预计销售量；

F——固定成本；

V——单位变动成本；

R_p——成本加成率（利润率）；

T_s——营业税率。

例：某宾馆有客房500间，全部客房年度固定成本总额为400万美元，单位变动成本为15美元/（天·间），预计客房出租率为80%，成本利润率为30%，营业税率为5%，试确定客房的价格。

解：根据所给数据和公式，计算如下：

$$P=\frac{\left(\frac{400\ 0000}{500\times 80\%\times 365}+15\right)\times(1+30\%)}{1-5\%}$$

$$=55.12/95\%=58.02\ [\text{美元/(天·间)}]$$

2. 盈亏平衡定价法

该定价法是指旅游企业在既定的固定成本、平均变动成本和旅游产品估计销量的条件下，实现销售收入与总成本相等时的旅游价格，也就是旅游企业不赔不赚时的产品价格。其计算公式为：

$$P=\frac{F/Q+V}{1-T_s}$$

例：某饭店有餐座200个，餐厅每天应摊销的固定费用1 800元，每餐座平均消耗原材料15元，预计餐座销售率为60%，该饭店营业税率为5%，试确定餐厅每餐座的销售价格。

解：根据计算公式和所给资料可得：

$$P=\frac{1\ 800/200\times 60\%+15}{1-5\%}$$

$$=30\times 95\%=31.85\ (\text{元})$$

根据盈亏平衡定价法确定的旅游价格，是旅游企业的保本价格。低于此价格，旅游企业会亏损，高于此价格旅游企业则有盈利，实际售价高出保本价格越多，旅游企业盈利越大。因此，盈亏平衡定价法常用作对旅游企业各种定价方案进行比较和选择的依据。

3. 千分之一法

在制定旅游饭店的房价时，不少人认为，房价应占整个饭店造价的千分之一，这就是千分之一定价法。如某饭店总造价5 000万元，有客房200间，故每间客房价格为250元（即5 000÷200×1/1 000）。

成本导向定价法是旅游企业生存所必需的，是商品经济发展的客观要求。因为旅游价格低于成本，旅游企业就会亏损，其生存就会面临严峻的挑战，长此以往，旅游企业就会被市场所淘汰。成本导向定价法计算简便，利于核算，同行业之间也可以比较，还给人以买卖公平的感觉。但成本导向定价法只考虑了产品的成本，反映了以产品定销的经营思想，没有考虑市场竞争、旅游需求及市场其他环境因素的变化，因而成本导向定价法灵活性差，不利于旅游企业获取最佳利润。成本导向定价法适合于旅游市场还处于卖方市场或市场经营环境比较稳定的情况。

（二）需求导向定价法

需求导向定价法就是根据旅游者的需求程度、需求特点和旅游者对旅游产品价值的认识和理解程度来制定价格，需求强度大时定高价，需求强度小时定低价。这是因为旅游需求的大小是一个国家或地区发展旅游业的前提条件，如果没有客源，没有需求，旅游业不仅不能发展，而且不能生存。因此，旅游定价必须关注旅游需求。同时，旅游者愿意支付的价格不仅取决于旅游产品本身有无效用和效用的大小，而且取决于旅游者对旅游产品的主观感受和评价。因此，分析旅游者对旅游产品价值的认识和理解状况，把握旅游需求强度，据此进行旅游价格的制定，就成为旅游定价方法的一个重要类别。

需求导向定价法反映了旅游需求，有利于旅游产品流通和旅游产品价值的实现。但由于这种定价方法与成本没有必然联系，供不应求时，价高利大；供过于求时，价低利微，甚至亏损。因此，旅游企业要注意不同供求状况下利润的合理分配。常用的需求导向定价法主要有以下几种类型。

1. 差别需求定价法

差别需求定价法又称差别定价法，是指在旅游产品成本相同或差别不大的情况下，根据旅游者对同一旅游产品的效用评价差别来制定差别价格。主要有：

（1）同一旅游产品对不同旅游者的差别定价。如同一饭店对散客、团队客人、家庭客人的价格差异，同一景点对国内旅游者和国外旅游者的价格差别。

（2）同一旅游产品在不同地点的差别定价。同样的餐饮在一般餐厅与在宾馆餐厅的价格不同，在餐厅享用与送到客房用的价格不同；同样星级的宾馆饭店，接近交通线路或旅游景点或商业中心，其客房价格可定得高些。

（3）同一旅游产品在不同时间的差别定价。如淡旺季价格的不同（我国物价部门规定，旅游淡季综合服务费可比平季水平下浮30%～40%，旺季可比平季上浮6%），旅馆在周末与平时的价格不同。

（4）同一旅游产品在增加微小服务的差别定价。如客房增加叫醒服务后的价格要高些，每天送一束鲜花可提高价格。

实施差别定价法应当注意几点：一是价格的平均水平不应低于运用成本加成定价法制定的价格水平；二是旅游产品需求市场必须能够被细分，并且在不同的细分市场上能反映出不同的需求强度；三是分割市场和控制市场的费用不能超过区分需求定价法所能增加的营业收入；四是差别定价法不能引起旅游者的反感，要符合旅游者的效用价值评价。

2. 声望定价法

旅游企业有意识地把某种旅游产品的价格定得高些，以此来提高旅游产品和旅游企业的档次与声望，这种定价叫声望定价法。这种定价方法的依据在于：旅游者经常把价格的高低看作旅游产品质量的标志，所谓“便宜无好货，好货不便宜”正是这种心理特征的表现。同时，有一部分旅游者把购买高价旅游产品作为提高自己声望的一种手段，如由公司付钱的奖励旅游者、高级商务旅游与行政管理人员的旅游需求就是这样。常见的声望定价法有：

（1）一些高星级宾馆常有一套或几套价格很贵的客房，如总统套房，其目的主要是以此来提高整个宾馆的档次与声望。

（2）名胜古迹，历史上名人居住过的地方，其定价也常用声望定价法，如庐山上一些伟人、名人住过的别墅，虽然客房设施较差，但房费也很高。

（3）一些旅游产品的最低价不低于旅游者所愿意支付的最低价，否则，旅游者会怀疑旅游产品的质量。如一瓶高级香水，定价在几十元以上可能有人购买，而定价在几元可能反而无人问津。

采用声望定价法，必须注意以下约束条件：第一，旅游企业有较高的社会声誉，其旅游产品必须优质并有不断的改进，否则就不能维护和巩固旅游者对该产品的信赖；第二，价格不能超过旅游者心理和经济上的承受力。

3. 心理定价法

心理定价法是为了刺激和迎合旅游者购买旅游产品的心理动机的定价方法。根据人们行为的心理过程模式：需要—动机—行为—满足，我们把围绕旅游者购买行为而进行有效定价的心理定价法也归为需求导向定价法这一类。常见的心理定价法有：

（1）非整数定价法。中低档旅游产品常用此法定价，这是为刺激和迎合旅游者的求廉心理而采取保留恰当的价格尾数的定价方法。如 9.80 元比 10.00 元便宜，9.19 元与 9.99 元的价格心理差距比 9.99 元与 10.39 元的价格心理差距小。这种定价方法不仅让旅游者感到便宜，而且旅游者还认为这是经过仔细计算后确定的价格，因而感到准确、可靠。

（2）整数定价法。高档旅游产品常用此法定价，它是为满足旅游者显示自己地位、声望、富有等心理需要而采取整数价格的定价方法。如一件首饰原定价为 492 元，若改定为 500 元，则对于有能力购买首饰的旅游者来说，是不在乎多付出 8 元的，但价格高 8 元却使这件首饰的声望价格增加了许多，给旅游者带来更大的心理满足。

（三）竞争导向定价法

竞争导向定价法，是指旅游企业在市场竞争中为求得生存和发展，参照市场上竞争对手的价格来制定旅游价格的定价方法。市场经济是竞争经济，旅游企业不可避免地要遇到各种竞争因素，所不同的是不同的旅游企业由于主客观条件的不同，所要考虑的竞争程度不同。以竞争导向定价，就是为了竞争或避免竞争的直接冲突，其着眼点在竞争对手的价格上，而不管本身价格与成本及需求的变化。竞争导向定价法一般可以分为以下几种类型。

1. 同行比较定价法

这种定价法是指以同行业的平均价格水平或领导企业的价格为标准来制定旅游价格的方法。这种定价方法既可使本企业价格与同行业的价格保持一致，在和谐的气氛中促进企业和行业的发展，同时企业也可得到平均的报酬。这种定价方法还可使企业之间的竞争避开了价格之争，而集中在企业信誉、销售服务水平的竞争上。当本企业旅游产品的质量、销售服务水平及企业信誉与其他同行企业相比有较大差异时，其定价可在比照价格基础上加减一个差异额。

2. 排他性定价法

这种定价法，是指以较低的旅游价格排挤竞争对手、争夺市场份额的定价方法。如果说同行业比较定价法是防御性的，那么排他性定价法则是进攻性的。其具体有两种类型：

（1）绝对低价法。本企业旅游产品价格绝对低于同种旅游产品的价格，这样可以争取更广泛的顾客，排挤竞争对手；还可以使一些参与竞争的企业望而生畏，放弃参与竞争的念头。

（2）相对低价法。对某些质量好的名牌旅游产品，适当降低价格，缩小名牌旅游产品与一般旅游产品的价格差异，以促使某些低质的同类旅游产品降低价格，直至这些企业因无利可图而退出市场。

3．率先定价法

这种定价法是指旅游企业根据市场竞争环境，率先制定出符合市场行情的旅游价格，以吸引游客而争取主动权的定价方法。在激烈的市场竞争中，特别是在市场需求表面停滞而潜在增长的情况下，旅游企业谁率先制定出符合市场行情的旅游价格，谁就拥有了占领市场的有利武器，也就拥有了竞争取胜的基础。

4．边际贡献定价法

边际贡献是指每增加单位销售量所得到的收入超过增加的成本的部分，即旅游产品的单价，减去单位变动成本的余额，这个余额部分就是对旅游企业的“固定成本和利润”的贡献。当旅游产品的销量足够大，旅游企业的当期固定成本已经收回，增加的旅游产品销量可以不考虑固定成本时，新增旅游产品的单价大于单位变动成本的余额即是对旅游企业的利润贡献，那么边际贡献大于零的定价可以接受。如旅游旺季一间双人客房按正常价格出售，增加一张床位的价格可按边际贡献方法定价。另一种情况是，旅游淡季时旅游产品供过于求，旅游企业低价销售产品没有盈利，但不销售则亏得更多。如一间客房房价成本价为100元/天，其成本构成为固定成本60元，变动成本40元，如不得已销售价降为90元/天，卖则亏10元/天，不卖则亏60元/天，故还是卖为好。当然，如果售价低于40元/天，则不卖为好。因此，可以这样概括边际贡献定价法，它是指保证旅游产品的边际贡献大于零的定价方法，即旅游产品的单价大于单位变动成本的定价方法。

二、如何应对竞争对手的价格调整

（一）应对竞争对手的价格调整应考虑的问题

在旅游市场上，企业往往要应对同行竞争对手的价格调整。经营者在审时度势后，通常有三种选择：提价、降价或维持原价而以非价格竞争应对，不论做何种选择，首先要研究竞争对手实力。此外还要关注以下几项问题。

1．竞争者调价目的与原因

（1）调价目的：要透过调价现象看清竞争对手尤其是主要竞争对手的调价目的，通常竞争对手为达到如下目的而调价：争夺市场份额；树立品牌形象；增加利润；提高现金流量、缓解资金困难。

（2）调价原因：资源闲置或短缺，销售困难或旺销，通货膨胀或紧缩，汇率变化，成本变化。

2．竞争者调价对各方的影响

要注意竞争者调价对以下各方面的影响：对旅游者的影响；对旅游中间商的影响；对本企业的影响；对同行其他企业的影响；对社会有关方面的影响。

3．本企业调价后各方可能的反应

要判断自己的应对是否恰当，应密切关注市场的反应、目标市场旅游者的反应、旅游中间商的反应、社会有关方面的反应。

知识拓展

休布雷公司巧订酒价

休布雷公司在美国伏特加酒的市场中，属于营销出色的公司，其生产的史密诺夫酒，在伏特加酒的市场占有率达23%。20世纪60年代，另一家公司推出一种新型伏特加酒，其质量不比史密诺夫酒差，每瓶价格却比它低一美元。

按照惯例，在休布雷公司的面前有三条对策可用：

(1) 降价一美元，以保住市场占有率。

(2) 维持原价，通过增加广告费用和推销支出来与竞争对手竞争。

(3) 维持原价，听任其市场占有率降低。

由此看出，不论该公司采取上述哪种策略，休布雷公司似乎输定了。

但是，该公司的市场营销人员经过深思熟虑后，却采取了对方意想不到的第四种策略。那就是，将史密诺夫酒的价格再提高一美元，同时推出一种与竞争对手的新伏特加酒价格一样的瑞色加酒和另一种价格更低的波波酒。

这种产品价格策略，一方面提高了史密诺夫酒的地位，同时使竞争对手的新产品沦为一种普通的品牌。结果，休布雷不仅渡过了难关，而且利润大增。实际上，休布雷公司的上述三种产品的味道和成本几乎相同，只是该公司懂得以不同的价格来销售相同的产品的策略而已。

（二）竞争对手价格调整时的应对措施

旅游企业在权衡市场情况后，可以采取多种应对竞争对手价格调整的措施，主动适应市场竞争。

1. 同向跟进

当竞争对手率先调价后，可以同方向跟进，即随竞争者降价而降价，随其提价而提价。同向跟进又分为几种形式：

(1) 同步跟进。提价或降价幅度与其同幅度，或把价格定在竞争者的价格水平上。

(2) 不同步跟进。也调整价格，但调价幅度、售价水平与竞争者保持一定距离。

2. 逆向调整

当竞争对手率先调价后，经营者对价格也做相应调整，只不过调整方向与竞争对手恰恰相反。其目的是拉开差距，映衬与众不同的产品形象和企业形象。此策略最难，因为至少是在一段时间内，价格变动会冒逆旅游市场大势而行的风险。采用这一策略一般是出于转变关头的前夕，市场即将发生趋势性转变之际。

3. 维持现价

旅游企业对竞争者调价以“不作为”的方式应对，在价格上不做调整。经营者调高价格会导致销售下降，市场份额减少，或反之，往往采取观望态度。

4. 实施非价格竞争策略

提高旅游产品和服务质量，形成特色，塑造品牌，拓宽渠道，建立营销网络，针对性开展广告、公共等沟通与促销方式争取客源，这就是非价格竞争策略。非价格竞争策略既可单独运用，也可与上述三种方式协调使用，如在经营者决定同向跟进率先提价的竞争对手，准备提价时，还可通过提高产品质量和服务质量，使旅游者感到物有所值。

在实际的市场环境中，绝不仅仅只有以上所提到的价格策略，企业为了更好地完成营销目标，还会制定很多特殊的定价策略。而且在实践中面对复杂多变的市场环境，单纯的一种价格策略也难以应付多变的情况，所以需要营销人员综合考虑多方因素制定出更适合本企业产品的价格。

知识拓展

携程：停止价格战失去的份额更多

“双十一”电商赚得盆满钵满后，旅游行业瞄准了“双十二”大促。12月2日，携程高级副总裁汤澜接受记者采访时表示，公司将拿出5亿元进行一个月的促销活动，“打赢价格战”。而广之旅、OTA网站、酒店集团等业内公司也纷纷介入“双十二”大战。

12月，旅游业将迎来消费者休年假、元旦出游小高峰。2日携程方面表示，“双十二”公司促销重点是在机票、酒店领域，同时为明年价格战做铺垫。但与以往不同的是，此次携程重在发力移动客户端市场，如手机预订机票多返现20元等。

携程CEO梁建章曾表示，未来移动端业务占比要达到50%。对此，2日汤澜表示，50%意味着绝大多数是通过手机来预订，如果50%是峰值的话明年就可以达到，均值的话后年预计就可能达到。数据显示，截至第三季度携程酒店移动订单所占比例近30%，机票所占比例为15%~20%。

2日，广之旅方面也表示，“双十二”将主打自由行产品，这是该社首次以自由行产品为主打的网上促销活动。此外，同程网、经济型酒店等也开始为“双十二”准备。

在线旅游行业自去年开始掀起价格大战以来，相关公司的利润都受到一定影响。对此，2日汤澜表示，公司会坚决回应而且要打赢价格战，“因为停止价格战失去的份额更多”。

广之旅13日宣布旗下“定制旅游俱乐部”对外营业，发力抢滩定制旅游市场。广之旅方面称，与欧美等发达国家相比，中国内地定制旅游市场仍属于刚起步阶段，市场潜力远未被开发。

（资料来源：广州日报，2013-12-03）

习题与实践

一、名词解释

1. 旅游价格
2. 成本导向定价法
3. 声望定价法
4. 心理定价策略

二、选择题

1. 关于旅游价格的制定机制，正确的是（　　）。

A. 旅游产品的价格取决于该产品的价值

B. 市场供大于求时，旅游价格趋于上升

C. 旅游供给者之间的竞争使旅游价格提高

D. 有关部门规定客房租金的最低价能保护顾客的利益

2. 不同旅游产品在不同的季节销售所形成的价格差额是（　　）。

A. 批零差价　　B. 地区差价　　C. 季节差价　　D. 质量差价

3. 一个产品定价为1.99元，它采用的定价策略是（　　）。

A. 整数定价策略　　B. 尾数定价策略

C. 声望定价策略　　D. 习惯定价策略

三、判断题

1. 当旅游产品的销量足够大，旅游企业的当期固定成本已经收回，增加的旅游产品销量可以不考虑固定成本时，新增旅游产品的单价大于单位变动成本的余额即是对旅游企业的利润贡献，那么边际贡献小于零的定价可以接受。（　　）

2. 成本加成定价法是将生产经营中耗费的固定成本除以产品销量加上单位变动成本得到单位产品成本，再加上按成本计算的一定比例的利润，即为纳税前价格。（　　）

3. 判断旅游定价目标制定得正确与否，取决于一个较长时期内最终是否给企业带来尽可能多的利润总量。（　　）

四、简答题

1. 如果美元贬值，某旅行社的出境游线路价格应如何变化？

2. 分析为什么同样的产品或服务，价格标为9.9元的一般比价格标为10元的销路好？

3. 快捷连锁酒店除了价格实惠之外，还注重一些额外的服务，例如加送安睡牛奶等，这说明了什么问题？

4. 影响旅游企业定价的因素主要有哪些？

5. 如何应对竞争对手的价格调整？

五、技能训练

1. 每逢假期和黄金周，各大旅行社打价格战吸引客户，请列出价格战的各种表现，并分析价格战的利弊。

2. 某旅游品牌是中高端品牌，当竞争对手率先降价后，经营者对价格也应做相应调整，其目的是拉开差距，映衬与众不同的产品形象和企业形象，但要吸引更多的消费者，此时应该采取什么策略?

3. 通过电话、实地或网络调查，收集酒店产品定价信息，分析该酒店的定价策略。

本模块小结

旅游产品定价策略是旅游市场营销的重要内容，旅游定价方法选择得正确与否，直接关系着旅游定价目标能否顺利地实现，关系着旅游业的经济效益能否有效地提高。本模块明确了旅游产品的价格形式和作用，介绍了目前实践中应用比较广泛的成本导向定价、需求导向定价和竞争导向定价三种方法，以及对竞争对手价格调整的应对问题。

模块5　旅游渠道策略

任务目标

1. 通过本模块的学习掌握分销渠道的概念、类型及作用，学生能够运用这些原理对旅游产品的销售进行分析。
2. 了解旅游产品销售渠道策略，掌握理想销售渠道的特征，学习旅游产品销售渠道的管理，运用管理学原理到实际的销售渠道策略中，懂得运用解决旅游产品销售渠道冲突的方法。

项目1　旅游产品销售渠道概述

案例引入

携程联手新浪微博

Facebook上市的千亿美元估值，再次挑动着人们对社会媒体与电子商务结合的想象力。基于社会媒体和旅游体验分享的紧密联系，不少旅游业界人士对社会媒体在旅游领域的应用同样抱有极大的热情。日前，携程旅行网（以下简称“携程”）正式宣布与新浪微博展开全面合作，共同打造基于微博体系的新旅游产品模式。携程此次携手新浪微博，将会为在线旅游市场带来哪些新的想象力呢？

对于此次合作，携程资深副总裁汤澜先生表示合作的目的主要在于旅游资讯内容、旅游产品的促销推广，以推动携程品牌年轻化、拓展业务增长新渠道。合作初期，携程将主要通过在微博投放广告、开展联名活动等方式吸引年轻用户关注。同时将借力新浪微博企业APP，推广团购、惠选等新型产品，为携程官网带来更多的流量及新用户群体。未来携程还将积极研发好友互动类的APP，搭建旅游资讯分享平台，以及自主开发预订类及功能类APP，实现在新浪微博上直接下单的预订功能。

新浪在旅游业务的布局亦备受关注，日前其向各大酒店发送《新浪微博酒店成长计划》及合作协议书，为酒店提供新浪微博升级后的企业版及配套的营销数据分析后台、专门为酒店业设计的APP，同时借助新浪旅游及新浪地方站旅游频道线上推广等资源，力图构建综合式酒店营销平台，被视为新浪涉足酒店在线营销业务的新举措。对于此次携程联手新浪微博，业界分析认为有利于整合双方资源，携程将在原有商旅客户群基础上，利用新浪微博获得更多年轻客户对携程品牌的关注度，为携程网站、APP带来流量和预订量的新增长点。而新浪旅游业务尚处拓展初期，借助携程在旅游领域的影响力，有利于提高其业界曝光率及知名度。

（资料来源：环球旅讯，http://www.traveldaily.cn/article/61698.html）

提出问题

社会媒体在国内外大受追捧，但社会媒体和 OTA 等旅游企业的合作能否达到预期效果？

我们小组的回答是：____

____

____

相关知识

一、旅游产品销售渠道的概念及作用

（一）旅游产品销售渠道的概念

1．定义

销售渠道也称作“通道”或“销售点”。美国市场营销学权威菲利普·科特勒认为“销售渠道是指某种货物或劳务从生产者向消费者移动时，取得这种货物或劳务所有权或帮助转移其所有权的所有企业或个人”。而旅游产品销售渠道是指旅游产品从旅游生产企业向旅游者转移过程中所经过的一切取得使用权或协助使用权转移的中介组织和个人。旅游产品销售渠道的起点是旅游生产企业，终点是旅游消费者，而中介组织或个人形成的中间环节则包括各类旅游批发商、零售商、代理商等。

2．旅游产品销售渠道的作用

（1）旅游产品销售渠道是旅游企业再生产过程顺利进行的前提条件。

旅游企业是旅游产品生产、经营的基本单位。旅游企业生产的产品不仅要符合社会需要，而且由于多数旅游产品的不可储存和不可转移性，必须及时地销售出去。旅游产品销售渠道是实现其目标的必然途径。这样，旅游企业的再生产过程才能顺利进行。如果旅游销售渠道流通不畅，即使企业生产出优质对路的产品，也不能顺利到达顾客手中，这必然使旅游企业再生产过程受阻。

（2）合理的旅游产品销售渠道是提高旅游经营效益的重要手段。

旅游产品销售渠道的数量、环节以及成本费用，对旅游产品的销售有着直接的影响。合理选择销售渠道、加强渠道的管理以及适时营造新的销售渠道，就能加快旅游产品的流通速度，加速资金周转，提高旅游企业的经济效益。

（3）旅游产品销售渠道策略直接影响旅游企业其他市场营销策略的实施效果。

旅游产品销售渠道策略与产品其他营销策略密切相关，而且建立销售渠道需要较长的时间和资金，需要旅游产品销售渠道的确定，旅游企业的定价、促销等策略也就相对固定下来。例如：旅游产品的广告宣传活动主要由旅游企业还是由中间商进行，或是双

方联合进行；旅游企业的价格策略与中间商的价格策略如何相互配合等。

（4）旅游产品销售渠道是旅游企业获取重要信息反馈、有效接近顾客的关键途径。

由于旅游产品销售渠道的成员直接与旅游者接触，因而能及时地了解旅游者的消费需要，把握消费者需求变化的趋势。旅游企业可以根据渠道成员的信息反馈，及时地调整产品结构，提供符合旅游者需要的产品，从而提高旅游企业的经营效益，促进旅游经济健康、有序地发展。

（5）旅游产品销售渠道也是各旅游企业的促销伙伴与风险分担者。

旅游企业的销售渠道不仅承担着旅游产品的销售，由于利益关联，各销售渠道也会积极投入各种促销宣传，努力说服消费者购买该旅游产品。而且，各中间商在进行促销时，可以充分利用其网络优势。这是不使用销售渠道的销售策略所不可比拟的。

此外，利用渠道进行销售时，意味着旅游产品的所有权提前转移，旅游企业与渠道之间建立起连带的损益关系。在这种情况下，企业的经营风险得到了一定程度的分担。

（二）旅游产品销售渠道的作用

（1）旅游产品销售渠道是保证旅游企业生产过程顺利进行的前提条件。

（2）合理选择旅游产品销售渠道是提高旅游经济效益的重要手段。

（3）销售渠道策略直接影响其他市场营销策略的实施效果。

二、旅游产品销售渠道的类型

知识拓展

酷讯旅游：构建优秀的在线旅游媒体

中国在线旅游业发展到今天还是处于发展起步阶段，它是一个朝阳产业。市场格局里头，大多数的企业都侧重在交易端，像携程、艺龙这样的企业，帮助消费者购买具体一个旅游产品。酷讯的CEO认为在线旅业产业很重要的是信息服务问题，旅行者在很多时候包括做旅行计划的时候，信息是极度缺乏的。酷讯会专注做在线旅游媒体，并且帮助消费者在旅行前中后所有信息获取的问题。

酷讯网做旅游已经进入第三个年头，酷讯旅游是世界最大的在线旅游服务公司Expedia及全球最大旅游社区Trip advisor旗下的企业，在中国着力构建最优秀的在线旅游媒体，到目前为止用户到酷讯网站上获取目的地的信息、机票、火车票等信息，这些信息的真实性极大关系到用户出行计划的安排，也包含着他们能否在旅行中得到安全的旅行生活。酷讯作为在线旅游媒体，非常注重信息安全信息准确性，对每一条信息的来源做仔细的认证，不希望任何一个欺诈的行为发生在酷讯网上。

酷讯从2008年开始专注做旅游，到2013年它已是中国最优秀的旅游搜索引擎之一，在你最想买到一张火车票的时候酷讯可以帮助你。接下来酷讯又推出了自己的旅游社区和旅游体验师的活动，通过酷讯的投入能够把真实、有效、实时的旅游消费信息分享出来。旅游体验师也邀请很多名人和草根网民把自己的旅游过程通过微博实时直播方式分享出来，这样能够帮助每一个潜在的旅游消费者真实掌握所有旅游资讯信息，帮助他做出明智选择。

（一）分销渠道的长度和宽度

1. 分销渠道的长度

分销渠道的长度，通常是指旅游产品从生产者（或供应者）向最终消费者转移过程中所经中间环节的多少。

2. 分销渠道的宽度

分销渠道的宽度通常是指一个旅游企业的销售渠道及产品销售网点的数目和分布格局。

（二）扩充分销渠道的必要性

（1）能扩大企业的经营规模或生产能力。

（2）企业所在地区内同类企业数量增多，生产和供应能力过剩，从而使市场份额的竞争加剧。

（3）企业要实现扩大发展，就需要增加其产品销量。实现产品销量的扩大不可能只靠回头客的购买，更为重要的是要使更多的人成为自己产品的购买者。

（4）随着市场范围的变化，很多目标市场所在地同企业所在地之间距离较过去更远，特别是国际旅游市场更是如此。

（三）分销渠道的类型

市场营销学按照分销渠道中间层次的多少，将分销渠道分为零层次渠道、单层次渠道、双层次渠道和多层次渠道四种基本类型。

旅游分销渠道的主要类型有直接营销渠道、间接营销渠道、长渠道、短渠道、宽渠道、窄渠道、少渠道、多渠道、网络渠道等。

1. 直接营销渠道与间接营销渠道

（1）直接营销渠道。

直接营销渠道也称为零层次渠道，是指旅游企业不通过任何中间商而直接把旅游产品销售给旅游者的销售渠道，如航空公司直接将机票销售给旅游者。其主要模式有两种。

①“旅游企业—旅游消费者”模式。

这一模式有两种情况。一种情况发生在旅游目的地旅游产品的生产现场，旅游者自己前往生产现场购买。此时，旅游产品生产者在其生产现场扮演了零售商的角色。如消费者自己到旅游景点游玩、到餐馆吃饭等。这一销售模式常见于旅游景点、餐馆、饭店、汽车租赁等旅游接待企业。

另一种情况发生在旅游客源地甚至旅游者家中，消费者利用电话、网络等现代化通信工具直接向旅游企业预定产品。近年来，随着现代科学技术的发展和广泛应用，这一模式逐步得到推广，很多企业利用计算机预定系统直接向消费者出售产品，这对一些旅游中间商产生了极大的挑战。这一销售模式常见于饭店集团、航空公司和经营包价旅游的大型旅游公司。

②“旅游企业—自营网点—旅游消费者”模式。

这一模式是指旅游产品生产者在目标市场设立自己的销售网点。包括饭店连锁集团通过其成员饭店之间相互代理预定来方便消费者购买；航空公司和铁路公司在客流量大的地区自设售票处或订票处；汽车租赁公司在其经营区域内设立租车服务处；一些大型旅游公司在目标区域内自设零售网络等。

直接销售渠道可以省去支付给中间商的费用，降低产品成本，获得价格竞争优势。同时，直接销售渠道使得旅游企业有机会直接和顾客打交道，能够及时获取消费者的第一手需求信息，有助于企业及时调整或改进营销策略。但是，采用直接销售渠道，企业可能因为缺乏销售经验或其他原因，销售成本反而增加。此外，由于任何一个企业的资源都是有限的，直接销售渠道意味着有限的销售网点，也就很难较大程度地满足更大的市场需求。

（2）间接销售渠道。

间接销售渠道是指旅游产品生产者借助中间商销售其产品，由中间商负责旅游产品使用权的转移。间接销售渠道按中间环节的多少可以划分为以下三种模式：

①“旅游企业—旅游零售商—旅游消费者”。

这种模式被称作单层次或一级销售渠道，即旅游产品生产者向旅游零售商支付佣金，由旅游零售商把旅游产品销售给旅游者。这一模式在西方国家旅游业中应用得非常广泛，除了旅游批发商完全是通过这一渠道组织客源外，其他众多的旅游企业如饭店、航空公司、游船公司等也将这一渠道作为自己销售旅游产品的主渠道。在我国，这一模式目前主要体现在旅行社代客订购交通票、代订饭店客房等。但这些中间商在代理这类业务时，是向顾客收取佣金，而不是像西方国家一样由旅游生产企业支付佣金。这种销售渠道具有降低成本、减少开支而提高旅游企业经济效益的优点，但仅适宜于营销批量不大、地区狭窄或单一的旅游产品。

②“旅游企业—旅游批发商—旅游零售商—旅游消费者”模式。

这种模式被称作双层次或两层次销售渠道，即旅游批发商以批发价大量采购单项旅游产品生产者的产品，并根据各自目标顾客群的不同需求将其组合成整体旅游产品，然后通过旅游零售商出售给旅游者。这种销售模式是西方国家旅游业中较为流行的销售方式之一，常为度假饭店、假日营地、包机公司等旅游企业所采用，在我国旅游业尚不普遍。

③“旅游企业—本国旅游批发商—外国旅游零售商—外国旅游者”模式。

这种模式被称作三层次或多层次销售渠道，是目前我国国际旅游业中应用最广的渠道模式。我国具有涉外旅游接待职能的旅游生产企业在价格谈判的基础上将各单项旅游产品批量发售或预订给我国的国际旅行社，然后国际旅行社将这些单项旅游产品组合成包价旅游产品，销售给外国旅游批发商或旅游经营商。这些旅游批发商在对这些包价旅游产品重新定价后，作为自己的产品，委托客源市场的旅行代理商或其他零售代理机构向旅游消费者出售。

间接销售渠道通过庞大的销售网络占领市场，有助于提高企业的营业额，同时也可以凭借该网络系统向旅游消费者传播企业的品牌形象、企业文化及其他各种信息，有利于树立企业形象。但是，由于中间环节增加，间接销售渠道也增加了旅游产品的成本，导致企业利润降低或旅游产品价格上涨，在一定程度上影响了企业的市场竞争力。此外，间接渠道增加了企业与最终消费者的距离，旅游企业对目标市场的控制权下降，并需要与中间商协作，如果管理不当，企业有可能损失目标市场。

2. 长渠道和短渠道

旅游产品从生产者到最终消费者所经过的中间机构的环节数即为旅游销售渠道的长度。根据销售渠道中间商层次数的多少可将其分为长渠道和短渠道。中间商层次越多，销售渠道越长；反之则越短。直接销售渠道是最短的一种渠道。例如：一位游客直接前往某景区旅游，中间不经过任何旅行社或其他旅游公司，这样的销售渠道最短。再如，一位游客在某旅游景区的旅游商店购买了某旅游纪念品，而该旅游纪念品是由当地某旅游公司从另一代理商处购进，而该代理商又从旅游纪念品的生产企业买入，这样的销售渠道就相对较长。

旅游销售渠道越长，表明销售网点越多，企业可以有效地覆盖目标市场，扩大产品的销量。但是，由于环节增多，销售费用也会随之上涨，不利于生产者及时获得市场情报，迅速占领市场。

一般情况下，短渠道由于中间环节少，自然就可减少中间环节所发生的营销费用，旅游消费者购买的旅游产品的价格就有可能较为便宜。同时，短渠道加快了商品流通的速度，提高了产品竞争力。还加快了旅游企业与旅游消费者之间的信息沟通速度，尤其是有可能减少或避免过多的中间环节导致的信息失真。但是短渠道销售需要生产商投入大量的人力财力到直销中去，同样可能增加费用，不利于生产企业大批量组织生产。

3. 宽渠道和窄渠道

旅游产品销售渠道的宽度，取决于销售渠道内每个层次上使用同种类型中间商数目的多少。使用同种类型中间商数目越多，销售渠道越宽，反之渠道就比较窄。通常所说的要多设营业网点，就是指要加宽销售渠道的宽度，因一般化、大众化的景区旅游产品主要是通过宽渠道进行销售，通过多家旅游批发商或代理商批发给更多的零售商去进行销售，从而能大量地接触旅游消费者，大批销售旅游产品。一些国际大型旅行社，如美国的运通、太平洋企业公司，在美国本土东部、西部、中西部各州都有分公司，还有几千个零售代理商，这样的销售渠道就相当地宽。所谓窄渠道，就是同类中间商较少，旅游产品在市场上的销售面较窄的景区销售渠道，窄渠道对旅游企业而言，比较容易控制，但市场销售面会受到限制。因此，窄渠道一般只适用于专业性较强的或费用较高的旅游产品的销售，如探险旅游、环球旅游。

4. 单渠道和多渠道

根据旅游企业采用销售渠道类型的多少，旅游销售渠道又可分为单渠道和多渠道。有些旅游企业采用的渠道类型比较单一，如所有产品全部由自己直接销售或全部交给批发商经销，这就是单渠道。有的旅游企业则根据不同层次或地区消费者的不同情况而采用不同的销售渠道。若在本地区采用直接渠道，对外地采用间接渠道，或同时采用长渠道和短渠道，这就称为多渠道。一般情况下，旅游企业生产规模较小或经营能力较强，可采用单渠道销售旅游产品，反之，则采用多渠道，以便扩大产品的覆盖面，灵活地大量销售自己的旅游产品。

5. 网络销售渠道

旅游网络销售渠道是指借助互联网络、电脑通讯和数字交换等现代信息技术将旅游产品从旅游生产者转移到旅游者的新型销售渠道。现代旅游业采用的信息技术种类繁多，主要包括计算机预订系统、电视会议、可视图文、电子小册子、计算机管理信息系统、淘宝平台、航空电子信息系统、电子货币交易系统、数字化电子网络、移动通讯等。涉及的业务范围包括网上的广告、订货、付款、客户服务和实物递交等售前、售中、售后服务，以及市场调查分析、财务核算及日程安排等利用互联网开发的商务。网络销售渠道突破时空限制，成本低廉，变单一的信息传播为多向传播，使旅游产品生产者和消费者在网上直接沟通和交易成为可能，有助于促成交易的实现。因此，旅游企业要积极迎合信息时代的发展，对传统营销模式进行重组和创新，建立自己的网络销售渠道。

知识拓展

2014 年旅行社销售的六大发展趋势

1. 游客不需要更多门店，多渠道销售是出路

游客只为报名去某家旅行社门店的动力会越来越小，再加上产品雷同、网购分流、停车难等问题，门店业态经受考验（尤其在大城市，二、三线市场这个问题不像大城市那么严重）。

未来的旅行社门店，将会以旗舰店、体验店、主题店为主，餐饮化、会所化、沙龙化是门店的发展趋势。门店要转型升级，大数据驱动下的全渠道、泛渠道零售是首选策略，把 O2O 作为重要手段，以游客需求为导向，让旅行社无所不在。

一家有实力、有远见的旅行社，应该持续优化门店、大力发展异业合作、积极建设会员俱乐部，以及在微信、微博等渠道拥有不同形式的存在。

2. PC 电商高投入下难掩疲态

保守估计，旅行社目前在电商平台每获取一名新用户的平均成本接近 200 元，这样的高投入犹如皇帝的新衣，做电商大部分都亏钱，但没有人愿意或勇于说破。

敢于高投入的旅行社貌似获得了高增长，但是一问起盈利情况都是“顾左右而言他”，因为大家都明白，电商份额持续做大，主要靠的是比线下还厉害的价格战。而网民更加挑剔，流量费增高、移动互联网重塑格局等，都将迫使目前的旅行社 PC 电商模式进行新的选择。

在移动互联网时代，电商在 PC 时代的优势削弱，各大巨头重回起跑线，旅行社迎来新的电商机遇。

3. 跨界合作

转型升级并不是旅行社行业的专有名词，在移动互联网时代，谁不转型升级，谁就完蛋。

百度、阿里、腾讯，三座大山，哪个不在变？哪个不在跨界？榜样的力量是无穷的，不跨界，不成活。

旅行社熟悉的合作，是参与采购联盟、协会，这是典型的 1.0 时代的合作，利用某一种能够聚合、提升大家或高于大家的捆绑经验和思想去服务客户与游客。

现在真正要思考的是：你能跟移动互联网合作什么？每个业态、每家旅行社不同阶

段的条件不同，能够合作的外部资源平衡和尺度不一，但有一点毋庸置疑：做强自身，开放合作，拥抱移动互联网。

4. 唯一不变的是发现和引导顾客需求

旅行社发展了这么多年，一些模式难免固化，但拥抱变化几乎是唯一出路，决心致力于发现和引导顾客需求则是唯一不变的核心能力。

放眼所及，新兴旅行社都是在过去十年抓到了出境游、国内游的需求爆发而兴起的。

从现在比较成型的旅行社的组织架构来看，通常的“三驾马车”指的是销售、产品、市场，未来以游客需求为中心的管理架构的先后顺序可能就是市场、产品、销售。市场部调研“人”的需求，挖掘游客痛点，产品部改善产品，制造令游客惊艳的尖叫点，销售完成最后一公里，引爆流行，三者有机联动、互相促进，基于游客需求调研和发现、把握游客需求的职能要开始放在第一位，这符合未来发展。

5. 回归销售的本源

销售的本质是买卖以及其相应的过程和感受，游客花钱买旅游，旅行社提供物美价廉或尊贵服务。旅行社要在产品保障、游客信任与习惯之余，努力增强游客体验。

门店的装修和设计影响游客的视觉和心灵，而如何激励员工像“海底捞”那样为客服务，更是旅行社经营者要深思的问题。

宾至如归，才是真正的服务，是服务业该有的样子。

6. 自媒体时代的新型客户关系

移动互联网的普及，使社会进入了社交化媒体时代、自媒体时代。在游客一方，旅行社必须不断强化自身标签（也就是品牌），让游客记住并且喜欢、信赖自己；而在旅行社一方，新科技要发挥作用，多发展会员、粉丝等“可识别游客”。

“会员”和“粉丝”是两套体系，其中有交叉部分，未来的旅行社会员体系会越来越淡化，粉丝生态却越来越壮大。粉丝是喜欢你的旅行社、店、产品、服务、员工中的全部或部分的那些人，你的旅行社和员工也喜欢他们。普通的会员是靠购买建立的实名却缺少情感联系、个性主张的群体。

优秀的旅行社必须发展粉丝体系和服务，发动全民营销，吸引粉丝，留住用户，跟游客一起玩，让游客之间玩起来，这是旅行社发展新型客户关系的重要路径。

（资料来源：http://www.ctcnn.com/html/2013-12-16/1044100917.htm）

项目2　旅游产品销售渠道策略

案例引入

广之旅发展电子商务

全球旅游业电子商务从最初的风起云涌到急转直下，许多旅游电子商务网站昙花一现。其中，广之旅国际旅行社（以下简称“广之旅”）通过与传统旅游销售渠道相结合，发展电子商务，引起人们的关注。

旅行社是一个非常传统的行业，也是一个信息行业，它在向旅游者提供各种旅游服务的过程中起着媒介和经纪人的作用，是采购、组合和销售旅游产品的中间商。旅行社的基本业务过程就是分别将交通部门、饭店、餐馆、旅游景点、商店、文化娱乐等类型旅游企业提供的单项旅游产品统一采购进来，进行优化组合，形成具有吸引力、符合市场需求的包价旅游产品销售给旅游者，并组织旅游活动。在此过程中，旅行社担负着特殊的信息整合职能、咨询服务职能和组织调度职能。因此，旅游业是最早受到网络技术冲击的产业，将旅行社与信息化和电子商务联系起来是十分自然的事情。

广之旅涵盖B2B和B2C两种模式。当它以旅游网站组织自己的旅游路线产品时，其角色就是旅游批发商；当它以旅游网站将自己组织的产品推向市场的时候，可以直接与消费者见面，此时它又是一个具有绝对价格优势的零售商。广之旅可以做到这一点，与其电子商务设计架构有密切联系。广之旅经过多年的发展，现在在全国已经有100多个营业网点，通过都兴旅游管理系统，低成本、高效率地实现了网上查询、预订功能。先进的Windows平台，将出境游、入境游、国内游等三大系统糅合在一起，权限管理严密，功能强大实用。

提出问题

旅行社是一个非常传统的行业，也是一个信息行业，它在向旅游者提供各种旅游服务的过程中起着媒介和经纪人的作用，是采购、组合和销售旅游产品的中间商。广之旅除了在全国各地有100多个营业点这种传统的销售渠道外，还大力发展电子商务渠道，电子商务渠道对广之旅的产品销售有什么作用呢？

我们小组的回答是：____

____

____

相关知识

一、旅游产品销售渠道策略

旅游销售渠道模式是受多种因素的影响而形成的，因此，在制定旅游销售渠道选择策略时，首先必须认真分析、研究对销售渠道产生影响的那些因素，然后根据分析、研究的情况，结合选择销售渠道的基本原则，进行渠道选择的决策，主要包括直接销售渠道或间接销售渠道，销售渠道的长度、宽度的决策，以及渠道的联合决策。

（一）理想销售渠道的特征

1. 连续性明显

旅游企业所选择的销售渠道应能保证其产品连续不断地从生产领域、流通领域转移至消费领域，旅游中间商应尽可能不发生脱节、阻塞和不必要的停滞现象。这就要求旅游企业在选择和营造自己的销售渠道时，应注意到所选的渠道是否环环相扣，与最终的旅游消费者紧密联系。

2. 辐射性突出

旅游企业的销售渠道实际上是以企业为起始点向旅游中间商进行辐射，然后再由各旅游中间商为始点进一步向外辐射而形成的多层次扇面网络。销售渠道的辐射性直接影响着旅游企业产品的市场覆盖面和渗透程度。渠道的扇面越大，旅游企业产品的市场覆盖面就越广，市场渗透力也就越强，而且所形成的市场营销机会明显增多，旅游企业的市场风险也就相应下降。当然，在旅游实践中，由于旅游企业的性质不同、规模不一、营销目标不等，即便是同一种旅游产品，对市场的覆盖也不可能完全一样。

3. 配套性全面

旅游产品的营销活动，不仅是物质产品的转移过程，也是相关信息等方面的流动过程，因而旅游销售渠道若能同时兼有营销活动所需要的各种配套功能，就能更有效地保证旅游企业的产品顺利地完成由生产领域、流通领域向消费领域的转移。旅游企业所选择的旅游中间商，除具有买卖交易的能力外，最好还同时具有促销、运输、开发市场等配套功能。这样，旅游中间商在交易活动中，不仅能保证实体性的旅游产品顺利地进行流转，而且所具备的市场调研、信息收集反馈、运输等辅助功能，也将会更有效地促使旅游企业的产品在目标市场中营销，更有针对性地满足多种旅游消费者的需要。

4. 良好的经济效益

旅游产品销售渠道的选择必须考虑其交易成本，交易成本的降低主要取决于交易环节的减少、交易成功率的提高和旅游产品生产者与中间商之间利益划分的合理性。理想的销售渠道能够为企业带来良好的经济效益。

（二）销售渠道长度策略

销售渠道长度选择分为两个层次，一是决定采用直接销售渠道还是间接销售渠道进行销售，直接销售渠道可以直接了解旅游者的有关需求和意见，方便供求双方信息沟通等，间接营销可以加快旅游产品的流通。二是选择间接营销中间环节或层次的多少。一般来说，在实际营销活动中，旅游企业会同时采用这两种销售渠道。对于近距离市场，企业自身营销能力可以达到的，多采用直接渠道；对于比较庞杂、分散，且有生产与消费异地特点目标市场的，可借助各种类型中间商的力量，使营销活动的辐射空间更为广阔。

旅游销售渠道越长，表明销售网点越多，企业可以有效地覆盖目标市场，扩大产品的销量。但是，由于环节增多，销售费用也会随之上涨，不利于生产者及时获得市场情报，迅速占领市场。

一般情况下，短渠道由于中间环节少，自然就可减少中间环节所发生的营销费用，旅游消费者购买的旅游产品的价格就有可能较为便宜。同时，短渠道加快了商品流通的速度，提高了产品竞争力，还加快了旅游企业与旅游消费者之间的信息沟通速度，尤其是有可能减少或避免过多的中间环节导致的信息失真。但是短渠道销售需要生产商投入大量的人力、财力到直销中去，同样可能增加费用，不利于生产企业大批量组织生产。

（三）销售渠道宽度策略

销售渠道长度设定之后，旅游企业还应对每个环节中间商的数量，即渠道覆盖能力进行选择，一般有密集型营销、选择型营销和独家营销三种策略。

1. 密集型营销

密集型营销是指广泛而不受任何限制地选用旅游中间商加入分销本企业旅游产品的行列。密集型营销的优点在于：市场覆盖面广，灵活性强，旅游者购买旅游产品较为方便，而且一般不会受到某一个旅游中间商经营失利的严重影响，因此，密集型营销比较适合大众化的旅游产品。在主要目标市场采取密集型营销，效果往往更为明显。如许多海外旅游公司常通过中旅、国旅等大型批发商在我国开展促销。另外，旅游企业也要充分考虑这种策略的不足之处，如营销控制力弱、信息反馈缓慢等。

2. 选择型营销

选择型营销是指旅游企业只选择那些素质高、营销能力强的中间商销售其产品。这种策略介于独家营销和密集型营销之间，比较适用于价格较高或数量有限的旅游产品。因为它要求中间商有较强的销售能力，并具备相应的专业知识，能给消费者提供针对性服务。旅游中间商如果选择得当，经营得好，选择性营销完全可以兼得密集型营销和独家营销的优点。我国国际旅行社在经营国际旅游市场业务中大都采用选择型营销策略。

3. 独家营销

独家营销是指旅游企业在一定时间、一定市场区域内只选择某一家中间商销售其产品，授予该中间商独家经营权。这是最窄的一种销售形式。旅游产品生产者或供应者选择独家营销这一策略，其成功同所选择的中间商有着密切的关系。独家营销的优点在于这种销售渠道决策有助于调动中间商的积极性，而且企业对中间商的控制能力较强，在价格、促销、信用和服务等方面也更便于双方合作；其缺点是灵活性较小，不利于大众消费者分散购买。另外，它的市场覆盖面狭窄，风险较大，一旦旅游中间商不能胜任独家分销的重担，就会严重影响企业在该市场的整个营销计划。所以，如果选择了独家营销，务必持相当慎重的态度去选用旅游中间商，力求万无一失。

二、旅游产品销售渠道的管理

知识拓展

在线旅游竞争加剧

在线直销渠道尤其是酒店直销需求不断扩大，将引导在线旅游市场进入下一个爆发期。

在线旅游市场引擎逐渐开始变化。市场人士预期，在线直销渠道尤其是酒店直销需求不断扩大，将引导市场进入下一个爆发期，而包括艺龙、携程、去哪儿在内的在线旅游企业的竞争也进一步加剧。

《经济参考报》记者从在线旅游网站去哪儿最新获悉，公司国内直销酒店签约数已经达到5万家，其中有超过6 000家独家酒店。这一数字超过了老牌在线旅游代理商（OTA）携程和艺龙。据悉，目前艺龙有不到5万家国内签约酒店，携程共签约4万家左右国内酒店。

"长期以来，我国大部分酒店主要依赖以携程、艺龙为代表的OTA分销。而OTA的局限在于，一方面，OTA通过佣金对酒店利润进行不断侵蚀；另一方面，OTA覆盖的酒店数量、类型、区域相对局限，大量线下酒店的推广需求很难被满足。"一位旅游行业人士告诉记者，"从某种角度讲，去哪儿网起到了鲶鱼效应，搅动了过去竞争并不激烈的OTA行业"。

据不完全统计，中国共有约30万家住宿单位，而在线预订的酒店数约为8万家，剩下大量酒店由于没有实力搭建网站或者由于酒店房间数过少难以引起OTA重视，只能通过线下渠道销售。在美国，四大在线旅行代理商占据美国在线旅游近四成的市场份额，航空公司以及酒店的直销网站则占据在线旅游40%～50%的市场份额。相比之下，酒店直销在中国还有较大的上升空间。

一份来自易观智库的研究指出，中国在线旅游市场逐步发生变化，携程、艺龙代表的OTA模式所引导的第一个阶段已经走向终点，在线直销渠道尤其是酒店直销的需求爆发将引导市场走向下一个爆发期，而以去哪儿、淘宝旅行为代表的平台类网站将成为快速引擎。

（资料来源：经济参考报，2013－09－09）

不管在什么行业，供应商与渠道商都会在价格制定、渠道覆盖和奖惩机制等领域产生矛盾。而且，任何一方在竞争博弈过程中都希望获得对自己有利的竞争地位。但是，竞争的输赢往往取决于双方的力量对比。

（一）旅游中间商的选择

旅游中间商的选择是指根据旅游企业的渠道结构决策，选择合适的中间商的过程。选择好的旅游中间商对于建立高效畅通、经济合理的旅游销售渠道网络系统是至关重要的。一般来说，选择时主要考虑以下几个方面。

1. 要选择目标市场一致的中间商作为合作伙伴

有的中间商长期从事某类产品的市场销售，熟悉该类产品市场特点和营销要点，但是对其他产品，则可能缺乏市场知识和营销经验。旅游企业应根据自身产品的实际情况，选择和产品性质相符的中间商作为合作伙伴。

2. 要考察中间商渠道网络的规模

旅游中间商应该根据本公司的规模和商业客户的具体情况权衡，分析中间商对网络的控制能力和管理能力是否和企业的经营状况相符合，选择规模匹配的旅游中间商。

3. 要了解中间商在同行中的信誉

中间商的信誉是旅游企业选择中间商重点考虑的因素，可以从两个方面入手以了解旅游中间商在行业中的信誉：一是通过正面接触来判断企业相关人员的许诺是否可信；二是通过与业内人员的交流来了解中间商的资信情况。

4. 中间商的经营实力

中间商的经营实力包括中间商的资金实力、销售网络实力、人员实力、固定资产实力、客户控制能力、市场拓展能力、企业司令部管理能力、信息反馈能力、促销配合能力及企业内部管理能力。

（二）旅游中间商的合作与激励

选择了合适的中间商后，还应加强与中间商的合作，解决与中间商的矛盾，这是销售渠道管理的重要任务。同时，在现代旅游市场中，由于销售环节增多，旅游生产企业与中间商所构成的销售渠道是一个动态变化、相对松散的体系，各成员虽然有共同的目标市场与利益，但也分别代表不同的利益集团。旅游生产企业希望所有的中间商都重视自己的产品，努力扩大产品的销售量，但同时又希望尽量减少营销费用。旅游批发商更加关心既能使自己获得高利润又能减少风险并且旅游零售商愿意代理的产品。而旅游零售商大都希望得到更多的产品类型以供旅游者挑选并能带来高额利润。旅游中间商与旅游企业是相互独立的，中间商可以是这家企业的代理，也可以是其他企业的代理，它可以推销中国业务，也可以推销欧洲业务，有的中间商甚至同时销售两个竞争对手的同类产品。但中间商一般对旅游企业不承担义务。

中间商应以适度激励为基本原则，尽量避免过分激励和激励不足，前者可能导致销售量提高而利润却下降，后者会影响中间商的销售积极性。一般来说，激励方法可以分为两种，即正激励和负激励。放宽信用条件、提高销售佣金等为正刺激，惩罚中间商甚至终止合作关系等为负刺激。使用负刺激时应注意可能会对其他成员造成消极影响。可用以下五种方式对旅游中间商进行激励。

1．产品支持

根据互利原则和合约规定，尽可能保证向旅游中间商提供质量高、利润大的热销产品，特别在是旅游旺季期间。因为，在旅游中间商看来，获得这样的产品是供应者对他们工作、能力的重视和支持，这就在客观上激励中间商进一步努力工作，加强与供应者全面长期的友好合作。同时还要经常向中间商征询有关产品的意见和建议，不断对产品进行改进。

2．利润激励

经销或代理某种旅游产品所能获取的利润的大小是中间商最关心的问题。在产品定价时旅游企业必须充分考虑中间商的利益，向他们提供增加收入的机会和条件。比如，针对其财力、信用及订货数量等情况给予相应折扣，以保证中间商能获取理想的利润，还可考虑奖励超额销售、优惠大批量购买、及时传递获利信息等措施。

3．营销活动支持

帮助旅游中间商增强营销能力，比如培训旅游中间商销售人员，提供人、财、物方面的有偿支援。甚至可以为其分担部分广告宣传费用，或根据中间商的销售业绩给予不同形式的奖励，以激发中间商对本企业产品的促销热情。

4．资金支持

生产企业为中间商提供一定的资金支持，能缓解中间商的资金紧张问题，并增强他们大批量购买、销售本企业产品的信心和决心。旅游企业所提供的资金支持主要有售后付款、分期付款、直接销售补偿等几种形式。

5．信息支持

旅游企业有必要定期或不定期地与中间商联系，及时和中间商沟通生产、市场等方面的信息，帮助其制定相应策略，使其能有效地安排销售。

另外，对重要中间商给予特殊政策。重要的中间商是指旅游产品生产者的主要分销商，他们的分销积极性至关重要。对于这些分销商应采取必要的政策倾斜：第一，互相投资、控股。企业和中间商通过相互投资，成为紧密利益统一体，从经济利益机制上保证双方合作得更一致、更愉快。第二，给予重要中间商独家经销权和独家代理权。在某一时段、某一地区只选择一家重要中间商来分销商品，有利于充分调动其积极性。第三，建立分销委员会。吸收重要中间商参加分销委员会，共同商量决定商品分销的政策，协调行动，统一思想。

（三）旅游中间商的评估

为确保中间商及时有效地完成任务，旅游产品生产者还应随时监督中间商的行为，检查其履行职责的情况，并按一定标准对其进行评估，评价出每个旅游中间商的销售业绩。

对中间商的工作业绩进行科学评价是销售渠道管理的一项重要功能。中间商评估的作用主要有三点：一是对各中间商逾期销售指标的完成情况进行考查，以控制企业营销计划的执行。二是发现销售渠道存在的问题，并采取相应对策。三是通过渠道评价，寻找理想的旅游中间商，并与之建立长期的合作关系。

旅游中间商评估的内容主要有以下几方面。

1. 旅游中间商的营销能力

旅游中间商的营销能力包括营销量的大小、销售额的多少、成长性和赢利速度以及偿付能力等。对营销能力的评估相对比较容易，因为这些指标大都是定量而不是定性的，但在实施中需要旅游产品提供商和旅游中间商紧密合作，做到信息共享。

2. 旅游中间商的信誉度

这也是评估旅游中间商不可忽视的重要内容。因为旅游中间商信誉度的高低不仅关系到旅游产品生产者或旅游产品供应者与其合作的效率与心情，而且对销售的效果有直接的影响。信誉度的评价指标，包括付款的及时性、顾客满意率、配合程度等。

3. 旅游中间商的参与热情

有的中间商有实力，但不积极推销、宣传生产者或供应者的旅游产品，他们参与销售的效果往往极有可能不如实力稍弱但积极配合的旅游中间商参与销售的效果。相比之下，选择参与热情高昂的旅游中间商要优于没有热情或热情不足的旅游中间商。其评价指标包括成员之间的关系、市场信息反馈的及时性、销售产品的积极性、积极的建议等。

4. 旅游中间商的销售量占本企业销售量的百分比

这一标准可以用来衡量旅游中间商对旅游产品提供商的重要程度，如果这一比值很大，则其重要程度就大，反之其重要程度就小。

通过以上评估活动，可以及时发现问题，掌控旅游中间商的情况，为改进和完善旅游中间商政策提供依据。

（四）旅游销售渠道的调整

在分销渠道管理中，根据每个中间商的具体表现、市场变化和企业营销目标的改变，旅游生产者对分销渠道需要进行调整。调整的主要方式有：

1. 增减分销渠道中的中间商

即在某一销售渠道中增加或减少一个甚至几个旅游中间商，如果旅游中间商存在营销不积极、参与热情低、合作意识差、信誉欠佳、严重影响企业销售等问题，应将其淘汰，另选合适的中间商加入。也可因企业经营战略的调整或经济环境变化而增减中间商。如企业规模扩张就需要增加中间商，或者竞争对手的渠道宽度扩大，企业为了提高自己的市场占有率也不得不增加中间商。旅游中间商的增减，一方面会影响企业的销售量和销售收入，另一方面也会影响到其他中间商和竞争对手。减少中间商，可能导致该旅游中间商转向其他旅游企业，加剧本企业的竞争对手的竞争，同时也可能影响其他中间商的忠诚度。

2. 增减某一种分销渠道

当旅游生产者通过某种分销渠道销售某种产品所获取的销售额一直不够理想时，即要么出现亏损，要么投资收益率偏低时，企业可以考虑在全部目标市场或某个区域内撤销这种渠道类型，而另外增设一种其他的渠道类型。企业为满足消费者的需求变化而开发新产品，若利用原有渠道难以迅速打开销路和提高竞争能力，则可增加新的分销渠道，以实现企业营销目标。

3. 改变整个销售渠道系统

旅游企业取消原来的销售渠道使用新的销售渠道，如直接渠道改为间接渠道，单一渠道改为多渠道。当旅游市场营销环境发生重大变化，旅游企业重新制定战略目标、旅游产品性质已有根本改变或现有的销售渠道已经无法解决旅游产品销售中的矛盾时，旅游企业往往需要调整整个销售渠道。旅游产品生产者实施这类调整的难度很大，且需要特别小心谨慎，以尽量减少对销售的不利影响。

（五）旅游销售渠道的冲突管理

旅游产品销售渠道由各个独立的旅游中介组织和机构组成，他们的经营目标不同，追求的利益有差异，因此，在合作过程中难免出现冲突。旅游产品销售渠道的冲突即指渠道中的一个企业认为另一个企业的活动妨碍或阻止了其目标的实现，因此二者发生矛盾。这些冲突既存在于销售渠道同一层次的成员之间，也存在于同一渠道不同层次的成员之间。适度的冲突是一种积极的力量，而过度的渠道冲突则会影响整个渠道系统的和谐发展，因此必须对冲突进行有效的、合理的管理。

1. 冲突的主要表现形式

旅游销售渠道的冲突有三种主要表现形式，即水平渠道冲突、垂直渠道冲突和多渠道冲突。

水平渠道冲突指同一渠道模式中，同一层次的旅游中间商之间的冲突。例如，某一地区经营A企业旅游产品的中间商，认为同一地区经营A企业旅游产品的另一家中间商在定价、促销和售后服务等方面过于进取，抢了他们的生意。

垂直渠道冲突指同一渠道中不同层次企业之间的冲突。这种冲突较之水平渠道冲突更常见。例如，某些旅游批发商可能会抱怨旅游生产企业在产品价格方面控制太紧，留给自己的利润空间太小；或旅游零售商对旅游批发商或生产企业也存在类似不满。

多渠道冲突又称交叉冲突，是指旅游生产企业建立多个销售渠道后，不同渠道形式的成员之间的冲突。例如，某旅游景区既向旅游者直接销售旅游门票，同时又请旅行社代理销售其门票。当二者的销售对象相同时，就会发生多渠道冲突。

2. 旅游产品销售渠道冲突的原因分析

为了能够更加清晰地分析出旅游产品销售渠道冲突的原因，可将其分成两大类，即直接原因和根本原因。直接原因是指引起旅游销售渠道冲突的直接因素，即导致冲突的“导火索”。根本原因则是指渠道成员之间冲突的内在原因。

（1）旅游产品销售渠道冲突的直接原因。

引起旅游产品销售渠道冲突的直接原因非常多样化，其中价格、争夺目标、付款等原因较为普遍。

①价格冲突。旅游产品是一种典型的季节性产品，在淡、旺季，旅游需求差别很大。对于旅游生产企业来说，为了保持其品牌形象，旅游企业希望旅游产品的价格保持相对的稳定。但是旅游中间商出于自身利益的考虑，会在旅游淡季时，大幅度降低销售的旅游产品价格，这样就引起了价格上的冲突。

②争占同一目标市场的冲突。旅游生产企业在开发同一旅游市场时，会选择几家旅游中间商，这样就形成了几家中间商抢占同一目标市场的局面。特别是面对旅游大客户时，旅游生产企业和各个旅游中间商都希望能够直接为他们服务，形成稳定的联系，此时，冲突形式更为复杂。

③咨询、服务与促销的冲突。旅游产品是以服务为主的无形产品。在销售旅游产品时，要配合很多的旅游服务。旅游生产企业和旅游中间商出于自身利益的考虑，都希望对方能够投入更多的服务人员，提供更多的旅游服务，这样形成了咨询、服务冲突。在开展促销活动时，也存在类似的冲突。

④交易或付款方式冲突。旅游生产企业在与旅游中间商进行交易时，希望中间商在预定旅游客房或门票等产品时，能够支付预付款。而旅游中间商则希望得到从旅游者那里的产品付款之后再向旅游生产企业付款，这样就产生了交易或付款方式的冲突。

⑤分销竞争对手的产品。旅游生产企业为了树立旅游品牌形象，加强与旅游市场的联系，希望旅游分销商能够独家分销自己的旅游产品。而旅游中间商从自身的利益考虑，则是希望更多地分销各个企业的旅游产品，以降低分销风险。这样就形成了分销竞争对手产品的冲突。

⑥环境因素变化引发的冲突。在互联网出现之前，大多数的旅游生产企业都利用各种旅游中间商帮助销售自己的旅游产品。互联网出现之后，旅游生产企业可以通过网络直接和旅游者联系。而且有一个有趣的现象，即对旅游产品经常产生需求的人，是那些对新鲜事物感兴趣的人，而这些人大部分正是互联网的用户。这样，对于旅游企业来说，直接接洽旅游者变得更加方便。因此，现在很多的旅游生产企业都纷纷在网上建立旅游产品的直接销售渠道，这样的行为损害了其固有的分销商的利益，因此二者产生冲突。

（2）旅游产品销售渠道冲突的根本原因。

无论是何种直接原因导致旅游产品销售渠道冲突，其深层原因都可以归纳为以下四个方面，即旅游产品销售渠道冲突的根本原因。

①渠道企业之间的利益差异。以上种种冲突形式之所以会产生，其根本原因就是各

种类型的旅游渠道企业都有自己的经营利益，都从自身的利益考虑，希望自己能够获得最大的收益，而不顾其他渠道成员的利益，因而产生了冲突。

②渠道企业之间经营目标上的差异。各类型的旅游渠道企业之间经营目标上的差异也是产生渠道冲突的根本原因。比如，旅游生产企业希望树立自身品牌形象，增强渠道的竞争力，因此，希望分销商独家分销自己的产品。而旅游中间商的经营目标是增加企业的分销收入，降低分销风险，因此就要分销多个企业的产品。这种目标上的差异，引起了企业之间的各种矛盾。

③渠道企业之间任务分工的不明确。旅游产品销售渠道成员之间之所以会产生咨询和服务的冲突、促销的冲突、争占同一目标市场的冲突、大客户的冲突等，其根本原因是渠道成员之间的市场区域划分不明确，各自的分工、责任和权利划分不明确。

④渠道企业信息不对称，市场知觉的差异。旅游生产企业主要掌握旅游产品开发生产的信息，而旅游销售商则更加了解旅游者的需求信息。由于二者掌握信息的差异，导致二者对市场状况的理解不同。旅游生产企业可能认为某种旅游新产品会具有很大的市场潜力，因此，希望旅游分销商积极分销这个产品。

3. 解决旅游产品销售渠道冲突的方法

（1）建立合理的利益分配机制。从种种冲突的表现形式可看出，旅游渠道成员之间的利益不一致是渠道成员之间冲突的最根本原因。因此，为了解决这些冲突，就要在渠道成员之间建立合理的利益分配机制，用机制促成渠道成员的利益共同化，这是解决冲突的根本出路。

（2）进行渠道企业之间的目标管理。渠道成员之间经营目标上的分歧也是导致旅游销售渠道成员之间冲突的根本原因，因此要在渠道成员之间进行目标管理。目标管理的主要方法就是建立超级目标。一个良好的超级目标应该具有两方面的特点：第一，应该是各个渠道企业为之努力的共同目标；第二，应该是各个渠道企业共同努力的长期目标。满足以上两方面的目标才能够真正地将旅游渠道成员团结在一起，解决矛盾冲突。

（3）细化各个渠道成员的责任和权利。明确渠道成员之间的责任、权利也是解决渠道冲突的一个有效方法。通过明确权利，可以明确不同分销商的市场范围，明确大客户的归属，明确责任则可以明确各个渠道企业在广告、促销、服务等方面的责任，从而解决上述冲突。

（4）加强渠道企业之间的信息交流，进行人员互换。信息的不对称导致了渠道企业对市场理解的差异，从而引起一些渠道冲突。解决这一冲突的一个有效方法就是人员互换，特别是企业中层管理人员的互换。人员互换可让不同企业领导者进入到合作企业中，有利于他们更加理解对方的处境，更容易站在对方的角度考虑问题，因此更有益于彼此交流和解决冲突。

（5）协商、协调或仲裁解决。以上措施主要着眼于冲突的预防。当冲突发生时，我们必须采取有效措施及时解决，使其得到有效控制，其方法主要有协商、协调和仲裁。协商是双方正面交涉，面对面磋商以避免激化矛盾；调解是指由第三方出面，根据双方的利益进行调停；仲裁是双方同意把纠纷交给第三方，并接受他的仲裁决定。

习题与实践

一、名词解释

1. 分销渠道
2. 中间商
3. 直接营销渠道
4. 选择型营销
5. 长渠道

二、选择题

1. 旅游企业不经过任何中间商，直接将产品销售给旅游消费者，称为（　　）。

A. 直接营销渠道　　B. 一级营销渠道
C. 二级营销渠道　　D. 三级营销渠道

2. 直接面对旅游产品的最终消费者从事销售活动的中间商是（　　）。

A. 旅游批发商　　B. 旅游零售商
C. 旅游代理商　　D. 旅游销售商

3. 旅游企业在营销渠道中选择尽可能多的中间商，以扩大与旅游市场的接触面，这属于（　　）。

A. 密集型营销　　B. 独家营销
C. 选择型营销　　D. 专门营销

三、判断题

1. 旅游产品销售渠道的宽度就是指旅游产品从生产者或供给者向旅游者转移过程中所经过的中间环节的多少。(　　)

2. 旅游经销商不拥有产品的所有权，通过为委托人和消费者提供服务从中获取佣金。(　　)

3. 旅游企业增加渠道环节，能获得更多的收入。(　　)

四、简答题

1. 简述旅游营销渠道对营销计划的影响。
2. 简述旅游营销渠道的类型。
3. 简述旅游市场营销渠道的管理内容。
4. 旅游产品销售渠道产生冲突后，应该如何应对?
5. 为什么说合理的旅游销售渠道是提高旅游经营效益的重要手段?

五、技能训练

1. 直接销售渠道能够减少中间成本，这种渠道适合大型旅游企业吗?

2. 请找出国内的广之旅、国旅、中旅等大型旅行社以及电商携程旅游的销售渠道，并分析其用这种渠道的原因。

3. 如果要办一家小型的旅行社，其网络营销渠道应该如何建设?

4. 某旅游景区既向旅游者直接销售旅游门票，同时又请旅行社代理销售其门票。当二者的销售对象相同时，就会发生多渠道冲突。这时应该如何调整这种冲突?

5. 调查一些星级酒店直接出售给散客的房价和通过旅游中间商出售的房价是否相同，分析这些酒店为何要实行这种策略。

本模块小结

从旅游产品销售渠道的起点、终点和中间环节来看，所涉及的是整个旅游活动的所有要素，由于旅游产品并不是有形的物质产品，其特殊性使得旅游产品的销售渠道也与普通产品大不相同。本模块依据旅游产品的特点，分析其销售渠道的特点，从而掌握旅游产品销售渠道是旅游产品从旅游生产企业向旅游者转移过程中所经过的一切取得使用权或协助使用权转移的中介组织或个人，对旅游生产企业产品销售与市场开拓具有举足轻重的作用。旅游产品销售渠道有直接与间接、长与短、宽与窄、单与多等多种类型。旅游中间商是旅游销售渠道的重要环节。旅游生产企业应科学决策、管理旅游产品销售渠道。

模块 6　旅游产品促销策略

任务目标

1. 了解旅游产品促销的概念，学习旅游产品促销的作用，掌握旅游产品促销的重要性。掌握旅游广告策略的实施与步骤。
2. 掌握旅游产品人员推销的概念，学习旅游公共关系策略，了解旅游产品促销组合策略。掌握旅游产品常用的促销策略。

项目 1　旅游产品促销概述

案例引入

2012 年中国（广东）国际旅游产业博览会开幕

2012 中国（广东）国际旅游产业博览会（以下简称“旅博会”），于 2012 年 9 月 14—16 日在广州的中国进出口商品交易会琶洲展馆举行。旅博会无论是展览面积还是展位数均比去年有大幅度增长，展位面积达 10 万平方米，比上届增长 42.86%，设标准摊位 5 000 个，比上届增长 67%，吸引了超过 1 万个包括旅游全产业链上下游企业在内的境内外高端旅游专业参展商。旅博会现场向市民提供包括旅游线路、景点景区门票、酒店客房餐票、飞机票在内，产品总值逾亿元的 10 万个优惠名额，总让利金额超过 3 000 万元。

市民熟悉的“旅游产品大卖场”由广之旅、广东中旅、广东国旅、港中旅、金马国旅、广州康辉、广东青旅等近 20 家主要旅行社、景区倾力打造。为吸引游客在旅博会现场报名，旅行社纷纷使出浑身解数，推出优惠，全行业向市民提供包括旅游线路、景点景区门票、酒店客房餐票、飞机票在内价值上亿的 10 万个优惠名额，总让利金额超过 3 000万元。市民在旅博会期间报名广之旅预售的 2012 年下半年及 2013 年出发出境游线路，最高优惠 3 000 元；报名国内游线路，最高优惠 1 000 元。除优惠销售外，还推出“买一送一”“买 2 位正价赠送 1 位”“加一元多一位”的特惠线路，如“闸坡五星豪叹阳光半岛自由自在 2 天”第一位为 199 元，第二位只需 1 元即可购得，还有原价 1 999 元的“宝瓶星号三亚越南邮轮 3 天—船票”，旅展期间买一送一。

（资料来源：中国日报，2012 - 08 - 23）

提出问题

2012 中国（广东）国际旅游产业博览会摆设摊位展览，吸引了超过 1 万个包括旅游全产业链上下游企业在内的境内外高端旅游专业参展商，并打出不同形式的优惠价，延续“超级旅游大卖场”的概念和模式，这样做的目的是什么？

我们小组的回答是：____

____

____

相关知识

一、旅游产品促销的概念及作用

根据现代营销的观点，旅游企业不仅需要向目标市场提供具有竞争优势的旅游产品，还需与消费者和潜在消费者保持沟通。而这种沟通大多是通过企业的促销活动来实现的，从而把大量的个人需求激发出来，培育某种旅游消费的意识和潮流。

（一）旅游产品促销的概念

现代促销是市场营销组合的四大策略之一，是指企业利用各种有效的手段和方法，使目标消费者认识和了解企业的产品，从而激发消费者的购买欲望，并最终促使其实现购买。由此可见，促销的实质是传播与沟通信息。那么，旅游产品促销则是指旅游企业通过一定的方式，将企业的旅游产品信息及购买途径传递给目标顾客，激发用户的购买兴趣，强化购买欲望，甚至创造需求，从而促进产品销售的一系列活动。

现代旅游企业大多有着复杂的营销沟通系统，其进行产品促销的策略和方法也是多种多样，主要包括人员推销和非人员促销两大类。人员推销是指企业的销售人员直接接触潜在消费者，面对面地介绍产品并促进其实现产品销售。非人员促销主要包括广告、销售促进、营业推广、公共关系等。

（二）旅游产品促销的作用

关于旅游产品促销的重要性及其作用，我们可以从两个方面来认识：第一，不论某一产品如何完美，如果不被消费者所知晓，那么该产品则无异于不存在；第二，在同类可替代产品大量存在的今天，特别是在市场竞争激烈的情况下，某一产品及其所提供的利益被消费者所了解无疑是该产品能获得关注的必要前提。企业希望通过消费者自然的口碑传播来实现广阔的销路是远远不够的，必须主动地对市场进行刺激。具体来说，旅游产品促销的作用主要表现在以下几个方面。

1．传递信息，沟通供需关系

旅游产品促销的直接作用是进行信息传递，实现旅游企业与消费者之间的沟通。通过各种促销手段，将旅游产品相关信息传递给消费者，同时也将消费者的意见反馈给企业。这不仅能使消费者了解产品销售的情况，为企业建立良好的声誉，从而为企业产品销售的成功创造条件；旅游企业也可以根据市场需求状况调整供求关系，不断改进产品，找到更合适的市场定位。

2. 刺激旅游需求，扩大销售

旅游产品属于有弹性需求的商品。企业应针对消费者的心理动机，灵活运用各种有效的促销方法，激发或诱导消费者潜在的旅游消费需求，从而扩大旅游企业的销售。此外，通过企业的促销活动还可以创造需求，发现新的销售市场，使市场需求向有利于企业营销的方向发展。

3. 突出特色，增强市场竞争力

随着社会经济的发展，旅游市场竞争越来越激烈，产品同质化也较严重，消费者往往不易察觉这些产品的微细差别。此时，要增加旅游产品对旅游消费者的吸引力，旅游企业就应通过促销活动，突出本企业产品的特色、优势以及能给消费者带来的独特利益，提高企业的市场竞争能力。

4. 缩小淡、旺季差异，稳定销售

旅游产品受到多种因素的影响，如自然条件、政治经济因素、人文环境因素等，因此也就决定了旅游产品在淡季和旺季的需求差别较大。如果旅游企业能在不同的时节对相应的旅游产品进行大规模促销和宣传，可缩小淡季和旺季的差异，稳定销售。

5. 树立良好的企业形象，巩固市场地位

恰当的促销活动可以树立良好的企业形象，使消费者对企业及其产品产生好感，从而培养和提高用户的忠诚度，形成稳定的用户群，不断扩大市场份额，巩固企业的市场地位。旅游企业要想充分发挥促销的作用，就必须重点关注各种促销策略的专长，灵活运用多种方法进行组合，找到一种能适合企业自身的组合策略，从而产生优势互补、事半功倍的效果。

二、旅游广告策略

知识拓展

澳大利亚昆士兰　全世界最好的工作

2009 年初，正值金融风暴席卷全球，企业大量裁员、失业率居高不下，人心惶惶。在这样的背景下昆士兰旅游局为推广大堡礁推出了“全世界最好的工作”——生活在大堡礁且拥有一份每小时 1 400 澳元超高待遇的工作，工作环境惬意，内容轻松。旅游局招聘的流程漫长，在澳大利亚旅游主要客源国发放分类职位广告、职位列表和小型的横幅，引导人们登录网站。另外，还利用网络的交互性，如 Youtube、Twitter、社交网站等，使活动影响力不断延伸。经过 1 年的运作，“全世界最好的工作”的受众达到 30 亿人，几乎占了全球总人口的一半；收到来自 202 个国家（和地区）近 3.5 万份申请视频。

我们和国外的差别就在于，我们的旅游促销方式缺乏创意。像大堡礁这样的做法，投入非常少，却取得了惊人地宣传效果。这一做法后来被海南、浙江的一些景区“如法炮制”，效果就不尽如人意了。

（一）旅游广告的定义及作用

广告在现代市场营销中占有重要的地位，已经成为企业促销活动的先导。广告一词源于拉丁文，原意是“我大喊大叫”。根据美国市场营销学会（AMA）的解释，广告是指由某一主办者就其知识产品、实物产品和服务通过任何付款方式以非人员讲解形式向目标受众开展的推介和宣传活动。在旅游产品营销中，广告是指旅游企业为达到影响大众、促进本企业旅游产品销售的目的，通过媒体以付费方式向旅游者提供相关信息的宣传形式。

由于旅游广告具有传播面广、间接传播、强烈的表现力和吸引力等特点，其在整个营销过程中的作用也十分显著：

（1）从旅游市场来看，旅游广告是传播旅游产品信息的主要工具。广告首先是企业和消费者之间的一种联络手段，消费者借助广告可以认识和了解旅游企业的产品质量、用途、利益，以及购买方式、价格等信息，旅游企业通过广告也可以树立企业的市场形象及声誉。

（2）从旅游企业来看，广告是旅游企业竞争的有力武器。通过广告宣传，可着重强调本企业产品的独特之外及其能给消费者带来的特殊利益，以便使消费者在众多产品前面易于选择，从而使本企业产品更具有竞争力。

（3）从旅游者来看，广告可以引导和刺激旅游消费，甚至创造旅游需求。由于广告传播面非常广，可以传递给更多的消费者，且具有强烈的表现力和吸引力，能最大限度地激发出潜在消费欲望，甚至在一定程度上创造需求。

图6－1　某旅行社豪华游轮广告

（二）旅游广告策略的实施步骤

在实践过程中，人们对广告策略的实施及其所涉及的工作阶段多有不同的划分，但在所涉及的工作内容方面没有实质分歧。简单地说，广告策划及实施主要包括5个方面（如图6－2所示）。

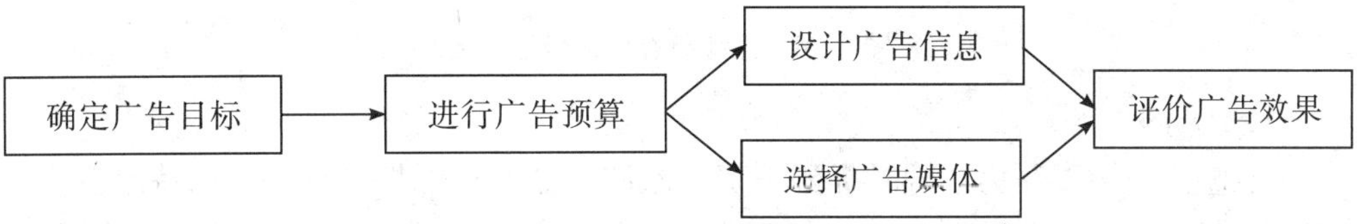

图6－2　广告实施流程图

1．确定旅游广告的目标

实施广告策略，首先要确定广告目标。广告目标是指企业通过广告要达到的目的，比如，产品销售提高10%，产品知名度提高20%，市场份额达到50%等。广告目标的实质就是要在特定的时间内对特定的受众完成特定内容的沟通。旅游企业的广告目标取决于企业所在的发展阶段和整体营销目标。一般来说，广告目标分为三种基本类型。

（1）宣传型。

宣传型广告是指旅游企业通过广告活动向目标对象提供各种旅游产品信息，例如旅游产品的类型、各类产品的特色、价格等，主要应用于旅游产品市场开拓的起步阶段，主要介绍新旅游服务项目，有利于激发潜在消费者的初步需求和树立良好的市场形象。另外，通过宣传型广告，企业还可以向市场介绍一些老产品的新用途，介绍产品的变化和可以提供的服务，说明产品的性能和功效等。

图 6－3　某旅行社摄影线路广告

（2）说服型。

说服型广告主要用于旅游产品的成长期。此时，消费者对某一产品有需求，但还没形成品牌偏好，可在不同品牌中进行选择。因此说服型广告主要突出本企业产品的特色、与竞争者的产品之间的差异等，目的在于建立本企业的品牌偏好，改变消费者对本企业产品的态度，鼓励消费者放弃竞争者的产品进而购买本企业的产品。

图 6－4　某旅行社沙漠线路广告

（3）提示型。

提示型广告主要是为了随时提醒消费者旅游产品的存在性及优势，保持旅游产品的知名度和吸引力。实践证明，提示型广告不但可以提醒旅游消费者及时购买旅游产品，还能够大大缩短旅游者重复购买旅游产品的间隔时间。

图6－5　某旅行社高尔夫球之旅广告

2. 进行广告预算

为了实现成本与效果的最佳结合，以较低的广告成本达到预定的广告目标，旅游企业必须进行合理的广告预算，即投放广告活动的费用计划，它规定了各种经费额度和使用范围等。

（1）量力而行法。

量力而行法是根据旅游企业财务的承受能力来决定企业广告预算的方法。这种方法简便易行，但是容易造成广告费用和真正需要的费用脱节，导致广告计划难以执行，无法实现预期的广告目标。相对来说，这种方法较适宜于小型企业及临时的广告开支。

（2）销售百分比法。

销售百分比法是指把某一销售额（当期、预期或平均值）的一定百分比作为广告预算，或是将其设定为销售价格的百分比。这种方法使广告费用与销售收入挂钩，简便易行，但是颠倒了二者的关系，忽视了广告促销对销售收入的正效应。同时，使用这一方法，需要根据本企业历史经验和数据、行业一般水平等来确定这个百分比，没有充分考虑未来市场的变化。

（3）目标任务法。

目标任务法是根据为实现广告目标所必须完成的任务及为完成这些任务所需要的费用来决定广告预算。目标任务法具有较强的科学性，注重广告效果，使预算能满足实际需求。但是该方法使各费用的确定带有一定的主观性，且预算不易控制。

（4）竞争平衡法。

竞争平衡法是指参照竞争对手的广告费来确定能与其抗衡的广告费用。把竞争对手的广告费用考虑进来，有利于与竞争对手在同一平台上对话，保持在广告促销中处于平等或优势地位，但是过于关注费用支出竞争，容易忽视竞争者广告费用的不合理性以及与竞争者之间的差异。因此使用竞争平衡法时应考虑企业自身的实力、与竞争者之间的差别，不能盲目攀比。

3. 设计广告信息

广告信息设计是广告策略实施的第三步，也是广告决策的核心。广告能否达到预期效果和目标取决于广告信息设计得是否有创意，是否对消费者有吸引力和感染力。因此设计的广告信息应达到以下要求。

（1）有创意。

作为广告，只有其信息内容和表现形式具有创意，才容易吸引大众的眼球。然而，企业也应注意到，广告创意的价值最终在于能刺激销售，不能为了创意本身而追求创意。

（2）主题突出、鲜明。

广告主题是广告的灵魂所在，是广告要表达的基本内容。这个主题必须反映出该产品的独特优势，有利于旅游产品在市场上的定位。只有这样，消费者才能在接触广告之后很容易理解这则广告在向他们传递什么信息以及他们可以做什么或得到什么服务。

（3）措辞易于记忆和传播。

一般来说，语句简洁、言简意赅的广告词才容易给目标消费者留下印象，便于消费者记忆。

知识拓展

世界各地旅游广告语

中国：中国，魅力永存。 新加坡：尽情享受，难以忘怀。
马来西亚：亚洲魅力所在。 泰国：您不曾见过的泰国。
日本：发现日本。 印度：探索圣雄甘地的生平。
韩国：开心胜地，好客邻邦。 土耳其：不是欧罗巴，胜似欧罗巴。
英格兰：潮流、典礼、历史之乡。苏格兰：花格子呢和威士忌之乡。
威尔士：城堡之乡。 西班牙：阳光普照西班牙！
葡萄牙：古今交会的异国他乡！ 瑞士：上月球之前先来瑞士一游。
捷克：金色的布拉格。 德国：别在沙滩垒古堡玩，请到德国来看真的吧！
瑞典：是奇妙的，即使是冬季！ 澳大利亚：最真一面，在澳大利亚见。
新西兰：百分百纯正新西兰。 加拿大：越往北，越使你感到温暖。
美国：友好的美国人民赢得美国的朋友。
夏威夷：太平洋中的十字路口。 阿拉斯加：阿拉斯加，一见倾心。
南非：非洲的拉斯维加斯。 突尼斯：空气，阳光，海水浴。
法国：浪漫之都，魅力国度。

（资料来源：http://www.cntour2.com/viewnews/20080316/AD/2008316152417828.htm）

（4）内容具可信性。

目前市场上的广告多得使消费者目不暇接，也有不少消费者怀疑部分广告的真实性。只有广告内容是真实的，才能获得消费者的信任，达到扩大企业产品销售的目的。如果广告内容失真，欺骗消费者，这不仅损害了消费者的利益，同时也会影响企业的名誉，甚至使企业受到法律的制裁。

要达到上述要求，可以从旅游广告信息制作、选择和评价、如何表达三个环节来严格控制。旅游企业向市场提供的产品可能具备多方面的特征，应对这些特性加以分辨，选出最具代表性和传播价值的特性制作成可选择的广告信息方案。对多种信息方案进行选择时，可以从信息的吸引力、可信度来判断。广告信息的表达是对各种广告形式的综合运用，既要达到标新立异吸引观众的效果，又要尽量避免广告主题被新奇形式掩盖而喧宾夺主。

4. 选择广告媒体

选择广告媒体实质上就是寻找最佳媒介来传递广告信息，实现广告目标。旅游广告媒体可以分为两大类：一类是付费租用的大众传播媒体，主要包括电视、报纸、杂志、广播、户外广告、直邮广告等；另一类是广告主自己购买制作的媒体，包括各种自办宣传品、宣传物。各种媒体都有其优、缺点，主要广告媒体的特点如表6-1所示。

表6-1　广告媒体的特点

广告媒体	优点	缺点
电视	覆盖面大，有声有色，富有感染力	制作难度大，成本较高，播出时间短
报纸	容量大，时效性强，可重复阅读	缺乏视觉和听觉冲击，覆盖面比电视小
杂志	与报纸相同，专业程度高，针对性较强	发行量比报纸小，影响面较窄
广播	信息传播迅速，时效性强，成本低	只有声音，不如电视引人入胜，记忆起来较为困难
户外广告	灵活，醒目，展示时间长	信息接收对象选择性较差，覆盖面有一定的局限性
直邮广告	目标受众针对性强，说服力强，灵活	相对成本较高
交通	可充分利用各类交通工具和场所	造价较高，覆盖面有局限性

选择广告媒体时主要是从目标受众的视听习惯、媒体本身的特点、旅游产品的特点、广告信息的特点、广告费用水平、覆盖区域等方面进行考虑的。

5. 评价广告效果

广告效果评价是广告促销整体管理中不可缺少的重要组成部分。它不仅能够衡量广告投入是否达到了预期的效益，还为下一步的广告策划提供了改进的依据。广告效果评估分为两个方面：广告传播效果评价和广告销售效果评价。

（1）广告传播效果评价。

广告传播效果是指广告信息传播的广度、深度、对消费者的认知和偏好所产生的影响程度，主要表现为受众对广告信息的接触范围、理解和记忆程度等。

①接触度评价。受众对广告的接触情况表现为对音像广告的视听情况和书面广告的阅读情况，如电视广播广告的视听率、报纸杂志的阅读率、网络广告的点击率等。

②理解度评价。这主要是测定接触过广告的受众对广告信息的认知、理解情况，如受众对广告信息的个人观点、联想和看过广告后对产品的评价等。

③记忆度评价。记忆度主要是指受众对接触过的广告信息的印象深刻程度，记住了

多少主要信息，可以采用让受众回顾广告用语、回想广告表现手法、复述广告内容等方法来进行评价。

（2）广告销售效果评价。

广告销售效果不等于广告传播效果。通过广告可提高产品的知名度，但不一定能提高产品的销售量，因此越来越多的企业开始注重广告销售效果评价，即广告发布后在相关市场上企业产品的销售变化情况。由于除广告之外产品销售量还受到价格、竞争状况等多种因素的影响，因此准确测定广告销售效果较为困难。

下面两个公式可以作为衡量广告销售效果的参考：

$$\text{广告销售效果}=\frac{\text{销售量增加额}}{\text{广告费用增加额}}$$

$$\text{广告销售效果比率}=\frac{\text{销售量增长率}}{\text{广告费用增长率}}\times 100\%$$

项目2　旅游产品促销策略

案例引入

九寨沟喜来登：多种方式推广，破除淡季魔咒

九寨沟喜来登国际大酒店（以下简称“九寨沟喜来登”）是一家豪华酒店。“今年十一黄金周，只有飞机团才可以进九寨沟。每天十几班飞机，只有几千人，就已经算满员了。去年的这个时候，每天有好几万人进九寨沟。今年十一算不上旺，只能说是地震之后最旺的时期。”九寨沟喜来登品牌推广人员何疏影对《新营销》记者介绍十一黄金周九寨沟的游客状况，“今年由于地震，许多国家的客人都大大减少。这应该是一个例外。”

九寨沟喜来登坐落在“童话世界”九寨沟的碧水青山之间。每年9月、10月，九寨沟喜来登总经理张鸿华和当地各大酒店的经理都会乐开怀，络绎不绝的游客让他们喜上眉梢。由于受到地震的影响，今年的旺季比想象中要淡一些。此后，他们将面临长达大半年的淡季和平季。如何通过营销做到客似云来，这是一个策略问题。

和传统的产品一样，再高级的酒店也要建立自己的营销渠道和代理网络，这是提升酒店入住率的关键。九寨沟喜来登是中国风景区第一家五星级酒店，这个定位至少给了游客一个指向性的诉求导向。张鸿华说：“九寨沟喜来登在追求标准化的同时，穿插了一些当地的藏羌文化，从酒店的建筑风格到装饰风格都有着浓郁的藏羌文化色彩。”这样一来，九寨沟喜来登在集团内突出了与其他喜来登酒店的不同，而在竞争对手面前突出的则是集团的理念、系统和管理。

对于风景区的酒店来说，旅行社能否为其带来客源，至关重要。正因为九寨沟喜来登定位于风景区酒店，它就需要花费更多的时间去打开旅行社的通路。其做法是：“淡旺季相结合，旅行社淡季带来多少生意，旺季就可以得到相应的配额。”这既是提升淡季营业额的方法，也是取悦旅行社的手段，而且其所带来的经济效益也是显而易见的。旅行

社为了调剂需求，通常会配合酒店，通过促销手段将7月、8月等销售平季变成销售旺季。“在淡季，为了节省成本，大多数四星级酒店都关门歇业了，但我们在淡季仍然坚持开业。”张鸿华认为这得益于“旅行社在销售淡季对九寨沟喜来登酒店的支持”。

何疏影说，九寨沟喜来登一大半顾客来自海外，而且外国游客逐年增多，主要来自日本、韩国、新加坡等亚洲国家，大多为有经济基础的中老年人，其中男性居多，休闲度假者居多。

与竞争者相比，喜来登负有盛名的招牌让张鸿华倍感骄傲。要知道，喜来登所属的喜达屋集团在全球95个国家拥有850家酒店及度假村，这无形中帮助九寨沟喜来登在95个国家建立了销售渠道和宣传平台。这一金字招牌不仅能吸引众多喜来登的拥趸，更重要的是，它能通过全球喜来登酒店的网络促成销售，这与独体酒店相比显然是一大优势。喜达屋集团制订的许多计划，常常给张鸿华带来意想不到的惊喜，比如“喜达屋顾客优先计划”。在旺季，九寨沟的酒店人满为患，但这项计划确保喜达屋的全球会员能够顺利入住。“这个计划在全球的推广与执行，延长了九寨沟喜来登的销售旺季。”张鸿华说。更让人心动的是这项计划中的“积分兑奖”。据说，在全球五星级连锁酒店中，喜达屋集团推行的“积分兑奖”是唯一能做到即时兑奖的，这对许多旅客来说颇具诱惑力。通过积分获得度假与私人旅行的机会或直接兑换成房费，的确让人心动。但对九寨沟喜来登来说，它不仅是招徕新顾客和维系老顾客忠诚度的一个有效手段，也为九寨沟喜来登的淡季销售提供了促销途径。

除旅行社之外，另一个不能忽视的顾客群是政府机关和大企业等客户。在大城市，五星级酒店通常是政府机关或大企业举行会议的首选场所，但它们并不适合所有的会议，例如政府年会、经销商会议等，这样的会议通常会选择九寨沟喜来登等风景区酒店举行。“既能度假、旅游，又能举行会议，这才是它们心目中的理想场所。”张鸿华说，“这样的会议一般选择在年底或者年初。”因此对九寨沟喜来登来说，会议营销成了它在最为冷淡的冬季增加营业额的重要手段。

从2006年开始，九寨沟喜来登加大了会议营销的力度。毕竟，要熬过漫长的淡季，会议营销是一个不得不思考的议题。事实上，喜达屋集团早就制订了详尽的会议营销方案，例如针对各家大企业秘书进行奖励的“明星之选奖励计划”。随着会议厅、宴会厅和剧院的建成并投入使用，会议营销成为九寨沟喜来登破除淡季魔咒的一把利刃。何疏影说：“我们的会议设施比较齐全，无论是几百人还是几十人，无论是平季还是淡季，我们都能承接会议。会议大多在年初岁尾举行，此时是淡季，所以对会议的价格我们会灵活掌握。我们现在的会议接待已经非常成熟，会议收入所占的比例也越来越大。”

当然，薄利多销，这个放之四海而皆准的法则通常能给酒店的淡季营销带来奇效。供需市场的一个定律是：当供大于求时，价格就成为赢得客户的一个关键。张鸿华说：“我们通常的做法是量、价相结合，有多少量就放多少价。”通过调剂盈余，九寨沟喜来登不仅锁住了大客户，而且为淡季销售带来了契机。

（资料来源：新营销，2007年第一期）

提出问题

为了克服淡季的销售薄弱状况，九寨沟喜来登酒店采取了哪些促销形式？

我们小组的回答是：____

____

____

相关知识

一、旅游产品人员推销

人员推销是指通过销售人员与目标客户的直接交往，劝说客户购买本企业产品或服务的促销方法。在人员推销过程中，通过与顾客交谈，可以了解顾客对产品的要求，以便于企业更好地满足顾客的需求；通过与顾客的接触，还可以与顾客建立良好的关系，使顾客在感情动机的驱使下购买本企业的产品。因此，人员推销作为企业最主要的一种促销方式，在实践中被广泛运用。

（一）人员推销的特点

旅游人员推销是最传统的一种促销方式，同时也是现代旅游企业中最常用、最直接、最有效的一种促销方式。与非人员推销方式相比，人员推销有着显著的独特之处。

1. 便于双向沟通和建立良好的关系

销售人员和潜在消费者直接面对面地对话，为双方进行双向沟通提供更便利、更及时的条件，从而便于感情交流和形成双方友好、合作的关系。

2. 针对性强

销售人员可以根据各类潜在用户的需求、动机和购买习惯，有针对性地进行推销。针对性强不仅可以获得更好的销售效果，同时也能节省人力、物力和财力。

3. 推销过程灵活

销售人员可以根据顾客的不同需求和购买动机，及时地调整自己的推销策略和方法。而且，销售人员能及时解答顾客提出的各种疑问，取得他们的信任。

4. 促使成交及时

人员推销在进行充分的产品展示后，一旦潜在消费者产生购买倾向或愿望，销售人员就可以及时促进，马上和顾客签约或直接完成交易。广告等方式虽然能立即引起人们的注目，但人们往往还需要一个认识、思考、比较的过程，直到最终购买会耽误较多时间。

（二）人员推销的作用

如上所述，人员推销有如此多与非人员推销方式不同的特点，那么人员推销在促销过程中主要能起到什么作用？或者说销售人员在促销过程中的任务是什么？下面将从五个方面来阐述人员推销的职能。

1. 传递信息

旅游人员推销是销售人员与分销者或潜在消费者的直接交流。通过面对面的沟通，可以详细地介绍自己的产品和服务，及时反馈信息并回答询问。

2．获取市场信息

销售人员与市场最贴近，最了解旅游者的需求，也最了解竞争对手。因此，人员推销还具有及时获取旅游市场信息的功能。

3．销售产品

人员推销的最终目的是将产品卖给消费者，销售人员可以在广泛促销的基础上将企业的销售目标落到实处。

4．提供服务

旅游促销人员在促销过程中可以为现实的或潜在的消费者提供各种服务，如回答咨询、给予帮助、提供产品的售后服务等。

5．开拓市场

销售人员在巩固原有客户的基础上还可以不断开发、寻找新客户，扩大本企业产品的市场范围。

（三）人员推销的开展方式

说起人员推销的开展方式，大家很容易联想到一些行业的销售人员面向最终消费者开展的上门推销或电话推销活动。但是在旅游业，这种类型的人员推销活动几乎不存在。因为旅游销售人员对散客进行上门或电话推销不会带来理想的收益，他们所针对的对象大多是团体购买者或是批量购买者，主要方式有营业推销、会议推销和派员推销三种。

1．营业推销

营业推销是指旅游企业各个环节的从业人员在接待旅游消费者或潜在消费者的过程中销售产品的推销方式。可以说，旅游企业的所有人员都可以是推销员，他们依靠良好的服务接待技巧，不失时机地向消费者或潜在消费者推销本企业的产品和服务，设法使其购买。

2．会议推销

会议推销是指旅游企业利用各种会议介绍宣传本企业旅游产品的一种推销方式。如，销售人员可以参加各类旅游订货会、旅游交易会、旅游博览会、旅游年会、地区或全国性的销售会议等。很显然，这些会议活动的参加人员都有可能成为本企业的潜在顾客。通过这种形式进行推销接触到的目标客户较多，能进行较集中的宣传和促销，省时省力，不仅有机会吸引到更多的顾客，而且有利于扩大企业的影响。

3．派员推销

派员推销通常都在选定目标客户的基础上，通过面对面地向客户推介本企业的产品或服务，直接与客户开展交易谈判，争取客户选择使用本企业的产品或服务。在实际工作中，销售人员对客户进行拜访的直接日的因具体情况而异，主要包括：进一步证实客户的资质、了解该客户的服务需求、达成交易等。

（四）人员推销的实施过程

采用的人员推销方式不同，其实施过程也相应地不同。本部分将以派员推销为例，简单介绍旅游销售人员在开展人员推销过程中普遍会涉及的工作阶段。通常来说，我们可以把人员推销分为下几个阶段：寻找和发现顾客；做好推销准备工作；设法接近顾客，引起顾客的注意；然后再开始推销面谈，介绍产品或服务；如果顾客就产品或服务相关的问题提出异议，应尽可能地处理好；当顾客有成交意向时，应主动提出请求，促使其购买；到此销售工作算是告一段落了，但是还需做成交后的工作，如售后服务等。

1．寻找顾客

人员推销的第一步就是要先寻找和发现顾客。这些顾客是指有购买能力、有意愿的顾客，可以通过多种方法和渠道去发现，如地毯式访问法、个人观察法、市场咨询法、资料查阅法、广告开拓法、连锁介绍法、中心开花法等。销售人员发现极可能成为购买者的顾客之后，就应重点关注他们的需求和愿望。

2．推销准备

推销准备是指在正式访谈之前进一步了解顾客的情况，确定具体的工作目标，选择接近的方式，拟订推销时间和线路安排，预测推销中可能产生的一切问题，准备好推销材料等。当对不同的顾客进行了充分的前期准备后，就可约见顾客。约见既是准备接触的延续，又是接近顾客的开始，因此是推销能否进行下去的重要环节，绝对不能突然造访、干扰和不尊重顾客。

3．接近顾客

接近顾客是指见面寒暄阶段，这一过程往往是短暂的。在这短暂的时间里，推销人员首先要给对方良好的第一印象，因为第一印象往往会先入为主影响顾客的态度和对推销的看法；然后根据掌握的顾客材料和接近时的实际情况，快速把握顾客当前的心理状态，判断转换交谈话题的时机。

4．推销面谈

接近和面谈是与顾客接触过程中的不同阶段，两者之间没有绝对的界限，其本质区别在于谈话的主题不同。接近阶段多侧重于双方感情交流和创造良好的氛围，而面谈则重点在于介绍和推销旅游产品。面谈是一项技巧性、艺术性极强的工作，要随对象、环境和个人经验不断变化，每一次面谈都是不尽相同的。销售人员应本着互惠互利的原则，以达到双方利益为目标，这样才能赢得顾客的信任。

5．处理异议

顾客对产品和服务提出异议，就表示他希望进一步了解相关情况，对产品感兴趣或者是有需求。如果没有任何异议，只有两种可能：第一，他根本就没有听进去，没有问题可提；第二，他已完全了解相关情况，产品和服务完全符合他的心意。通常第二种情况是非常少见的，而第一种情况则代表他对产品不感兴趣，不想购买。因此销售人员应积极主动地去面对异议，充分利用这个机会去消除顾客的疑惑，并进一步突出产品的特点或附加服务等。处理异议最大的忌讳就是与顾客争论，即使在顾客完全错误的情况下也要保持冷静，因为即使是在争论中占了口舌之快，最终也会影响销售结果。

6．促进成交

处理异议之后，能否成交取决于两个方面：产品的质量、价格和信誉等，销售人员的能力、促进成交的技巧。此时，销售人员要密切关注各种成交信号，抓住成交时机，及时将顾客注意力转向各种选择性决策，或提出建设性意见，或提供折扣优惠，促使顾客下定购买决心，有效地达成交易。

7. 售后服务

售后人员在交易之后还要与客户常联络，安排履约的各项工作，加深感情。这样，如以后还有新产品或服务，还可以继续推荐，即使客户不买，也会介绍给亲朋好友，形成口碑效应。

知识拓展

成功销售员的基本特征

一个成功的销售员必须要有三个最基本的特征：正确的态度、合理的知识构成和纯熟的销售技巧。

1. 正确的态度

正确的态度是成功销售的保证。作为销售员，需要具备三种态度：

(1) 成功的欲望。

任何销售员的脱颖而出，都源自于成功的欲望，这种成功的欲望的最初出发点很可能是对金钱或者物质的欲望，即销售多少产品以后能获得多少物质收获，以便使其个人生活和家庭生活变得更加美满幸福。这种成功的欲望正是促使销售员不断向前的推动力。

(2) 强烈的自信。

销售员的第二个态度是强烈的自信。这种自信不仅仅是对自己的自信，更重要的是对销售工作的自信。

任何一名成功的销售员都对自己的职业充满由衷的热爱，对事业充满强烈的信心，而这也正是一个销售员所应具备的第二个态度。

(3) 锲而不舍的精神。

销售员需要具备的第三个态度就是锲而不舍的精神。销售是从失败开始的，整个销售过程都充满艰辛和痛苦，因此锲而不舍的精神是销售成功的重要保证。无数次实践证明，在销售之前遇到的挫折越大，克服挫折产生的成绩就会越大。

销售人员常有这样的感觉：任何一个人，如果两次、三次、十次、几十次遇到了挫折，那么他取得的成绩将是最大的，因为他的每一次成功的销售都是从失败开始的——他经历的失败比别人多，积累的经验也就比别人多，相应的，他所取得的成绩也就比其他同事更显著。

以上就是对销售员在态度方面的要求，也是销售员所必须具备的三种正确的态度。

2. 合理的知识构成

从某种意义上说，如果销售工作要求销售员有一定的天分，那么肯定有些人有这些天分，而另一些人则没有这样的天分。显然，天分是不可以强求的，但可以通过后天的勤奋学习加以弥补。那么，一名销售员可以通过学习得到什么呢？可以得到知识和技巧。

销售员需要具备哪些知识？每个销售员都会想到关于产品和公司的知识。实际上，由于销售工作面对的是客户，所以在销售员的知识构成中，排在第一位的应该是客户的相关知识——你是否了解你的客户，是否了解你的客户的业务？每支销售队伍都有各种

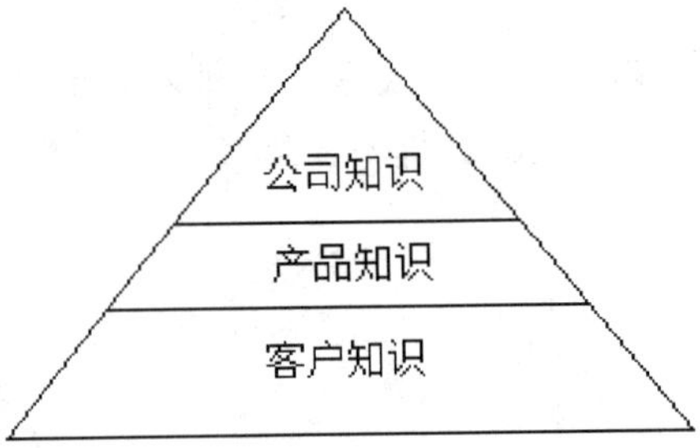

图 6－6　销售员知识构成图

介绍自己公司和产品的资料，甚至每天晚上都会熟悉一下产品知识，但是每个销售部订阅很多关于客户的杂志，或者购买许多关于客户的书籍的情况却不多见。这种情况非常普遍，导致销售员和客户的距离变得越来越大。有时候销售员千方百计约到了某个客户，但是在和这个客户进行面对面交流的时候，销售员却往往不知道要说些什么。这种情况非常典型，而它的病根就在于销售员不重视对客户知识的积累。

在销售员的知识体系中，客户知识是最重要的。全面、主动地了解客户的相关信息，见到客户的时候才会有更多的话可说，而且这些话也往往是客户所喜欢的。因此，作为销售员，首先要了解客户知识，其次才是产品知识和公司知识。

3．纯熟的销售技巧

销售员应该具备的第三个特征是掌握纯熟的销售技巧。销售员最需要的就是销售技巧。关于销售，有一系列专业的销售技巧，包括客户管理技巧、时间管理技巧、服务技巧等。这些技巧可以帮助一个普通的销售员脱颖而出成为一个杰出的销售员，也只有具备了专业技巧和专业销售行为的销售员，才有可能成为一名优秀的专业销售员。

二、旅游公共关系策略

知识拓展

有一家酒店新设了一个公共关系部，开办伊始，该部就配备了豪华办公室、漂亮迷人的公关小姐、现代化的通信设备……但该部部长上任后却发现无事可做。后来，这个部长请来了一位公关顾问，向他请教“怎么办”，于是这位顾问一连问了以下几个问题：

“本地共有多少宾馆？总铺位有多少？”

“旅游旺季时，本地的外国游客每月有多少？港澳游客有多少？国内的外地游客有多少？”

“贵宾馆的知名度如何？在过去三年中，花在宣传上的费用共有多少？”

“贵宾馆最大的竞争对手是谁？贵宾馆潜在的竞争对手将是谁？”

“去年一年中因服务不周引起房客不满的事件有多少起，服务不周的症结何在？”

对这样一些极其普通而又极为重要的问题，这位公共关系部部长竟张口结舌，无以对答。于是，那位被请来的公共关系顾问这样说道：“先搞清这些问题，然后再开始你们的公共关系工作。”

公共关系目前在国内外的大学中已经是一门独立的学科。把公共关系应用到营销中，形成一种新型促销工具，同时也是一种非常有效的间接沟通渠道。为了建立、维护、改善或改变企业和产品的形象，为了给企业的发展创造天时地利人和，企业通过一定的信息传播，建立企业与公众的良好关系，这就是公共关系。

（一）公共关系的作用及目标

公共关系涉及组内各个部门的影响力和形象，除了进行公众态度调查、创建良好的公司形象等传统活动外，还可为旨在促销产品和服务的各类广告公关活动提供支持。公共关系的应用范围也非常广泛，如促销产品、人员、品牌、创意、活动、地点甚至国家。强生公司就曾巧妙运用公共关系，成功挽救濒临危机的“泰诺”；法国白兰地酒利用公共关系顺利打开美国市场并随之进入世界市场。国家还可以利用公共关系吸引更多的国际援助、外商投资及旅游观光客。如2009月15日起，阿联酋将正式成为中国公民组团出境游的目的地。阿布扎比日前在北京、上海展开一轮全面的旅游促销。阿布扎比旅游局负责人表示，已将中国放在未来五年海外推广战略计划的重要位置。至2012年底，阿布扎比计划实现吸引230万酒店住客的目标，中国将成为阿联酋最大的酋长国阿布扎比的主要目标客源市场。阿联酋国家航空公司阿提哈德航空公司提供每周四次直飞北京的服务，也为我国游客提供了便利。随着阿联酋开放为中国公民组团出境游目的地，阿布扎比有望成为中国游客出境游的又一热点。阿布扎比是阿联酋七个酋长国中最大的酋长国，有着丰富多变的自然风貌与历史悠久的人文底蕴。随着中东旅游在中国逐渐升温，阿布扎比作为新兴旅游目的地，吸引了越来越多中国商旅客人的关注。

作为一种营销传播方式，旅游公关活动的目的主要在于影响某些具有社会影响力的公众对本企业旅游产品的看法和态度，从而推动本企业战略目标的实际。因此，旅游公共关系在塑造旅游企业良好公众形象、提高其知名度和美誉度、增强市场竞争力方面具有重要作用，主要表现为：

1．建立和维护与社会公众的良好关系

企业要在社会中生存和发展，就必须与整个社会的环境、人文习俗、公众的思想观念相协调。如只埋头专注自己的利益，担任社会活动的旁观者，该企业必将没有多大发展空间，甚至连生存都会受到威胁。通过公共关系活动，企业参与各种有益的社会事件、赞助各种公益活动、保持与社会公众的良好沟通，可以使企业逐步建立起良好的公众形象，获得公众的爱戴和拥护，有利于企业的健康发展。

2．提高企业信誉，促进销售业绩

通过公共关系活动，还可以提高企业的知名度和美誉度，增强市场竞争能力。与此同时，向顾客传递企业产品的准确信息，密切与顾客的联系，针对顾客的需求传递满足顾客需求的意向，使顾客不仅感受以诚待人的经营作风，而且感受到企业产品的高质量，待时机成熟顾客就会购买企业的产品。

3．协调内外关系，预防危机损失

与相关媒体、社会团体、政府机构以及有其他业务关系的机构保持良好的关系，可以减少产品销售过程中的阻力。此外，在企业内部开展公关活动，可以缓解各种内部纠纷，减少不必要的内耗损失，增加企业的凝聚力。

如上所述，与媒体保持良好的关系是旅游企业公共关系的重要组成部分之一。因为通过媒体不仅可向公众传播正面的新闻报道，还可以抑制潜在的负面新闻。一个与媒体有良好联系的企业有更多的机会在新闻发布之前阻止和缓解将要发布的可能不利于企业形象的消息。但是如果认为公关活动可以去掩盖企业或产品本身存在的缺陷就大错特错了。没有任何活动可以帮助一个不去改进其本身潜在问题的企业。因此公共关系一般是其营销和促销活动共同实施，而不能成为其替代品。

（二）公共关系的基本工具

旅游公共关系是一种可信度较高的信息沟通方式，企业常用的公关工具有以下几种。

1．新闻报道

新闻报道将有新闻价值的企业活动信息或产品信息通过新闻媒体向公众传递，通常是客观描述事实，需以新闻工作者的风格来阐述，同时力争使其新闻价值最大化，收到有利于企业的公众效应。企业公关部门还可将企业的发展史、营销状况、重大发展动向、企业文化建设等内容写成新闻稿件，通过新闻媒体报道出去。此外，企业还可以邀请新闻记者来企业参观、召开新闻发布会和记者招待会等形式，向外界报道企业的情况，让社会公众多了解企业。

2．演讲策划

由企业领导人通过一定渠道或活动发表演讲，介绍企业的相关情况以及企业回报社会和消费者的实际行动，以提高社会公众对企业的关注。

3．公益赞助和捐赠

企业可以赞助教育、环保、健康等公益事业，还可以给发生灾害的地区和人们进行捐赠。这些赞助和捐赠活动一方面表现了企业高度的社会责任感；另一方面，公众透过这些活动，对企业增加了认知，产生对企业的好感，从而树立企业良好的公众形象，促进企业产品销售等。

4．事件赞助

企业还可以通过赞助国内外有价值的事件实现新闻覆盖率，同时这些事件也有助于提高企业品牌的知名度，如赞助一些体育、音乐、艺术活动，学术竞赛、智力竞赛等。2008 年北京奥运会时联想集团通过为奥运会提供电脑设备，大大提高了其在国内外的知名度，更加巩固了其市场地位。

（三）危机公关管理

在向社会公众宣传企业的正面形象和经营业绩的同时，旅游企业不可避免地会在经营过程中遇到一些负面新闻，包括操作事故、质量投诉、违规行为、员工抗议等问题。企业如果能事先做好预防措施防止此类事件的发生是最好不过了，如果防不胜防，则应采取积极的行动来处理这些问题，降低负面影响，尽量控制损失，这就是所谓的危机公关。

危机公关包含了“危”和“机”两方面的含义，在任何时候都具有两面性。面对危机如何转危为安不仅体现了一个企业的公关能力，也关系到企业的生死存亡。一般来说，企业的外部危机不是由于企业自身经营不善造成的，而是由于难以预料的外部市场的突变而造成的。危机公关管理就是指企业面对外部危机时所采取的特殊管理措施，以期最大限度地减少危机给企业造成的不良影响和损失。

任何企业的成长、发展不可能一帆风顺，偶尔失误或出现危机也是不可避免的。危机公关管理应从一开始就做好危机的预防，也就是在危机来临之前进行管理，而不是等事故发生了再被动应对。首先，企业必须树立有关危机管理和危机公关的意识，并将其作为现代管理的重要组成部分。其次，企业还应制定严密的危机管理政策和措施，同时要考虑到公众的利益。这不仅是企业尽责的表现，而且能减少危机来源于企业疏忽的可能性。除了有危机管理政策之外，还应制订相应的应变计划。计划预测企业的潜在危机及危机发生时的应对策略。由于危机往往是多变的、不可控的，因此应变计划也应灵活多变。

2007年年底，肯尼亚因总统大选引发两党之争，国内发生骚乱，使其支柱产业旅游业严重受损，这样的打击对于肯尼亚来说是致命的。次年，为了挽救肯尼亚的旅游业，肯尼亚旅游局非常重视在中国市场的危机公关，特别委托了中国内地的专业营销机构——迈思国际传播为其策划。因为他们相信这样的专业公关机构更加了解中国的市场，更懂得中国消费者的心理。在策划中，迈思国际传播融入中国人非常强调的“和”的理念，以消除人们因动乱产生的不安。肯尼亚旅游局能够看到问题的所在，并能够选择合适的时候进行危机公关，采取有效的手段。在对中国消费市场不是很了解或者缺少途径的情况下，花点小成本将此艰巨的任务交给了迈思国际传播这一当地的专业营销机构，实现了小成本、大回报。

三、旅游组合促销策略

知识拓展

张家界2012年度旅游市场宣传促销奖励政策

从2012年5月1日起至2013年4月30日止，张家界市执行新的奖励政策。

新的奖励政策共设置五个奖项类别，即旅行社市场营销奖、旅游大交通奖、承接招徕大型会议奖、旅行社年度质量奖、年度旅游宣传促销贡献奖。奖励以现金形式兑现，不再同时奖励核心景区门票。

旅行社市场营销奖分国内接待奖、入境接待奖、客源地组团社奖三种，按季度兑现。前两种奖励对象均为在本市内注册的旅行社。国内接待奖是按旅行社招徕国内游客购买全票进入武陵源核心景区的人数实行奖励，5万人起奖，6元/人。入境接待奖是按旅行社接待入境游客（含港澳台地区）购买武陵源核心景区全票人数实行奖励，24.5元/人。入境游客人数不计入国内接待奖人数。客源地组团社奖，奖励对象为张家界以外的大型旅行社企业。一个年度内集中为张家界输送游客15万人以上，且购买武陵源核心景区全票的，一次性给予70万元的奖励。

旅游大交通奖分入境航线航班奖、新开或恢复航线奖、旅游专列奖、新增始发旅游列车奖四个奖项，按季度兑现。入境航线航班奖，对组织入境（含港澳台地区）航线航班的机构或个人，每个航班奖励现金1万元。入境航线航班以落地荷花机场为准。国内新开或恢复航线奖，对新开或恢复停航1年以上的航线的航空公司，飞满80个以上航班的，从第一个航班开始给予奖励，每个奖励1万元。新开或恢复航线以上一年度荷花机场统计的航班情况为准。旅游专列奖，对组织旅游专列的机构或个人，一对专列的游客达到500人以上且购买核心景区全票的，给予1万元的现金奖励，以实际到达张家界火车站的人数为准。新增始发旅客列车奖，对张家界火车站每新增一趟张家界站始发旅客列车奖励100万元。

承接招徕大型会议奖，承接招徕在我市召开300人以上会议的机构或个人，在市城区内住宿2晚以上，且购买核心景区全票，给予1万元的现金奖励。

旅行社年度质量奖，每个年度年终时，对旅行社按照游客接待总量、营业总额、纳税总额、游客服务质量、“平安满意”等指标进行考核，对有突出贡献的旅行社给予奖励。

旅游宣传促销贡献奖，年终时对旅游宣传促销工作做出特别贡献的单位或个人给予奖励。

（资料来源：http://www.zjjguide.com）

（一）旅游组合促销的方式

旅游促销的方式多种多样，主要有针对旅游者的、针对旅游中间商的、针对销售人员的销售促进三种大类。每个企业可以根据促销目标、目标市场的类型、市场环境以及各种方式的特点等因素来选择适合本企业的方式。

1. 针对旅游者的促销

针对旅游者的促销的主要作用包括鼓励老顾客继续消费，促进新顾客消费，培养竞争对手的顾客对本企业的偏爱等。其具体方式如下：

（1）样品试用。是指为顾客提供一定数量的样品供他们免费试用，以便使他们在购买之前实际感受产品的性质、特点、用途，从而坚定他们的购买信心。

（2）优惠券。在购买某种商品时，持券可以减免一定的金额。

例如，2009年11月份以后，黄山风景区举办倾情大放送，在八大城市群免费派发旅游消费券，以此推动黄山在这些城市开展的旅游营销进社区、进校园、进单位活动，总值2 000万元（共20万张，每张面值100元）的旅游消费券将大大提升游客游览黄山的兴奋点。

（3）赠送。旅游企业通过赠送旅游纪念品的方法促进销售，如旅行社赠送顾客旅行包、太阳帽等。

（4）购物抽奖。这种一般是对购买特定商品或购买总额达到一定限度的消费者所给予的奖励，可以是一次性的，也可以是连续的。一次性抽奖是为了在一定时间内销售完某种产品，产品售完即停止奖励。连续抽奖是为了刺激顾客在较长时间内购买这种产品，如连续抽奖，各期奖品可以成为一整套。

（5）组合展销。旅游企业将一些能显示企业优势和特征的产品集中展示，边展示边销售。

2. 针对旅游中间商的销售促进

为鼓励中间商大批量购买，动员所有旅游中间商积极购存或推销某些旅游产品。其具体方式如下：

（1）促销合作。在中间商开展促销活动时，企业提供一定的帮助和协作，共同参与促销活动。促销合作可以通过提供现金，也可以通过提供实物或劳务的方式实现。

（2）批发回扣。为鼓励中间商多采购或经销自己的产品，旅游企业可以根据其经销的产品的比例给予一定的回扣，经销越多，回扣越多。

（3）销售竞赛。根据中间商经销本企业产品的业绩，为业绩突出者提供一定的奖励或优惠条件。

3. 针对销售人员的销售促进

针对销售人员的销售促进主要有分提销售额、推销竞赛、以销定奖等，目的是鼓励他们销售产品的热情，促使他们积极开拓新市场。

（二）旅游促销的实施步骤

旅游企业能采用广告、公共关系等方式在目标市场中树立良好的形象，获得长期的品牌忠诚度，当然是最理想的方式。但是在旅游市场上，并非所有的品牌都是优势品牌，因此在市场上展开竞争就必须适当地采用销售促进这种更直接的促销方式。通常来说，一个企业的销售促进都会包括五个方面：确定目标，选择方式，制定方案，实施和控制方案，评价效果。

1. 确定销售促进的目标

首先，销售促进目标应在营销整体目标的基础上确定，不能因过度追求短期的促进目标而忽视整体目标，更不能与之背道而驰。其次，针对不同的对象时销售促进的目标也是不同的。消费者、中间商、销售人员三者作为销售促进的对象，都有其独特的侧重点，而且其具体实施的方式也不同，应根据实际情况具体分析，制定合适的目标。

2. 选择销售促进的方式

确定目标之后，需要通过一定的方式和手段来付诸实际行动。上述的各种方式都有其各自的特点和适用范围，在实际操作中应灵活采用。

3. 制定销售促进的方案

在实施之前，还应制定一个科学而符合实际的方案。销售促进方案是实施活动的具体安排，应该包括五个要素：

（1）方案预算。用于销售促进的预算是一定时期旅游企业的促销总预算中的一定比例，是指销售人员决定准备拿出多少费用刺激消费者，活动经费是多少。

（2）销售促进对象。可以是针对目标对象群的所有人，也可以是其中的一部分人。

（3）销售促进时间。销售促进时间的长短、促销频率均需适宜，要把握市场变化情况，选择恰当的时机。

（4）分配途径。即通过一定途径去进行促销活动。在选择分配途径时既要考虑各种途径的传播范围，又要考虑成本。

4. 实施和控制方案

在实施方案时，可以先在某一地区或针对少部分对象进行试验，看实际方案是否还存在不妥之处，经调整后再扩大范围正式实施方案，并不时对方案进行抽查和控制，防止出现较大纰漏和错误。一旦发现，就应及时纠正，确保能达到预期效果，否则将造成不良影响甚至严重损失。

5. 评价方案效果

方案实施之后还须评估其实施效果。通过收集与比较销售促进前后旅游企业的相关数据和材料，采用定量和定性方法相结合的方式，分析销售促进活动所实现的成果、产生的问题，并与最初制定的目标比较，看看是否存在差距、差距的原因是什么、今后在进行类似活动时可以在哪些方面进行改进等。

（三）影响促销组合的因素

旅游促销组合策略就是指旅游企业为了实现市场营销的战略目标，把各种促销手段和策略组合成一个有机整体，并加以综合运用，从而保障企业营销效果，实现企业的长期发展。对于旅游业这样一个季节性强、敏感度高且需求弹性大的行业而言，促销组合策略一直是旅游市场营销的重点和亮点。

由于各种促销手段都有其独特的利弊之处，因此在整个促销过程中，旅游企业必须根据所处的内外环境和企业本身的营销目标，灵活地选择，从众多的组合方案中选出最佳组合策略。在选择旅游促销组合策略时，会受到以下因素的制约和影响。

1. 促销目标

这是影响促销组合决策的首要因素。每一种促销方式都有其独有的特点和成本差异，相同的促销方式用于不同的促销目标，其成本效益也会有所不同。不同的目标也会针对不同的对象，如针对消费者的促销组合应该要有较大的影响范围，而针对中间商的促销组合应着重激励中间商，体现给中间商的优惠和让利程度。

2. 产品性质

在旅游产品性质方面，不同性质的旅游产品，旅游者购买的需求不同，购买的动机和习惯也不同，因此需要不同的促销组合。对于顾客众多、分布面广、购买频率高，而每次购买量又较少的旅游产品，广告往往是主要的促销方式，其他方式均为辅助方式；对于价格昂贵、风险较大的旅游产品，旅游者需要更多的信息去衡量其性价比、可靠性等，一般广告所提供的信息不能满足其需求，因而可以把人员推销或公共关系等作为重点途径；而其他单位价值较低、大众性的产品应采用广告宣传为主，目标市场面较窄的产品则可以采用人员推销为主等。

3. 市场状况

不同的旅游市场，由于其类型、规模、消费者分布范围和数量的不同，应采用不同的促销组合。当市场潜在消费者较多时，应采用广告促销，以利于广泛开发市场；潜在消费者较少时，则可用公共关系或人员推销，以深入接触消费者、巩固现有消费者。同时，规模小、消费分布集中、地域狭窄的市场可以采用人员推销为主；规模大、消费者分布分散的市场可采用广告宣传为主。此外，市场还受每一地区的社会文化、风俗习惯、经济政治环境等的影响，选择促销组合的策略时，应与它们相适应，以达到最佳促销效果。

4. 产品生命周期

产品的生命周期是设计促销组合时应考虑的重要因素。旅游产品处于不同的生命周期阶段时，需要采取不同的促销组合。在产品的导入期，促销主要以宣传为主，让目标客户知道该产品的存在。一般而言，广告和公共关系都可以让目标群体认识某种产品类别或品牌，提高其对该产品或品牌的关注度，同时还可以用销售促进方式作为辅助，鼓励人们购买之前试用该产品。在产品的发展期，仍可大量使用广告进行宣传，但可以减少销售促进，因为消费者不再需要多少刺激就会购买。此时，促销策略的重点应该放在产品与竞争对手的产品之间的差异化优势上，突出产品或品牌的优势，建立和维护消费对品牌的忠诚度。当产品进入成熟期时，竞争对手日益增多，市场竞争十分激烈。在这一阶段，大部分消费者对产品已有所了解，销售促进也逐渐起着重要作用，再度刺激消费者的购买欲望。当产品进入衰退期时，企业应相应降低促销规模，广告也仅起到提示作用，公共关系、人员推销等方面可减至最小规模，但销售促进可继续开展，保证产品的顺利销售。

5．企业状况

企业状况对促销组合的影响主要是指企业的资金状况对促销组合的影响。因为资金状况直接关系着促销预算，而促销预算的多少又影响着促销方式的选择。各种促销方法所需费用是不相同的，企业应使用尽可能少的花费取得尽可能大的促销效果，提高促销效率。除了资金状况外，企业规模、声誉、知名度等因素都会影响促销组合策略的制定。

（四）制定促销组合策略

在对上述因素综合分析的基础上，可以初步制定促销组合策略。如前所述，不同的方式组合可以形成不同的策略。但是，大体来说，这些策略可以分为两大类：拉式策略和推式策略。

1．拉式策略

拉式策略是基于直接激发最终消费者对本企业旅游产品的兴趣和热情，形成急切的市场需求，促使其主动去寻找购买途径，然后拉引中间商纷纷经销这种产品。在市场营销过程中，由于中间商与生产企业对某些新产品的市场前景有不同的看法，当新产品上市时，中间商因担心市场风险过高而不愿经销。在这种情况下，生产企业就可以先对消费者进行推销，形成巨大的市场需求，促使经销商经销。拉式策略常用的方式有广告、销售促进、展览促销等。

2．推式策略

推式策略是着眼于积极地把本企业旅游产品推向目标市场，也就是指推介旅游产品经分销渠道最终达到消费者手中。推式策略的意图是旅游产品生产者或提供者劝说或诱使旅游中间商及旅游消费者来购买自己的产品，使旅游产品逐次地通过各个销售渠道，并最终抵达旅游消费者。表现为在销售渠道中，每个环节都对下一个环节主动出击，强化顾客的购买动机，说服顾客迅速购买。这种策略主要是以人员推销为主，销售促进、公共关系等与之相配合。

知识拓展

旅游饭店促销十手段

对旅游饭店企业而言，可以借鉴参考的促销方式主要有以下十种，每一种方式都不可能是孤立的、无所依托的，方式的运用常常呈交叉状、组合状，对不同的方式，需要企业研究选择更有力、更有效的方式。

（1）依靠政府，借势造势。所谓依靠政府是因为政府承担着整体走向市场的责任，具有强大的组织力、影响力，所以，借助政府这条大船出海是走向市场的捷径。

（2）借助媒体，广示天下。现代社会是一个信息社会，信息的载体是传播媒体，包括电视、电影、报纸、杂志、广告等，这些媒体已经成为大众时刻关注的焦点，成为信息来源的渠道。借助媒体，可以广示天下，迅速扩大自己的知名度。

（3）口号开路，形象导入。形象宣传已经成为现代营销的重要策略。树立形象，传播形象是每一个企业乃至一个地区、一个城市十分注重的促销方式。用简洁、明决的语言或图形，浓缩自己的形象，更容易进入市场对象的脑海，成为市场对象的选择。

（4）区域联合，携手促销。有时候，一个地区或某一个企业孤军奋战会显得势单力薄，也缺少某种信任度，因此区域联合对市场的吸引力无形中会加大，而一个地区或一个企业在区域联合中会得到整体优势所带来的巨大利益。

（5）科技领先，网络推广。现代科技极大地影响着我们的生活，科技进步也给旅游业的发展注入了新的活力。网络促销已经成为世界范围内最热的或者说上升速度最快的促销手段。借助科技，实行网络促销，各个企业、各个地区都应该认真研究，迅速跟上时代的步伐。

（6）举办活动，集中宣传。现在各地或者各个企业都在研究举办各种活动，包括文体活动、美食活动、康体活动、展示活动等。这些活动有些是大型活动，也有些是企业自己组织的小型活动，无论哪种活动都是集中宣传自己的好机会。当然，活动要准备充分，内容要新颖独特，形式要健康活泼，这样才能在社会上产生轰动效应。如果能够把活动办成定期的，其影响会更大。

（7）关注名人，借名扬名。名人一般是指那些社会上的成功者，他们的影响相对普通人来说要大得多。名人也会产生一些特殊的吸引力，借助名人，吸引名人，是某企业、某地区很好的宣传自己的机遇。

（8）行业联手，组合产品。旅游是多行业组成的产业，一个企业不可能完完全全囊括全部的旅游要素，不可能满足旅游者的全部需求。因此，必须把分散的要素组合成产品，使产品具有较强的市场竞争力。在市场上，产品的作用远远大于某个企业的作用，旅游者在选择企业时，应更多地从产品的角度出发，使自己的需求得到最充分的满足。

（9）全员促销，突出能力。科技进步不可能完全抹杀人的作用，科技也需要人来掌握，更何况旅游促销常常有情感的因素，而情感是通过人与人之间的交流才得以巩固发展的。所以在旅游促销中，仍然要强调个人的能力，有一支好的促销队伍，甚至达到全员促销的良好状态，对企业发展、对企业走向市场至关重要。

（10）提高质量，重视口碑。任何促销都是在服务质量，包括软件质量和硬件质量得到基本保证的基础上对外活动。促销不是骗人上当，也不是一锤子买卖，所以，必须有一个服务质量的基本保障。这种保障是促销强有力的支撑点，是形成良好口碑的支撑点。有良好的口碑，就会有回头客，就会有越走越亲的熟客。

（资料来源：http://www.hoteljob.cn）

习题与实践

一、名词解释

1. 旅游广告
2. 公共关系
3. 推式策略
4. 促销
5. 促销组合
6. 营业推广

二、选择题

1. 旅游目的地邀请明星担任“旅游形象大使”等活动属于旅游促销中的（　　）。

A. 广告　　B. 公共关系
C. 营业推广　　D. 人员推销

2. 通过赠送礼品、宣传品和旅游纪念品来促进销售的方式属于（　　）。

A. 竞赛营业推广　　B. 优惠营业推广
C. 免费营业推广　　D. 组合营业推广

3. 以下方法中不属于旅游促销组合的是（　　）。

A. 广告　　B. 营业推广
C. 品牌塑造　　D. 公共关系

三、判断题

1. 拉式策略是指主要通过以人员推销为主导的促销组合来影响中间商，最终达到强化消费者购买动机的目的，使之迅速购买。（　　）

2. 针对特定受众的特殊沟通任务，广告一般可分为宣传、劝导、提示三种类型。（　　）

3. 旅游推销人员在向旅游消费者宣传旅游产品信息的同时，也能收集信息、反馈信息。（　　）

四、简答题

1. 简述各类广告媒体的优缺点，以及如何选择合适的广告媒体。

2. 在旅游淡季，旅行社可以做一些什么样的旅游促销活动？

3. 广告销售效果不等于广告传播效果。通过广告提高了产品的知名度，不一定能提高产品的销售量，如果出现这种情况，企业应当采取什么措施应对？

4. 某一旅行社有一个旅游团在台湾遭遇翻车事故，其公司形象下跌，在这种情况下应如何通过危机公关挽回声誉？

5. 旅游产品促销中有时会遇冷，这时该如何处理？

五、技能训练

1. 每逢黄金周前夕，到市内各大旅行社观察各旅行社主打促销的旅游产品，并写出书面报告。

2. 找出一些成功的旅游产品广告，分析其获得成功的原因；找出一些失败的旅游产品广告，分析其失败的原因。

3. 请到市内各大、中、小型旅行社的营业门店（每个类型各一家代表）看看，店里的促销员的促销方式有无异同之处，并写出书面报告。

4. 旅游推销实战演练：演示营业推销的特定情境；演示接近顾客前的寒暄情境；演示售后服务，与顾客加深感情的情境。

5. 旅游广告创意设计，要求设计一份有吸引力的广告。

6. 如今，公关人员随时都准备着为产品或服务制造有趣的新闻报道，请找出一些新奇的公关活动，并写出书面报告。

本模块小结

旅游产品促销有多种形式，其中用途最广、最为重要的方式就是旅游广告，旅游广告要是做得好，就能促进其产品的销售，反之亦然，所以，要认真选择旅游广告的传播媒体、实施措施等因素，并留意旅游广告投放后的销售效果，以做调整。旅游促销，实质上是实现旅游营销者与潜在购买者之间的信息沟通，促销过程就是信息沟通过程。旅游促销策略与信息沟通包括广告、营业推广、人员推销、公关关系等具体策略，根据这些策略的具体指向，又可以分为推、拉式策略，大部分企业在旅游市场营销实践中，都会把两种策略结合运用，即在吸引潜在的旅游消费者购买的同时又努力调动旅游中间商经销或代理的积极性，通过双管齐下，打开旅游产品市场。各种方法有其特点，对不同的旅游产品和处于不同生命周期阶段的旅游产品要采用不同的促销组合。

模块7　旅游市场营销管理

任务目标

1. 认识旅游市场营销计划的基本概念和类型。
2. 掌握旅游市场营销计划的基本内容。
3. 理解市场营销计划的实施和控制过程。

项目1　旅游市场营销计划

案例引入

澳门喜来登金沙城中心酒店推广活动南京站启动

全球最大的喜来登酒店——澳门喜来登金沙城中心酒店，从2013年3月份开始，将一连走访中国12个主要城市（包括武汉、厦门、深圳、重庆、成都、南京、青岛、北京、沈阳、广州、杭州和宁波），近期将与中国国旅（江苏）国际旅行社合作推出一系列促销计划，在5月21日至6月30日期间，任何中国国旅（江苏）国际旅行社门店，在以超优惠价购买澳门喜来登酒店产品的同时，将有机会赢取总值超过13万元人民币的尊贵礼品，还可在指定门店换领澳门喜来登限量版礼品包一个，凡在澳门喜来登酒店入住两晚或两晚以上者更可获得价值100元澳门币的酒店餐饮礼券一张，延续无限惊喜！

澳门喜来登酒店坐落于澳门路氹金光大道度假区最新的综合度假城——金沙城中心，它不仅是澳门规模首屈一指的酒店，也是喜来登全球最大的酒店。酒店毗邻具有独特设计主题的金光名店区，这里设有坐拥超过600间著名设计师专卖店的三大购物中心。宾客可于金沙广场购买潮流新品，亦可到邻近的大运河购物中心和四季名店继续沉醉于购物乐趣当中。酒店拥有3 896间设备完善的客房及套房，配备达14 000平方米可灵活调度的会议空间，包括面积达5 000平方米的无柱喀什大型宴会厅和6个小型宴会厅，是亚洲少数能举办过千人大型机构及协会会议的酒店场地之一。澳门喜来登酒店更为宾客带来舒适精致且自在的款待和一应俱全的酒店设施，让宾客尽情享乐于澳门这个中国南方的活力之都。

澳门喜来登酒店董事总经理若瑟夫·道普表示："我们十分高兴能够来到中国12个主要城市推广澳门喜来登酒店。今天，澳门这座历史名城有多姿多彩的休闲娱乐，包括环宇美食、潮流购物、娱乐表演等，是亚洲其中一个最佳综合旅游度假胜地，而澳门喜来登酒店集休闲活动、购物体验和娱乐表演于一身，特别适合家庭、休闲和参加会议与特别活动的商务旅客，以不一样的方式体验这个亚洲活力之都。”

（资料来源：龙虎网，http://www.news.loughoo.net）

提出问题

作为国际知名品牌的喜来登酒店，一连走访中国12个主要城市，这种活动属于市场营销计划中的哪个部分？

我们小组的回答是：____

____

____

一、旅游市场营销计划的认知

（一）旅游市场营销计划的概念

旅游市场营销计划是对旅游目的地或旅游企业市场营销活动方案的具体描述，即通过对目前市场发展态势以及自身地位和实力的分析，确定今后的发展目标、营销战略和行动方案的过程。反映这些既定目标、战略计划和行动方案的书面文件，便是该目的地或旅游企业的市场营销计划。在不断变化的市场环境中，为了使自己的市场营销战略决策不至于迷失方向，在激烈竞争中生存和发展，任何旅游企业都不得不对自己的业务活动进行系统的规划，寻找有利的经营机会，制定有效的经营策略，策划具体的行动方案，从而使业务的开展有据可依，以避免营销活动的盲目和混乱。一个旅游企业的规模越大，它所涉及的产品和细分市场也就越多，有效和系统地开展市场营销工作的必要性也就越大。尤其是旅游行业，它在经营中面临的突出问题是市场需求每年都在波动，这一特点愈发显示出旅游行业需要在计划规定的目标范围内开展工作的重要性。

由于市场的发展变化往往会掩盖或削弱计划工作的必要性，一些企业往往因忽视计划而失败。为了在随时都有可能出现市场萎缩和营业萧条的情况下，旅游企业能够有目标地开展工作，市场营销计划工作已经成为现代旅游企业的工作焦点。

（二）旅游市场营销计划的类型

1. 从特定层面上来划分

从特定层面上来划分，旅游市场营销计划一般分为以下几类。

（1）产品计划，即单个品牌的市场营销计划。

（2）产品类别市场营销计划，即关于一类产品、产品线的市场营销计划，已经完成、经过认可的品牌计划必须纳入其中。

（3）新产品计划，即在现有产品线上增加新产品项目，同时进行开发和推广活动的市场营销计划。

（4）细分市场计划，即面向特定细分市场、顾客群的市场营销计划。

（5）区域市场计划，即面向不同国家、地区、城市等的市场营销计划。

（6）客户计划，即针对特定的主要顾客的市场营销计划。

这些不同层面的市场营销计划之间需要协调、有机整合。

2. 从时间上来划分

从时间上来划分，旅游市场营销计划可划分为长期战略性营销计划和短期战略性营销计划两大类。

（1）长期战略性营销计划。

战略性营销计划是一种长远性规划，通常指 3 ~5 年或更为长久的时间。战略性营销计划同旅游企业总体经营规划或某个旅游目的地旅游企业总体发展规划相对应，它要回答以下 4 个基本问题：本企业的经营现况如何？本地旅游业的发展现况如何？今后某一较长的时期内要达到什么样的目标或地位？如何实现这一目标或地位？

对于以现代市场营销为导向的旅游企业来说，战略性营销计划是企业总体经营规划中最重要的组成部分，这主要是因为市场营销计划在很大程度上决定着企业未来的营业收入。旅游企业总体经营规划中能不能实现长远的盈利，则取决于能否争取到足够数量的顾客来购买产品。战略层面上的营销计划着眼于长远性的营销决策，它所反映的是未来的发展蓝图。从这个意义上来说，战略性营销计划具有主动和超前的特点，同时，也是针对市场供求发展趋势所做出的一种策略性计划。

战略性营销计划的主要内容包括以下几个方面：

①战略目标。所谓战略目标是指一个旅游目的地或旅游企业在将来某一时期内在市场中所占据的位置，通常要就未来的目标市场、产品范围、销售量、计划增长率、市场份额以及创收或利润等方面做出大体规定。

②形象定位。规定未来某一时期内旅游企业或旅游目的地在市场上应努力树立起何种形象，以及在人们心目中达到何种地位。所谓在市场上的形象，主要指旅游企业或目的地及其产品在现有或潜在顾客市场心目中的地位。实际上，关于未来形象地位的决策性也是一种战略目标，但这种目标通常不便以量化的形式来表达。

③营销预算。指实现营销计划目标所需要的资金数量和筹集方案。

④措施方案。指为实现既定目标所需采取的各项行动计划，包括人员、分工、时间、进度、保障条件、完成措施等。

（2）短期战术性营销计划。

战术性营销计划亦称营销行动计划。所谓战术性计划是解决未来短期内市场营销工作的决策方式。市场营销工作的大量实践活动往往都是在短期内发生的，属于战术性范围。从长远战略意义上讲，一个旅游目的地或旅游企业应当根据自己对未来市场需求的分析和预测，更新自己的产品和定价策略，在满足消费者需要的同时，实现自身的发展。但是，一个旅游目的地或旅游企业在近期内只能在某些限制性因素的制约范围内，提供和出售自己的产品或服务。这些限制性因素中，既包括外部因素，也包括内部因素。在外部因素方面，市场需求的变化除了其方向之外，还有一个变化的速度问题，这意味着在筹划新产品开发的同时，短期内仍需要以尚未过时的现有产品去开展经营。在内部因素方面，一个旅游目的地或旅游企业因自己的能力有限，短期内难以使自己开发的旅游产品迅速适应消费者需要的变化。为了生存，它们可能不得不通过自己所能利用的一切营销手段去刺激现有的需求和应付竞争者的挑战。这些情况都说明，长远计划的实施不可避免地要以近期目标的落实为基础。旅游市场营销计划在旅游企业经营活动中的作用日益突出，它不仅为旅游企业经营指引了方向，还为旅游企业实现营销目标乃至总体目标规定了具体的内容和步骤。

二、旅游市场营销计划的编制

像其他行业一样，旅游企业的市场营销计划并没有统一的固定模式，各企业营销计划的结构和制定程序不尽相同，同时营销计划的内容也随着管理层考虑问题的出发点不同而变化。大多数的营销计划包括以下内容：当前营销状况、SWOT 分析、营销目标、市场营销战略、行动方案、营销预算和控制。

（一）当前旅游营销状况分析

对当前旅游营销状况的分析是制订旅游市场营销计划的第一个实质性步骤。这项工作主要是对以下几方面的状况进行简明扼要的分析：

（1）市场状况：应弄清楚本企业为其服务的市场的数据，包括市场的规模、成长状况以及本企业在市场的占有率，旅游者需求状况及其他有关的营销环境因素等。此外，还需要根据分析提出合理的基本结论。

（2）旅游产品状况：应明确本企业产品的实力、价格水平、为企业贡献利润的大小。

（3）竞争状况：对主要的竞争者进行辨认，并逐项描述其规模、目标、市场份额、产品质量、营销战略和其他特征，以便恰如其分地了解其意图和行为。

（4）分销状况：应了解本企业产品到达消费者手中的销售渠道和每个分销渠道的发展变化，注意分销商在力量上的变化以及激发他们分销积极性的价格和交易条件。

（二）SWOT 分析

在描述当前营销状况数据的基础上，企业经理需要辨认在本计划期内公司所面临的机会与威胁、优势与劣势的问题，这就是战略管理理论中的 SWOT 分析。S 代表“strength”，W 代表“weakness”，O 代表“opportunity”，T 代表“threat”。优势与劣势分析也称为 S/W 分析。所谓优势和劣势，是指企业的内部因素，企业的管理层在确定企业目标之前应辨认、分析企业的优势与劣势。机会与威胁分析称为 O/T 分析。所谓机会与威胁，是指能够影响企业前途的外部因素。企业的领导人应辨明企业所面临的主要机会和威胁，并把它们记录下来，以便提出一些可能采取的行动；还应对问题和机会进行分类，以便对一些较重要的问题有足够的注意。这些分析决定了旅游企业的营销目标和策略。

（三）营销目标

有了对营销状况和 SWOT 分析的基础，便可着手制定营销目标了。营销目标是营销计划的核心部分。营销目标是有时间限制的，即在一个规定的时期内（如一年）所要达到的目标。对旅游企业来说，营销目标主要是指以利润为核心的目标，涉及销售额、销售量、利润率、投资收益率、市场占有率等。营销目标的作用主要体现在两个方面：

（1）指导营销活动，以保证营销活动正确进行。

（2）作为标准来衡量营销工作的绩效，这有助于对营销活动的控制和评价。旅游企业的营销目标水平应从实际出发，保证其科学性和可行性的统一。目标不宜过高，以免因完成不了而挫伤广大员工的积极性；目标也不宜过低，以免不能充分发掘人力资源，造成资源的搁置、浪费。

（四）市场营销战略

旅游企业市场营销战略是用以达到和实现其目标的基本方法，包括目标市场、营销定位、营销组合以及营销费用水平的主要决策。在制定一个营销战略时，企业领导者往往面临着许多选择。对于旅游企业来说，管理者除了要考虑经济效益外，还要考虑社会效益和环境效益。在制定战略的过程中，企业的领导者还需要和那些对营销战略成功与失败负有很大责任的人员进行合作，共同研讨，以获取各方的支持。

（五）行动方案

营销策略需转化为具体的行动方案才能实现其价值。行动方案需要落实的问题有：具体干什么？谁负责干？怎么干？在什么地方干？什么时间开始干？什么时间完成？需要多少人力、物力和财力，即需要多少综合成本？等等。将上述问题的答案详细列出，有助于营销活动的实施和检查。

（六）营销预算

营销预算是各项收支的预算，可通过较为详细的预计损益表反映出来。营销预算需经主管者审批同意后方可实行。更确切地说，营销预算基本上是计划中的盈亏说明。在收入方面，它计划可实现的收入；在支出方面，它表明贯彻执行策略所需的支出。它确定了差额或计划中的赢利，一旦被批准，将成为执行策略的指导原则。

（七）控制

旅游市场营销计划的最后一部分是计划控制的若干规定，其目的是监控整个计划的顺利实施。通常要将旅游市场营销计划的目标和预算按月份或季度分解，以利于企业的上层管理部门进行有效的监督、检查，督促未完成任务和未达到目标的部门和人员改进工作，确保旅游市场营销计划的完成。另外，为预防意外情况的发生，在计划控制部分还应有意外应急计划，规定在发生一些超出正常计划的不利于企业市场营销活动的情况时，旅游企业应采取的应急步骤和防范措施。

三、旅游市场营销计划的实施

旅游市场营销计划的实施是一个系统工程，是将营销计划变为具体行动的过程。营销计划的提出和制订仅仅解决了旅游企业的市场营销活动应该“做什么”和“为什么做”的问题，它只是营销管理过程的开始。要想有效地调动旅游企业的全部资源，将其投入到日常业务活动中，就必须将旅游市场营销计划变为具体的市场营销方案，这就是解决企业市场营销“谁来做”“何时做”“何地做”“怎样做”的问题。

旅游营销计划实施失败的原因是多方面的，其中的主要原因有四类：（1）没有明确具体的行动方案；（2）长期目标和短期目标相冲突；（3）计划脱离实际；（4）计划创新性不足。

要想使营销计划得以顺利实施，首先，必须使企业营销系统中的各级人员保持协调一致；其次，营销部门还必须与财务、人事、采购等部门密切配合。此外，企业外部相关的个人和组织，如供货商、零售商、广告代理商、广告媒体以及调研公司等，对企业计划的实施也有重要影响。从影响旅游市场营销计划的诸多因素出发，成功地贯彻实施旅游市场营销计划的过程一般要经过以下几个步骤。

（一）制订详细的行动方案

此方案实际上是旅游市场营销计划的具体执行计划，除在此方案中明确营销计划实施的关键性要求和任务外，还要将这些活动的责任落实到个人和作业单位，并明确具体的时间表，在时间上要有严格的规定。

（二）建立营销组织机构

旅游市场营销组织机构是贯彻执行旅游市场营销计划的主要力量，建立和强化市场营销组织，对推动旅游市场营销活动的开展起着决定性的作用。另外，贯彻执行旅游市场营销计划的市场营销组织结构应保证与企业的营销计划、营销战略一致，与企业自身的特点、要求和环境一致，这样才能保证计划的顺利实施，以达到预期目的。

（三）设计科学、合理的决策报酬制度

实行多元化经营或产品的市场覆盖面较广的旅游企业，不可能实行高度集中统一的管理制度，而是要适应市场变化的要求，实行分权管理。与此相适应，还必须制定贯彻实施旅游市场营销计划的报酬制度，不仅要调动企业员工实现短期营销目标的积极性，还要调动其实现长期目标的积极性。

（四）建设旅游企业文化

企业文化已经成为企业的重要战略资源，成为市场竞争中的重要竞争手段，它对企业经营思想和领导风格，对员工的工作态度和作风等方面起着决定性的作用。通过企业文化建设，逐渐形成公共的价值标准和基本信念，保证旅游市场营销计划在相应的企业文化和管理风格的氛围中得到强有力的支持。

（五）开发人力资源

旅游市场营销计划的实施，最终要通过人员的推动和努力来实现，并且营销计划的执行在不同程度上涉及企业的所有员工，因而充分调动员工的积极性，努力开发人力资源，实现人尽其才，才可能顺利地实施预定的营销计划。

项目2　旅游市场营销控制

案例引入

广之旅的亚运营销

火炬传递是亚运宣传的主要形式之一。然而，广州亚运会的火炬传递方案，最初明确只在国内进行。广州亚组委在考虑亚运宣传尤其是境外宣传如何开展时，广之旅适时介入，希望发挥旅游企业的独特优势，全力参与广州亚运，宣传广州，宣传亚运。

作为国内唯一获得全国质量管理最高荣誉——“中国用户满意鼎”和“中国驰名商标”称号的综合强社，广之旅在华南地区拥有最多的营销网络，在广州有近50家营业门店，在省内外有超过300家营业网点，在中国香港、中国澳门、马来西亚、澳大利亚等

地设有分支机构。早在2001年，广之旅就曾参与在广州举办的第九届全运会的旅游接待工作。2004年，作为广州申亚代表团出访旅行指定接待单位，广之旅承接了代表团前往中东访问的接待工作。2006年7月，广之旅承担了广州亚组委赴多哈参加2010年亚运主办城市投票大会的接待工作，并且特别推出广州市民多哈申亚助威团，见证了广州申亚成功的历史时刻。

正因为早期介入大型体育赛事的接待工作，广之旅充分了解了大型体育赛事的特点与要求，较好地锻炼了员工队伍，为今后全面展开触角，积极参与大型体育赛事活动积累了经验。同时，广之旅帮助游客实现参与体育赛事的愿望，解除大家的后顾之忧，在游客中赢得了良好声誉。

2009年初，广之旅与广州亚组委经过多次沟通，决定组建“广州亚运志愿者信使团”（以下简称“亚运信使团”），并签订合作协议，亚组委授予广之旅“广州亚运志愿者信使团指定组团社”称号。2009年6月，双方联合举行新闻发布会，正式推出亚运信使团活动计划，指定广之旅作为亚运信使活动的独家承办机构，并从广州亚运会倒计时500天正式启动这项活动。

广之旅组织的亚运信使团活动，最终实现了旅游企业、亚组委和参与游客的三方共赢，得到了社会公众和新闻媒体的广泛好评，给国内旅游界留下了诸多思考和营销启示。这一策划创意之所以取得巨大的市场成功，是因为广之旅作为一个市场领导者，始终具有强烈的社会责任感和使命感。借助广州亚运会，开展体育营销，谋求企业利益最大化，可以说是亚运期间国内众多商家的关注焦点。然而，如何创新营销思路，想亚组委之所想，最大限度地用足、用活亚运会的各种元素和综合资源，实现政府、企业和社会公众的互利多赢，才应是体育营销应该考虑的重点问题。

作为华南旅行社业的市场领跑者，广之旅的总部设在广州，营销网络和合作伙伴遍布国内外，具有很强的品牌影响力和市场感召力。多年来，广之旅参与过广州申亚、多哈亚运会、九运会、少数民族运动会的各项接待工作，积累了运作大型活动的丰富经验。然而，以往参与大型赛事主要是做好接待工作，这次亚运会在广州召开，做好接待工作只是其中一环，怎样以东道主和主人翁的姿态主动参与亚运，打好亚运牌，开展体育营销，是广之旅面临的市场新课题。而组建亚运信使团，将游客转变成“亚运信使”，堪称中国旅游界在体育营销领域的一大创举。在宣传亚运、宣传广州这一点上，广之旅与亚组委的宣传思路高度契合。对亚组委来说，广州亚运会的宣传声势、参与范围和实际效果由此得到拓展扩大；对广之旅来说，可以打破地方旅行社的区域性限制，发挥大型旅行社的资源整合能力，打亚运牌，打志愿者牌，充分吸引和深入发动广大市民参与到宣传亚运、宣传广州的活动中，从而实现旅游与体育、旅游团队活动与亚运信使宣传工作的完美结合。游客本是消费者，但是在亚运期间，因为参加广之旅亚运志愿者信使团，身份和角色的转换，赋予他们“亚运信使”的神圣使命，对参团的普通广东市民来说既是举手之劳，也唤醒了他们的自豪感与骄傲感。

（资料来源：http://www.csmforum.com.cn/work_doc.asp? listid=36&dispid=28）

提出问题

广之旅亚运营销取得巨大成功，很大程度上是由于在操作层面的运作经验。你认为广之旅的营销计划在哪些方面采取了特别策划和精心设计呢？

我们小组的回答是：____

____

____

一、旅游市场营销控制的程序

营销控制过程实际上是一个目标管理系统，主要有四个步骤：确定控制目标、评价执行情况、诊断执行结果和采取纠正措施。

（一）确定控制目标

控制目标不同于营销计划中的营销目标，前者是后者的分解。在营销控制过程中，营销目标被分解为若干更短时期的控制目标。比如，在营销计划中，营销目标是年度市场销售额，控制目标就可以定为每月或季度销售额。只要每月或季度的控制目标能如期实现，全年营销目标自然就会实现。一般来说，营销目标可以由四个因素组成：数量、质量、成本、时间。其中，前两个因素可视为市场营销活动的产出指标；后两个因素可看作市场营销的投入指标。

（二）评价执行情况

第二步是监测市场营销活动的实绩，评价各控制目标的执行情况。这一步与第一步关系密切，因为只有控制目标的数量化、可测化，才能进行有效的监测活动。例如，把控制目标确定为一定时期内顾客满意程度的提高，就无法监测；如把它具体化为顾客投诉信件数和顾客表扬信件数，便容易监测了。

（三）诊断执行结果

第三步是分析各控制目标的执行结果。对执行情况差的项目要深刻分析其形成原因。一般来说，原因有两类：一类是外部原因，另一类是企业本身原因。外部原因包括宏观经济环境变化或市场竞争状况变化等。若诊断问题的发生是由于外部原因，企业应及时修订原营销计划，这是因为外部原因是企业不可控制的力量，只能适应而难以改变。内部原因包括计划目标过高或实际努力不够两个方面。若产生问题的原因是后者，应采取措施予以改正。

（四）采取纠正措施

如上所述，纠正措施可以从两个方面考虑：第一，可考虑营销目标合理与否。若目标实施不理想是外部原因或目标过高原因所致，旅游企业应及时调整营销目标和控制目标；第二，可考虑是否是营销部门及营销部门努力不够所致，如果是，应采取适当奖惩措施，刺激有关人员提高工作热情与工作效率。

二、旅游市场营销控制的类型

营销控制的方法随着企业结构的复杂化和业务的发展而日益深化。一般来讲，营销控制包括预先控制和调节性控制。预先控制就是通过外部环境施加影响来加以控制，使其向有利于本企业的方向发展。由于各界企业营销工作的差异，控制的方法也不尽相同，归纳起来主要有以下几方面。

（一）年度营销计划控制

年度营销计划控制是指本年度内采取的营销控制步骤，包括对当前市场营销努力和效果的监控，以保证实现年度销售目标与利润目标。为了达到控制的目的，也可把年度计划指标分解成季度、月度指标，每月、每季检查计划完成情况，一旦发现问题可及时采取措施。年度计划控制的主要方法有销售分析、市场占有率分析、市场营销费用与销售额对比分析、财务分析和顾客满意度跟踪。如果检查出有不良的绩效，旅游企业可采取若干纠正措施，包括削减产品销售量、调整价格、增加销售人员压力和削减福利经费等。

1. 销售额分析

销售额分析就是将实际销售额和计划销售额进行对比和评价。对比可从两方面入手：若销售总额下降，就需找出原因；若是地区销售额与计划数相差较大，就应该查明是执行过程中存在问题，还是计划订得不合理，以便采取改进措施。

2. 市场份额分析

旅游企业为了了解自己与竞争对手的处境，必须了解自己的市场份额。如果市场份额下降，则意味着本企业落后于竞争对手。

3. 利润分析

通过检查不同产品、不同销售地区和不同销售渠道的实际获利情况，可以决定营销活动的扩大或缩小。

4. 营销费用分析

用来确定营销费用开支是否合理，以避免不合理的开支。也可以按照不同地区、不同产品达到的销售额与相应的费用开支进行比较，以确定这些方面费用支出的差异。

5. 顾客满意度分析

通过各种渠道收集顾客和中间商的反映，可以使旅游企业全面了解产品和服务在顾客心目中的地位和形象，改进企业的管理和服务工作。

知识拓展

某酒店客房销售分析

某酒店年度计划要求第一季度以单价 150 元销售客房 5 000 间/天，完成销售额 75 万元。而实际以单价 120 元销售客房 4 500 间/天，实现销售额 54 万元，完成计划的 72%，差额为 21 万元。用销售差异法分析：

由于降价的影响：

$$(150-120)\times 4\ 500=135\ 000 \text{ 元，占 } 64.3\%；$$

由于销售不力的影响：

(5 000 - 4 500) × 150 = 75 000 元，占 35.7%。

可见，销售额未达指标的主要原因是客房降价。可能是原有定价过高，或旅游市场萧条被迫降价促销，或有强有力的竞争对手加入。

（二）营销盈利能力控制

旅游企业在实行年度计划控制以外，还需要对不同旅游产品、不同地区、不同细分市场、不同销售渠道等方面进行盈利控制，以便决定增减哪些产品，开拓或放弃哪些细分市场，扩张或缩减哪些销售渠道。总体而言，旅游企业应扩大盈利率高的营销活动，缩减盈利率低的营销活动。

盈利能力控制包括各营销渠道的营销成本控制、各营销渠道的营销净损益和营销活动贡献毛收益（销售收入 - 变动性费用）的分析，以及反映企业盈利水平的指标考察等内容。营销渠道的贡献毛收益是收入与变动性费用相抵的结果，净损益则是收入与总费用配比的结果。没有严格的市场营销成本和企业生产成本的控制，企业要取得较高的盈利水平和较好的经济效益是难以想象的。因此企业一定要对直接推销费用、促销费用、仓储费用、折旧费、运输费用、其他营销费用，以及生产产品的材料费、人工费和制造费用进行有效控制，全面降低支出水平。盈利能力的指标包括资产收益率、销售利润率和资产周转率、现金周转率、存货周转率和应收账款周转率、净资产报酬率等。此外费用支出必须要与相应的收入结合起来分析，才能了解企业的盈利能力。

取得利润是所有企业的最重要的目标之一。以下是部分盈利能力考察指标：

1. 销售利润率

销售利润率是指利润与销售额之间的比率，表示每销售 100 元使企业获得的利润，它是评估企业获利能力的主要指标之一。其公式是：销售利润率 = （本期利润 ÷ 销售额）× 100%。

2. 资产收益率

资产收益率是指企业所创造的总利润与企业全部资产的比率，其计算公式是：资产收益率 = （本期利润 ÷ 资产平均总额）× 100%。其分母之所以用资产平均总额，是因为年初和年末余额相差很大，如果仅用年末余额作为总额显然不合理。

3. 净资产收益率

净资产收益率是指税后利润与净资产所得的比率。净资产是指总资产减去负债总额后的净值。其计算公式是：净资产收益率 = （税后利润 ÷ 净资产平均余额）× 100%。

4. 资产管理效率

资产管理效率可通过以下比率来分析：

（1）资产周转率。

资产周转率是指一个企业以资产平均总额去除产品销售收入净额而得出的比率，其计算公式是：资产周转率 = 产品销售收入净额 ÷ 资产平均占用额。资产周转率可以衡量企业全部投资的利用效率，资产周转率高说明投资的利用效率高。

（2）存货周转率。

存货周转率是指产品销售成本与产品存货平均余额之比，其计算公式是：存货周转率＝产品销售成本÷产品存货平均余额。

存货周转率是说明某一时期内存货周转的次数，从而考核存货的流动性。存货平均余额一般取年初和年末余额的平均数。一般来说，存货周转率次数越高越好，说明存货水准较低，周转快，资金使用效率较高。

资产管理效率与获利能力密切相关。资产管理效率高，获利能力相应也较高。这可以从资产收益率与资产周转率及销售利润率的关系上表现出来。资产收益率实际上是资产周转率和销售利润率的乘积：资产收益率＝（产品销售收入净额÷资产平均占用额）×（税后息前利润÷产品销售收入净额）＝资产周转率×销售利润率。

（三）效率控制

效率控制是指企业不断寻求更有效的方法来管理销售队伍、广告、促销和分销等绩效不佳的营销实体活动。

效率控制的目的是提高销售人员推销、广告、销售促进和分销等市场营销活动的效率，市场营销经理必须重视若干关键比率，这些比率表明上述市场营销职能执行的可靠性，显示出应该如何采取措施以改进执行情况。

效率控制的内容主要包括四个方面活动效率的控制：销售人员效率控制、广告效率控制、促销效率控制和分销效率控制。

1．销售人员效率控制

销售人员效率控制，即各地区的销售经理需要记录本地区销售人员效率的几项重要指标，如每个销售员平均每天进行销售访问的次数、每次销售人员访问平均所需要的时间、平均收入、平均成本和平均招待费、每100次销售人员销售访问的订货单百分比、每一期新的顾客数目和丧失的顾客数目、销售队伍成本占总成本的百分比等，企业可以从以上分析中发现一些重要问题。

2．广告效率控制

广告效率控制，即企业高层领导者可以采取若干步骤来改进广告效率，包括进行更有效的产品定位、确定广告目标、利用计算机来指导等。

广告效率的控制至少要掌握以下资料：每一种媒体类型、每一个媒体工具触及千人的广告成本；注意、看到或联想和阅读印刷广告的人在其受众中所占的百分比；消费者对于广告内容和有效性的意见；对于产品态度的事前事后衡量；由广告激发的询问次数；每次广告成本。

3．促销效率控制

促销效率控制是指管理层应该对每一次销售促进的成本和销售影响做记录，并注意做好一系列统计工作。

销售促进效率的控制应注意以下资料：优惠销售所占的百分比；每一美元的销售额中所包含的商品陈列成本；赠券的回收率；一次演示所引起的询问次数。

4．分销效率控制

分销效率控制是指企业主管应该调查研究分销经济性，主要是对企业存货水准、仓库位置及运输方式进行分析和改进，以达到最佳配置并寻找最佳运输方式。

（四）战略控制

对企业经营战略的实施进行控制的主要内容有：

（1）设定绩效标准。根据企业战略目标，结合企业内部人力、物力、财力及信息等具体条件，确定企业绩效标准，作为战略控制的参照系。

（2）绩效监控与偏差评估。通过一定的测量方式、手段、方法，监测企业的实际绩效，并将企业的实际绩效与标准绩效对比，进行偏差分析与评估。

（3）设计并采取纠正偏差的措施，以顺应变化着的条件，保证企业战略的圆满实施。

（4）监控外部环境的关键因素。外部环境的关键因素是企业战略赖以生存的基础，这些外部环境的关键因素的变化意味着战略前提条件的变动，必须给予充分的注意。

（5）激励战略控制的执行主体，以调动其自我控制与自我评价的积极性，以保证企业战略实施的切实有效。

知识拓展

重庆金科酒店2011年营销策划书

一、背景分析

（一）酒店内部资源条件分析

1. 酒店位置

重庆金科酒店于2006年建成开业，位于江北滨江路新商务圈内，南毗嘉陵江黄金水道，周围是新兴工业园区。同时金科大酒店雄踞北部新区门户金开大道，紧邻精品楼盘核心地带金科天籁城，毗邻重庆多个行政管理机构。距江北国际机场只需15分钟车程，与江北观音桥商业中心咫尺之遥，与重庆特色餐饮一条街“重庆盛宴十二坊”仅一步之距，是国内外商务客人及旅游休闲人士的最佳选择。

2. 酒店硬件与特色分析

重庆金科大酒店建筑面积34 000平方米，气势恢弘、格局精巧、个性明显、特色独具。豪华壮观的前庭广场和室内停车场共可泊车300余辆。酒店拥有生态景观客房206套，房型数量高达18种，在全国首创6米宽的客房花园走廊，透明式智能花园卫生间、隐形房门设计，西南地区最灵敏的客房智能化系统、个性化行政楼层。美轮美奂的西餐厅，有美女弦乐队倾力伴餐，200人的情调空间、150米超长西餐菜品台，西式为主、中西结合的500余种菜品、水果、西点，任由宾客尽享盛世美食！酒店拥有400个餐位的超豪华宴会大厅、120个餐位的中餐大厅、39套各类中餐包房，5个类型各异的高级会议厅，最大剧院式会议厅可接待250人，特别设置贵宾接待厅，配备顶级设施，全程高效的会议服务，提供高层次的会议空间！这里还有重庆最大规模女子SPA水疗会所、四季恒温游泳馆、健身中心。全欧洲进口设备，提供异域风情SPA、香熏热疗、泰国皇室按摩、男女面部健康护理等各类健康服务，独家奉献“金科”时尚享受。30套顶级贵宾KTV套房与最佳娱乐组合，突破娱乐新境界，演绎繁华都市的不夜精彩。

一步一景，山水盛陈，是金科大酒店在环境方面最大的特点，从目前已知的信息看，金科大酒店首开全国之先河，把自然山水引入宾馆走廊和客房内室，刷新了酒店行业之纪录。只要一走进金科大酒店，客人首先就会惊喜地发现，它的每一层楼面、每一个房间，都有着不同的山水景致。有的走廊栽种着大棵的热带植物，有的走廊点缀着历史浮雕，有的走廊日月星辰当顶照耀，有的走廊流泉叮咚清音入耳。

另外，金科大酒店想客人之所想，投入巨资为住店客人精心营造了第二书房，即在该酒店所有房间里，均无一例外地陈列着最新潮的时尚杂志、最前沿的财经专著、最经典的人文古籍，至于名家字画、罕世古董，若运气好，也可一睹真容，大饱眼福。为了及时和经常更换一些流行新书到房间，金科大酒店专门为此项工作配备了两名图书管理员，并且制作了精美的书架。将阅读功能引入房间，可以说是金科大酒店的一项独特创举。

3. 酒店的服务理念

做好每一个细节，张扬独特的个性，这是金科大酒店全体员工每时每刻都在实践着的服务理念。

按照酒店行业一般的惯例，客房的清洁是一日一次，但在金科大酒店，对于重要的客人，几乎是出去一次，楼面贵宾接待员就要把房间整理一次。除了景观是金科大酒店卫生间的一大特色外，还有多种设施与服务细节超越酒店行业前沿。比如在该酒店淋浴时，其水流量非常大，置身其中，确有酣畅淋漓、肢体舒卷的痛快之感，在国内同星级酒店中能达此效果的并不多见。洗浴用品的选购与配置也是金科大酒店极为用心的地方，它一改长期以来宾馆行业小瓶装的传统，全部代之以平日居家所用的国际名牌大瓶装洗发露、沐浴露、洗面乳与护发素。为防止客人在沐浴时摔跤或跌倒，酒店还在卫生间特地安装了防雾灯，即使在热气腾腾的水帘之中，客人也能清楚地拿取东西。对于经常入住的尊贵客人，酒店专门为其购置了浴巾、浴袍、拖鞋，并绣上客人的名字，以免与别人混用，客人走后，酒店会及时将其清洗单独存放，下次客人只要一到总台登记，客房服务中心就会自动将其专用物品送到房间。

为尽可能给客人提供生活上的方便，金科大酒店在国内首开24小时洗衣服务，为此，该酒店专门招聘了两名夜间洗衣工，增购了小型洗衣机，以最快速度为客人浆洗好衣服，这与普通酒店隔日才能取到衣物有着天壤之别。

一般情况下，酒店行业通行的截止时间定为中午12点，即使是贵宾，也不会超过下午2点。然而，在金科大酒店，退房时间可以宽延至下午4点，客人既可以在房间安心享受一次午睡，又可以有足够的时间收拾行李，因为这种便利，入住客人的一切商务或政务活动都变得从容不迫起来。

用心、至情，是金科大酒店给予客人的尊崇礼遇，它的魅力和竞争力，体现并浸透在每一个服务细节之中。因此，它的品质真的与众不同。

（二）酒店营销环境分析

1. 市场消费者需求与行为特征分析

金科酒店的消费者主要是中上层社会人士以及政府官员，另外也包括一些私款消费人群。目前重庆高星级酒店的消费人群大致可以分为以下几个群体：公款消费人群，以政府官员为主体；有钱的私款消费群体，比如商人、暴发户以及各自领域的成功人士；

中等收入家庭，但为了显示身份地位的人群；有喜事，需要宴请的群体，比如婚宴、生日宴等。其中不同的消费群体都有各自的消费需求以及各自不同的特征。公款消费群体往往消费比较高，对价格不敏感，更注重服务的质量，注重享受。但这部分消费波动大，常常受到政治环境的影响。而私款消费者往往对价格比较敏感，相对于服务而言他们更注重的是自己内心的满足。还有一些迫于要表现自己身份地位的群体，他们来酒店消费并非出自内心意愿，而是要表现自己的身份地位，也就是常说的面子问题。另外一部分消费群体就是平常的各类宴请群体，这类消费群体也为酒店创造了不小的收益。相比于公款消费，后面这几种消费都是消费者自己掏钱，顾客看重的更多是价格问题，但同时这几类顾客也比公款消费更加稳定，在一定时间内不会有太大波动。

2. 市场竞争状况及主要竞争对手分析

由于整个酒店业管理不太规范，各个酒店通常根据自己的经营状况来制定各自客房的价格，所以整个市场的价格制定比较混乱，使得各个酒店通常利用价格来做文章吸引顾客。相比于其他行业来说，这就显得有点恶性竞争了，所以也就造成了现在整个酒店业巨大的竞争压力。同时重庆的酒店业尚未形成规模效应，竞争也只是单个酒店之间的，局部的竞争不会对整个重庆的酒店行业造成太大的影响。

分析本酒店的竞争对手，应从酒店的目标顾客和酒店的地理位置考虑，只要与本酒店有相同的目标顾客，在地理位置上对本酒店造成压力的其他酒店都应该算作本酒店的竞争对手。

现对金科酒店同级别的几个主要竞争对手简单分析如下：

表 7－1　金科酒店主要竞争对手概况表

竞争对手	优势	劣势
希尔顿酒店	国际品牌，有丰厚的历史文化底蕴，经济实力雄厚	2010 年陷入打黑风波，社会形象受损
喜来登酒店	隶属喜达屋集团，有行业团队优势。刚开业，敢打敢拼，有些方面下手果断	成立之初机制不健全，管理不系统，客源不稳定
万豪酒店	国际品牌，社会声誉良好，客源稳定	多年以来酒店管理无多大改善，相对比较保守

（三）酒店经营现状分析

1. 酒店经营业绩

金科酒店从 2006 年开业以来，在重庆已经树立了良好的口碑，特别是它的餐饮方面，每天都客似云来，如果不提前订位，那都得等上几个小时。通过良好的运作，金科酒店已经在重庆市场上站稳了脚跟，并且占据了一定份额的市场。

2. 酒店存在的问题及其原因

金科酒店也并不是完美无缺的，也存在其自身的一些问题。比如在人才储备方面尚有欠缺，服务人员的整体素质不高，企业文化不够成熟等。造成这些问题的原因，主要是酒店经营期还不是特别长，还未完全形成自己的经营理念，管理方式上还存在一些问题。

表7-2 金科酒店SWOT分析表

（一）酒店优势分析（S） 良好的地理位置，紧邻江北机场，靠近观音桥商业中心，拥有众多的潜在顾客； 拥有自己鲜明的特点，把自然山水引入宾馆走廊和客房内室，开创了酒店业的先河； 酒店的服务设施和服务细节都走在行业的前沿，保证能为顾客提供高品质的服务； 酒店隶属的金科地产集团集十年精品建筑经验于一身，在经营管理方面有丰富的经验，为整个酒店的良好运作提供了坚实的基础	（二）酒店劣势分析（W） 优势劣势都是相对的，相比于同类酒店而言，金科酒店也存在自身的一些劣势。相对而言，金科酒店起步比较晚，没有固定的客源。与艾美、喜来登相比又显得形单影只，没有同行业间的集团优势。在产品宣传方面酒店效果也不是很理想，还有许多需要改进的地方
（三）酒店机会分析（O） 近年来重庆的快速发展给整个酒店业带来了很大机会，推动了酒店的快速发展。刚成立的两江新区在未来几年之内必将把重庆的经济再次推向一个高峰。如此良好的局势也定会给金科酒店带来很多机会，加速酒店的成熟。另外，随着人们生活水平的不断提高，相比于以前，人们更喜欢到酒店消费，无形中使得酒店客源得到更大的提高，为酒店提供了机会	（四）酒店威胁分析（T） 酒店的威胁主要还是来自竞争对手，再大的蛋糕，分的人多了每个人也就得不到多少，所以对酒店来说最主要的威胁还是来自竞争对手。此外，通货膨胀给市民带来了很大的经济压力，将对酒店的经营带来威胁。当然，酒店自身能否跟上社会的发展，能否在激烈的竞争中找准方向也是酒店成败的一个重要因素

二、酒店营销总体定位与理念、目标

（一）酒店目标市场选择及定位

整个消费市场有多种类型的消费顾客，每种类型的顾客有不同的消费需求。对一个酒店而言，不可能把所有的顾客都当作自己的目标顾客，而只能选择其中的一种或几种来制定经营策略，这样才能把自己的业务做好、做精。结合自身的实际情况，金科酒店的目标市场应该定位为中高档收入群体、政府官员以及各种宴会的群体，并尽自己所能为顾客提供优质的服务，争取牢牢地抓住这些群体。

（二）酒店经营理念与营销目标

作为一个现代化的高级酒店，金科酒店应具备先进的经营理念，而不应当只满足于把企业管理好，不出什么问题而已。在强大的管理团队的基础上，金科酒店的营销理念应该是在有效控制成本的基础上做到以下四点：

（1）选择正确的目标市场。

（2）不断了解顾客需要，创造顾客满意。

（3）加强协调，创造良好的营销氛围。

(4) 获取满意的盈利率。

仅仅有好的营销理念是不够的，还得有实际的营销目标。金科酒店的营销目标很明确，就是通过良好的经营，使本酒店在巨大的竞争浪潮中得以生存、发展，同时壮大自身实力。

展望眼下的2011年，重庆两江新区的全面发展，金科酒店会面临良好的机会，同时运用自身的优势，酒店应该有明确的营销目标，即客房出租率全年平均至少要达到70%，年销售额应该达到2010年的1.5倍，利润额至少达到6 000万。

三、2011年营销组合策略

(一) 酒店产品策略

酒店产品有其自身的特点，包括酒店产品的综合性、酒店产品的不可储藏性、酒店产品高附加值、酒店产品需求弹性大等。金科酒店原有产品在组合上比较合理，住宿方面房型比较多，可以提供给客人较多选择；餐饮方面兼顾中西，种类也比较齐全，充分考虑了来自不同国家及民族的客人的需求。但是酒店在产品生产组合时还应重点考虑以下几个方面：

1. 产品的创新

本酒店的产品应有自己的特色，要拿得出几道菜来吸引顾客，否则顾客凭什么选择你的酒店。同时酒店产品也要及时更新换代，不能今年这几个菜，明年还是这几个菜，长此下去必定会失去大量客人。所以酒店要在一定时间段内适时地推出一些新产品，比如说酒店可以利用两江新区开发的机会，专门开发针对两江新区客户的酒店新产品，从而吸引该方面的客户。

2. 酒店产品的深度与广度相结合

酒店产品的深度与广度相结合就是强调酒店的产品不能太单调，品种不能太少，而是应该为顾客提供多种类的菜品选择，并且力求把每一种菜品做好、做精，只有这样，才能让顾客满意。酒店要充分运用自己首先将山水风景引入室内的优势，以此为出发点，打造更深层次的消费项目，从而提升酒店的档次。

3. 强调产品的生命周期

由于酒店产品不可长期储存，所以产品处在不同的生命周期时，也应该采取不同的策略。针对这种情况常见的策略有高价低促销策略、高价高促销策略、低价低促销策略以及低价高促销策略，具体选用哪种策略应结合具体的产品以及当时所处的经营环境而定。比如对于那些明显已经过时的菜品或房间类型要果断放弃，转而开发、生产具有很大发展潜力的产品。

(二) 酒店定价策略

酒店产品的定价考虑的因素很多，包括产品成本、酒店营销目标、消费者需求、竞争者等。产品定价往往直接影响产品的销量，结合金科酒店自身特点，其产品定价可以从以下几个方面考虑：

1. 声望定价法

利用自身五星级的身份，利用顾客“价高质必优”的心理，对部分在消费者心目中有信誉的产品制定较高的价格。

2. 尾数定价法

给产品定一个零头数结尾的价格，让消费者更容易接受。此种定价方法一般适用于价格较低的商品，让消费者觉得定出的价格是酒店经过精打细算得出来的，酒店是对消费者负责的，比如说同一种产品，19.95元就比20元好卖，而其实二者并无太大差别。

3. 折扣定价策略

折扣定价策略指对那些老顾客或一次购买量大的顾客在收取费用时给予一定的折扣，让他们体会到本酒店对他们的优惠，促使他们下次继续光临。其中折扣的方式也有多种，比如现金折扣、数量折扣、预定折扣等，具体的方式可根据具体情况而定。

（三）酒店分销策略

分销就是使产品和服务以适当的数量和地域分布来适时地满足目标市场的顾客需要。合理选择分销渠道，往往会让酒店取得更大的收益，为此，金科酒店可以选择几个合适的中间商来帮助酒店的产品销售，从而抓住更多的消费群体，实现利益的增长。比如酒店可以在自己所在地区以外的区域寻找几个合适的中间商，帮助酒店销售产品，像设立解放碑销售处、南坪销售部就会大大提高销售额。

（四）销售渠道策略

酒店的销售渠道不能仅仅局限于原始的销售方式，而应该开辟一些新型的销售渠道。金科酒店2011年要力求与几个旅行社以及出租车公司合作，通过他们来扩大自己的客源，从而形成多渠道销售。另外还要开展网上预订，务必建立与“旅之窗”“酷讯”“去哪儿”等知名酒店预定网站的合作。

（五）酒店促销组合策略

酒店通过促销，可以达到宣传的目的，加强酒店与顾客的沟通，树立酒店良好的形象，同时刺激产品需求，引导旅游消费。金科酒店应从以下几个方面进行努力：

1. 公关促销

酒店应该加强公关促销，利用公共关系，把企业的经营目标、经营理念、政策措施等传递给社会公众，使公众对企业有充分的了解；对内协调各部门的关系，对外密切企业与公众的关系，扩大企业的知名度、信誉度、美誉度，为企业营造一个和谐、亲善、友好的营销环境，从而间接地促进产品销售。具体方式可以采取发布新闻、举行公益活动、设计庆典活动等。

2. 广告促销

当今社会广告已经对广大顾客产生了巨大的影响力，所以酒店应该在广告促销方面适当加大投入，进行强有力的、能对消费者造成巨大影响的广告，从而达到让消费者认识酒店产品、了解酒店产品直到购买本酒店产品的目的。至于广告投入的成本，酒店大可不必担心，只要广告促销做得到位，酒店增加的收入会在投入的基础上翻几番的，此所谓舍小钱赚大钱，眼光应该放远一点。

3. 人员促销

在做好公关促销以及广告促销的同时，酒店也不可忽视人员促销，组织员工直接面对消费者进行促销。比如可以找几位年轻漂亮的女生在人流量大的场所用发传单的方式进行促销；让几名员工化装成可爱的卡通人物站在酒店门口，从而吸引顾客，同时宣传自己的产品等。

4. 促销活动

中国人是喜欢凑热闹的，酒店可以适时地选择一个主题进行策划，从而达到促销的目的。如儿童节就是一个不错的机会，酒店可抓住这个机会组织一次主题促销活动，具体过程可以安排如下：儿童节的前两周着手宣传，宣传内容包括儿童节期间凡是带小孩来酒店消费的，酒店均免费赠送孩子一份精美的节日礼物，消费金额可以享受8折优惠，并且酒店会组织儿童节派对，诚邀各位父母带孩子前来参加。儿童节当天，酒店成立专门的负责小组，全面负责活动的策划组织，保证活动的顺利开展。类似的主题活动还很多，比如端午节、圣诞节等，都可以开展类似的促销活动，从而加强产品的销售。

四、酒店营销效果预测与营销费用预测

（一）酒店营销效果预测

虽说眼下竞争激烈，并且每个酒店都在想方设法把自己的酒店做得更好，但只要金科酒店找准自己的定位，加上以上这些有效的营销策略，一定会在激烈的竞争中取得成功，并且在竞争的过程中提升自身的竞争力，达到酒店的既定目标。

（二）酒店营销费用预测

酒店全年进行以上营销措施，要在保证促销措施成功推行的基础上尽量降低酒店成本，初步估算，酒店的营销费用在100万左右。如遇特殊情况需临时增加的可另外考虑。

新的一年会有新的挑战，面对更为激烈的竞争，金科酒店的总体营销策略应是在坚持以往成功方面的基础上，加大产品的促销力度，扩大产品在消费者中间的影响力，同时适时开展多种形式的主题活动，推出适应时代发展的新的酒店产品，开展多种渠道的销售方式，力争把销售额推上去。

（资料来源：百度文库，有删改）

习题与实践

一、名词解释

1. 营销计划
2. 销售利润率
3. 战略控制
4. 战略性营销计划

二、选择题

1. 企业现阶段的市场状态、产品状态、竞争形势、分销渠道建设等是企业的（　　）。

A. 营销环境　　B. 营销现状

C. 营销目标　　D. 营销策略

2. 按不同的旅游市场营销活动功能建立相应的职能部门，是（　　）组织形式。

A. 地区型　　B. 产品管理型

C. 功能型　　D. 市场管理型

3.（　　）控制是通过营销审计对营销实施过程的最新情况进行评价，从总体或全局上对营销战略进行必要的修正。

A. 年度计划　　　　B. 盈利能力

C. 效率控制　　　　D. 战略控制

三、判断题

1. 年度计划控制的主要方法有销售分析、市场占有率分析、市场营销费用与销售额对比分析、财务分析和顾客满意度跟踪。（　　）

2. 控制目标不同于营销计划中的营销目标，后者是前者的分解。（　　）

3. 实行多元化经营或产品的市场覆盖面较广的旅游企业，要实行高度集中统一的管理制度。（　　）

四、简答题

1. 简述旅游营销计划的基本内容。

2. 旅游市场营销计划的制订是怎样完成的？

3. 实施旅游营销计划需要注意的问题有哪些？

4. 在执行景区营销计划的过程中应该采取哪些控制措施？

5. 如何分析和评价一份酒店市场营销计划是否优秀？

五、技能训练

1. 实训目标

（1）培养学生根据旅游市场调研结果，运用市场营销战略、定价策略、分销策略及促销策略等，设计市场营销策划书。

（2）掌握旅游市场营销策划书设计的基本步骤及方法。

2. 实训形式

（1）给定学生一个市场调研的结果。

（2）全班分为若干小组，以小组为单位，每组3～4人，每组自选一名组长，共同根据调研结果，对产品制定一个营销策划书。

3. 实训要求

（1）制定策划书之前，一定要先搞清楚各种营销策略的使用及成效的差异。

（2）各小组的策划书要结合书上所讲市场营销的各种策略，尽量正规化。

4. 成果与检测

（1）每个小组写出一份策划书。

（2）各组派代表发言，在讲台上面向全班同学讲出各自的策划方案。

（3）各组在教师指导下互评。

（4）教师对各小组的策划方案进行综合点评。

本模块小结

旅游企业要在激烈的市场活动中获取效益，必须重视旅游市场营销活动的管理。在旅游市场营销活动的管理过程中，要制订好切合实际的旅游市场营销计划，在实施具体的旅游市场营销活动时做好控制措施。在市场活动结束之后，旅游企业能够对该活动进行科学合理的评价和总结，以便进一步做好市场营销工作。

模块8　旅游网络营销

任务目标

1. 通过学习掌握旅游网络营销等相关概念。
2. 掌握旅游目的地网络营销策划的概念及过程。
3. 熟悉旅游企业网络营销策划的原则、内容和方法。

项目1　旅游网络营销概述

案例引入

携程网（ctrip. com）卖的是什么?

携程网是一家吸纳海外风险投资组建的旅行服务公司，创立于1999年初，主要的投资者有美国Carlyle Group（凯雷集团）、日本Softbank（软银）、美国IDG（国际数据集团）、上海实业、美国Orchid（兰花基金）及香港Morningside（晨兴集团）等，是国内最大的旅游电子商务网站、最大的商务及度假旅行服务公司，提供酒店、机票、度假产品的预订服务，以及国内、国际旅游实用信息的查询。

携程网于1999年10月接受IDG的第一轮投资，次年3月接受以软银集团为首的第二轮投资，2000年11月收购国内最早、最大的传统订房中心——现代运通，成为中国最大的宾馆分销商，并在同月接受以凯雷集团为首的第三轮投资，三次共计吸纳海外风险投资近1 800万美元；2001年10月携程实现盈利；2002年4月收购了北京最大的散客票务公司——北京海岸航空服务公司，并建立了全国统一的机票预订服务中心，在十大商旅城市提供送票上门服务。

携程网的交易额、毛利、会员数以及宾馆业务连年呈直线快速上升。公司在30个月内实现了盈利，2002年10月的交易额突破1亿人民币，其中酒店预订量达到了18万间/夜。2002年全年的交易额超过10亿人民币，其中网上交易额达到40%。到2002年12月止，携程网拥有注册会员超过500万人，其中使用过携程网服务及产品的常用客户约50万人。

携程网的发展证明了高科技和传统产业的结合是大有所为的：不仅在存活率不到1%的网络公司中成为盈利规模最大、稳定性最好的互联网创业公司，并且在短短的3年时间内逼近了传统公司几十年的发展规模，使宾馆分销成为重要的旅游服务领域。携程网以高科技的运作手段、精细化的管理模式和先进的服务理念为旅游服务企业的超常规发展拓展了新路子。

互联网时代，每个公司都是以同样的方式展现在消费者面前。这一点非常容易引起人们的错觉，从前台来看好像每个公司都差不多，实际上相互间的差距可是山高水远，网站之间真正比拼的是其后台。尽管任意一个人都可以建立一个网站，号称可以提供相关服务，但最后决定胜负的还是企业的整体实力。

携程网创业就像小时候做数学题一样，从最简单的入手。携程网先从酒店订房开始，这是携程网的“初级版本”。相对订票来说，订房是更为简单直接的切入点。只要顾客在网上拿到订房号，自己带着行李入住即可。所以第一年携程网集中全力打通酒店订房环节。

“上市公司的股价你无法控制，但是你可以不断地把公司的核心竞争力加强再加强。只要是金子总会发光。”给核心竞争力加分的秘诀都取决于“细节”。

比如说，携程网从三年前开始的“预留房”服务，目前有800个酒店为携程网协议保留一定数量的预留房。在洽谈这个条款时，携程并没有期望能马上得到回报。但是其意义却非同一般。它保证了携程网的酒店订房业务在旅游旺季依然能够游刃有余，更是为携程网的长期竞争力或者说携程股票的长期不俗表现加分。

2004年10月19日携程旅行网和携程翠明国旅在上海召开新闻发布会，正式对外宣布推出全新360°度假超市，超市“产品”涵盖海内外各大旅游景点，旅游者可以根据自己的出游喜好自由选择搭配酒店、航班等组合套餐。面对国内发展迅猛的旅游市场，度假超市的推出对整个国内旅游业的发展将起到积极深远的影响。

随着国内旅游者出游频率的逐年增加，旅游者的旅游经验日趋丰富，旅游者的旅游需求也在不断提高，传统旅行社组团在个性化、自由度方面已无法满足现代游客的出游需求。在此背景下，以“机票+酒店”套餐为主的自助游产品应运而生，即旅游网站等给游客提供机票和酒店等旅游产品，由旅游者自行安排自己的行程，自由行的出游模式已逐渐成为人们出行的一个热门选择。

面对旅游市场这一新的变化，国内许多旅游企业开始新一轮排兵布阵，携程网也将度假业务的重点放在自助游。携程网执行副总裁范敏介绍，针对市场上自助游产品线路少、产品单一的状况，此次推出的360°度假超市主要是由携程翠明提供的自助旅游产品和携程网自行开发的“机票+酒店”套餐产品构成，携程网依托与酒店、航空公司以及中国香港、新加坡、马来西亚等当地旅游局的合作伙伴关系，通过强大的技术力量搭建了度假产品查询、预订界面的度假超市。整个超市包括香港、马尔代夫、普吉岛、巴厘岛、三亚、广西、云南、滨海假期等几十个自由行“精品店”，每个“精品店”内拥有至少5条以上不同产品组合线路。另外，度假超市同时为旅游者提供了景点门票等增值服务以及众多的可选服务，旅游者可以根据时间、兴趣和经济情况自由选择希望游览的景点、入住的酒店以及出行的日期。

目前携程网已把酒店、机票预订拓展到境外，可预订的海外酒店超过500家，这比一般旅行社的数字都要大。由于携程网保持了电子商务公司的性质，在未来发展中，其酒店预订、机票预订以及旅游项目三块主业，无一不促使其和相应传统渠道存在特殊的关系：既竞争抢食，又合作发展。为此，携程网开始在度假旅行方面下工夫，并推出一些组合性的套餐产品。预先帮客户设计一些可供选择的方案，客户可以据此安排自己的行程。度假旅行属于自助游的范畴，我国自助游的发展空间很大。在未来，自助游将会成为主流。相比传统旅行社，携程网的优势很明显。首先携程网的成本比他们低得多，另外自助游的选择很多，按传统方式操作，客户很难在短时间内全面了解清楚，而在网上一切就方便多了。还有携程网的散客量很大，一年有50万人订房、100万人订票，没有一间传统旅行社能达到这样的规模。同时，携程网对传统旅行社还是充满兴趣的。

在美国纳斯达克成功上市后，携程网目前已经发展成为国内最大的旅游电子商务网站和最大的商务及休闲度假旅行服务公司。在酒店预订和机票预订获得双丰收后，2004年2月，携程网与上海翠明国旅合作并将其正式更名为携程翠明国际旅行社，全力进军度假市场领域。

携程网永远都记得自己在卖什么，携程网本身是一个旅游服务企业，互联网只是载体!

提出问题

1．携程网卖的主要是什么产品？它为何能成功？

2．携程网是如何发现客户的需要，开发有针对的产品的？

我们小组的回答是：______________________________

____

____

相关知识

（一）旅游网络营销的概念界定

“网络营销”在英文中有多种表达方式，汇总起来有e-marketing、online marketing、Internet marketing、net marketing、web marketing、cyber marketing等。人们试图用一些新的术语来概括市场营销在网络环境下所出现的新变化，尽管它们可以笼统地被翻译为网络营销，但在理论研究与实践中，我们发现由于在内涵理解上的不一致，容易引起不必要的争论。尤其是旅游业，我国在应用相关信息技术方面与国外有较大差别，常常将“网络”与“因特网”不加区分地等同起来。

1．e-marketing

e指“电子”，现代信息技术产品都是电子产品，从广义的角度来看，该概念似乎可以包含一切电子营销方式，但目前一般指通过因特网的电子商务营销。

2．online marketing

online marketing指借助于联机网络的网上营销。联机网络在20世纪60年代就已出现，而美国的许多饭店集团在70年代就通过基于联机网络的CRS（中央预订系统）来分销产品，而此时因特网还未出现。

3．Internet marketing

强调以因特网为工具的市场营销，这是目前最流行的网络营销方式，许多专家和学者常常将两者不加区分地等同起来。

4. web marketing

强调通过因特网上的 WEB 页面营销，也称网站营销，这是中国旅游业目前一般使用的营销方式。

5. cyber marketing

指借助联机网络、无线网络、数字交互式媒体的营销方式。这种方式更加强调无线数字通信（如手机、掌上电脑）、数字交互式媒体（如加装了机顶盒的交互式电视）。目前一些欧美国家（如芬兰）的旅游业已经开展了这种营销方式，这也是旅游网络营销未来的发展趋势。

6. net marketing

net 所指的范围很广，以上所有的概念都可包括。

旅游业还有一种基于 ISDN（综合业务数据网）的 GDS（全球预订系统），该网络是一种专门面向旅游中间商的专业网，一般浏览者不能通过因特网浏览网页，其通过铺设专线将旅游中间商与供应商连接起来。这种方式在欧美发达国家非常普遍，中国虽然有相应的规划，但尚未建立，我国境内的部分外资酒店通过国外的 GDS 来分销其产品。

通过对以上概念的分析，我们发现“网络”一词具有非常丰富的内涵，可以囊括因特网出现前的联机网络和因特网（包括网站）、有线网络和无线网络、因特网和专业网、因特网和数字交互式媒体等。

因此，可以将旅游网络营销定义为：旅游业通过以上各种形式的网络来分析、计划、执行和控制关于旅游商品、服务和创意的观念、定价、促销和分销，以创造能符合个人和组织目标的交换的管理过程。

知识拓展

旅游综合网站排行榜

（截至 2013 年 3 月 13 日）

1. 携程旅行网（www. ctrip. com）

携程旅行网成立于 1999 年 10 月，携程旅行网是中国领先的在线旅行服务公司，向超过 1 400 万会员提供集酒店预订、机票预订、度假预订、商旅管理、特惠商户及旅游资讯在内的全方位旅行服务。

2. 去哪儿网（www. qunar. com）

去哪儿网成立于 2005 年 2 月，去哪儿网提供机票、特价机票、打折机票的购买全攻略，99 元春秋航空特惠折扣机票，百元南航、海航惊喜特价机票任您挑选，国航、深航 1 折特价机票和折扣机票一网打尽，更多打折机票尽在 Qunar. com。同时它还搜索携程、艺龙等上百家旅游预订网站机票报价和航空公司直销机票价格，为您找到最实惠的特价机票信息，是您找到特价机票和机票预定的最佳途径，45 天机票价格趋势图和特价机票邮件预约是您出行的好助手。

3. 欣欣旅游网（www. cncn. com）

欣欣旅游网成立于2009年2月，是中国最大的在线旅游超市，提供超过100万条周边、国内、出境旅游线路，特价机票、酒店、景点门票、签证等预订服务……详细的旅游景点介绍、旅游攻略。

4. 一起游（www. 17u. com）

一起游成立于2004年，属于同程旗下网站，面向大众提供丰富的以目的地为中心的旅游攻略、旅游资讯、旅游博客、旅游社区等全面的旅游出行信息，并提供酒店、机票、景点门票、演出门票、租车、度假线路的在线预订服务，致力于打造全国最大的一站式驴友集散中心与旅游交流互动中心。

5. 艺龙旅行网（www. elong. com）

艺龙旅行网成立于1999年5月，是中国领先的在线旅行服务提供商，致力于为消费者提供最好的酒店、机票、旅行度假产品和高效率的预订服务。

6. 驴妈妈旅游网（www. lvmama. com）

驴妈妈旅游网成立于2008年，是中国最领先的在线旅游预订服务商，为您提供更多自助游、国内旅游线路、周边游、出境游、旅游度假和酒店预订等旅游信息。

7. 酷讯旅游网（www. kuxun. cn）

酷讯旅游网成立于2006年，是中国领先的旅游搜索引擎网站，可为您提供低价可靠的国内国际机票查询，特价机票99元起，另提供全国8万家酒店预订查询、酒店评论，以及列车时刻表与火车票转让、旅游指南信息，为您的度假提供最佳的旅游线路。

8. 途牛旅游网（www. tuniu. com）

途牛旅游网成立于2006年，是中国最专业、全面的旅游线路和自助游一站式旅游服务提供商，客户满意度96%。它可提供自助游、周边旅游、国内旅游、出境旅游，以及实时发团日期、报价、行程，提供全程优质的服务保障。

（资料来源：http://www. ctcnn. com）

（二）旅游网络营销的产生与发展

我国一直到20世纪80年代才开始逐步应用现代信息技术。在具体将信息技术应用于旅游业时又具有与国外不一样的发展历程。

1. 国外旅游网络营销的发展历程

按照以上旅游网络营销的定义，旅游业应用计算机网络来展开营销的历史要追溯到20世纪70年代，随着计算机网络技术的发展而发展起来。我们大致可以将其划分为三个阶段：旅游企业集团内部的网络营销、行业内部的网络营销、因特网与GDS相结合的网络营销。

（1）旅游企业集团内部的网络营销。

CRS（center reservation system）中央预定系统主要是指饭店集团为控制客源采用的本集团内部的电脑预定系统，最早是由假日饭店集团（Holiday Inn，Inc）于1965年7月建立的，叫假日电讯网（Holidex－Ⅰ）。从20世纪70年代至今不断更新，时至今日已拥有自己的专用卫星，客人住在假日饭店里可随时预定世界任何地方的假日饭店，并在几秒钟内得到确认。目前的 Holidex－Ⅱ每天处理 7 万间订房，仅次于美国政府的通讯网，并成为世界上最大的民用计算机网。它已被美国政府指定为紧急状态下的后备通讯系统。

美国喜来登集团的 CRS 于 1970 年开通。早在 1976 年，设在圣路城的 Reseeratron 订房中心就完成了它的第 1 000 万次预定，并于 1983 年在中东设立它的第一家电脑预定中心办事处，为进一步扩大中东市场提供了条件。目前，喜来登的 CRS 办事处遍布全球。

美国希尔顿集团（Hilton Hotel Corp.）的 CRS 是 HILHOT 电脑中心，设在纽约斯塔特勒——希尔顿饭店（Statler Hilton Hotel），每月要输入 15 万名客人的预订服务。

英国福特酒店集团（Forteplc）采用的是 Forte－Ⅰ中央预定系统，其饭店客房总数 97 000 间。该公司率先在欧洲耗费巨资完善自己的 CRS 成为 Forte－Ⅱ，使旅游代理商可以随心所欲地预定其在全球 60 多个国家 937 家不同档次酒店的客房。

此外还有法国雅高的 PROLOGIN、华美达的 ROOMMFINER、顺领的 Sterling Hotel & Resorts、环球的 World Hotel & Resorts 等。

这些集团内部的 CRS 使集团饭店在控制客源方面一直处于领先地位，HMS 完全进入 CRS 时代。

（2）行业内部的网络营销。

美国 Sabre 股份有限公司于 1960 年创立 GDS 全球行销预订系统，Sabre 是美国 Airline Company 的直属企业，至今已经有 40 多年历史。GDS 包含 Amadeus、Calileo/Apollo、Sabre、Worldspan 四大系统。

进入 20 世纪 90 年代，由于卫星通信和 ISDN（综合业务数据网）的发展，GDS（全球预订系统）风靡全球。随着计算机技术的飞速进步，国际间电脑联网更方便，信息费用降低，饭店传统经营方式发生巨大变化，GDS 使中小型独立酒店和大型饭店集团站在了同一水平线上，GDS 成为最为盈利的饭店经营方式。因此，国际订房服务或饭店联网服务都在 90 年代形成热潮，截至 1994 年，运用 GDS 订房的饭店已达到 10 103 家，拥有 256 万间客房。

（3）因特网与 GDS 相结合的网络营销。

随着因特网的逐渐普及，欧美的预定市场结构发生了很大变化。GDS 虽然接入成本较高，但由于多年积累，应用者众多，业内地位依然不可取代（美国 99%、法国 85%、欧洲 40% 的旅行社接入了 GDS 信息系统）。但是，网络预定的优势也是非常明显的，大型旅游电子商务网站（如 Travelocity. com）或全球化旅游企业集团（如 Hilton. com），其提供的旅游产品竟达三四万种之多，充分满足了旅游者的多样化需求和比较选择愿望。提供特色旅游产品或服务的小型旅游企业，小而精，专门服务于小的细分市场，并在他们从事的领域成为专家。

旅游供应商电话预订、旅行社预订、网络预订呈现三分天下格局，而且从发展趋势来看，前两者的市场份额逐渐下降，网络预定的市场份额逐渐上升。同时，一些旅游供应商开始希望摆脱 GDS 的控制，通过因特网来寻求更广阔的营销空间（如荷兰的 KLM 航空公司试图通过因特网直接向终端用户出售飞机运输空间）。

面对来自 Internet 的挑战，以 GDS 为中心的中间商不得不做出相应的应对措施。面对 Internet，GDS 着力在两个方面进行改革：一是使代理的产品类型更丰富，用户界面更亲切方便；二是寻求与 Internet 的融合。同时他们也面临着三个方面的困难：一是原有系统适合于快速处理较大的交易量，而不适合处理来自终端旅游者的详细查询和零散预订，旅游者在预订前的多次查询将导致 GDS 的系统崩溃；二是必须开发新的更复杂的报价系统；三是以上两点又会导致 GDS 收取的使用费逐年增高，降低其对旅游供应商的吸引力。

面对 GDS 佣金费率的逐年提高，旅游供应商的反应是减少对 GDS 的依赖。同时，互联网使旅游供应商能够更自由地拓展市场，无需受到地域限制，通过互联网直销产品显得理所当然。然而，包括行业中最大的饭店集团在内的旅游供应商们仍然认为其自身力量有限，不足以吸引大量的预订者，挤压中间商的做法往往得不偿失。短期内，旅游供应商很难扭转对传统旅游中间商的依赖。

无论是旅游供应商还是旅游中间商，他们都看到了通过因特网来分销产品的巨大空间，因此，尤其是在欧美发达国家出现了 GDS 和因特网融合的营销趋势。

2. 国内旅游网络营销的发展历程

随着现代科技与信息产业的迅猛发展，我国旅游业从 20 世纪 90 年代开始经受着信息技术带来的一拨又一波的冲击浪潮。人们一边在憧憬着网络时代旅游业的美好前景，一边又对现实中出现的种种问题感到苦无良策。中国旅游业在旅游电子商务方面的发展又可以分为三个阶段。

（1）第一阶段（1999—2000 年）：风起云涌的旅游电子商务网站阶段。

随着中国旅游资讯网（中国最早从事旅游电子商务的网站）对中国旅游界宣称其将从事旅游电子商务后，一股“旅游网站热”便拉开了序幕。随后，携程旅行网、华夏旅游网、青旅在线、北京旅游信息网、逍遥网、elong 商务旅游网、西部旅游信息网等一大批旅游网站纷纷建立，都想在旅游电子商务这块大蛋糕中分得一杯羹。虽然旅游电子商务在国外（尤其是美国）势头良好，但在中国却遭遇了滑铁卢，当纳斯达克的股票指数一路狂泻时，众多旅游电子商务网站公司只能宣告倒闭了。

（2）第二阶段（2001—2002 年）：大干快上的国家“金旅工程”阶段。

旅游电子商务网站的失败，可能有人会认为其原因在于发迹于 IT 行业的网络科技精英们不懂旅游，而更多的人认为在于中国的旅游业起步晚，大多还停留在手工操作阶段，以及中国的整体信息化水平较低，导致旅游电子商务这一新事物在中国显得过于超前了。因此，中国的问题在于基础设施没有搭建起来，所以构建一个全国性的旅游信息平台成为一个刻不容缓的问题。

国家旅游局从 2001 年开始，逐步建立全国旅游部门的国家—省（自治区、直辖市）—重点旅游城市三级计算机网络，重点建立起面向全国旅游部门的，包含旅游业的业务处理、信息管理和执法管理的现代化信息系统，初步形成旅游电子政府的基本骨架；同时，该系统也将建立一个旅游电子商务的标准平台，建立行业标准，提供对旅游电子商务应用环境与网上安全、支付手段的支撑，支持国内传统企业向电子旅游企业转型，最终形成覆盖全国的完整的管理和商务网络。“金旅工程”是国家信息化工作在旅游部门的具体体现，也是国家信息网络系统的一个组成部分。“金旅工程”有两个基本的组成要素：一是政府旅游管理电子化，利用现代化技术手段管理旅游业；二是利用网络技术发展旅游电子商务，与国际接轨。其总的目标是最大限度地整合国内外旅游信息资源，力争在三至五年内，建设和完善政府系统办公自动化网络和面向旅游市场的电子商务系统。

从实质上来说，“金旅工程”要解决两个问题：旅游电子政务和旅游电子商务。两个目标都不错，但问题是，这种全国性的大型项目需要各地方政府与旅游企业的通力合作。从国家旅游局的分阶段目标来看，国家确实非常急切地想完成预定目标，但从实际效果来看并不理想。

(3) 第三阶段（2003 年至今）：冷静思索后的地区级“金旅工程”或旅游信息平台建设阶段。

单方面依靠国家旅游局来搭建全国性的旅游信息平台，已经显得力不从心。关键时刻，一些区域性的、与国家“金旅工程”相配套的旅游信息平台显示了其强大的生命力，如“四川金旅”旅游信息网、海南“金旅工程”、粤港澳旅游信息平台等。这些区域性的旅游信息平台虽然并未完全建成，但在其初期便已显示了良好的前景，尤其是粤港澳旅游信息平台给很多旅游重点城市提供了发展新思路。

（三）旅游网络营销的特点

市场营销是为创造达到个人和组织的交易活动，规划和实施创意、产品、服务观念、定价、促销和分销的过程。旅游网络营销以互联网为媒介，以新的方式、方法和理念实施营销活动，更有效地促成个人和组织交易活动的实现，它具有以下特点：

1. 跨时空

营销的最终目的是占有市场份额，由于互联网具有超越时间和空间限制进行信息交换的特点，因此使得脱离时空限制达成交易成为可能，旅游企业能有更多时间和更大空间进行营销，可 24 小时随时随地提供全球性营销服务。同时，游客只需根据自己的喜好或需要去选择相应的信息（如旅行社、旅游线路等）加以比较，做出购买的决策，这种轻松自在的选择，不必受时间、地点的限制，24 小时皆可，浏览的信息可以是国内外任何网站的信息，非常灵活、快捷和方便。

2. 互动性

现代市场营销的主旨是消费者导向。然而，大多数企业的市场营销却是单向的，即依赖各种各样的媒体广告、展览、产品目录等来促进消费者的接受，消费者常处于被动的地位，同时企业再以各种各样的调查研究方式了解消费者的需求，这两种过程在大多数场合下是分离的。而互联网则提供了企业与消费者双向交流的通道，旅游企业可以通过互联网展示旅游产品目录，联结资料库提供有关旅游产品信息的查询，制作调查表来收集游客的意见，还可以让游客参与旅游产品的设计、开发，真正做到以游客为中心，设计出更符合游客需要的产品和服务。这种充分利用网络高度互动性的新型营销方法一方面使旅游企业更直接、更迅速地了解游客的需求，使旅游企业有更多的空间，为用户提供更具价值的售前和售后服务；另一方面使营销管理者在进行市场调研、产品设计到最终服务的一系列程序时和游客保持密切的联系，和游客共同创造新的市场需求。

3. 异质化

从国际旅游形式来看，随着人们旅行次数增多，经验日渐丰富，旅游的档次也随之提高，出国旅游的类型已从简单的观光旅游逐步变为有目的参与性旅游。同时，由于个人收入和自由支配时间的增加，许多人均倾向于以较自由的方式进行旅游，因此，散客旅游正以较快的速度发展，散客增多这种趋势促使旅游产品进一步细分化、多样化。互联网是一种功能最强大的营销工具，它同时兼具渠道、促销、电子交易、互动顾客服务，以及市场信息分析与提供等多种功能，它所具备的一对一营销能力，正符合直复营销的未来趋势，这一时代，游客已不再是被动的接受者，游客只需利用搜索引擎就可以找到符合自己要求的个性化产品，而且它可以留给游客更多的自由考虑的空间，避免冲动购买，可以更多地比较后再做决定。网络营销认为在充分考虑顾客价值的前提下，区分每一位顾客的差别是重要的工作内容，为了区分每一位顾客的价值，营销者可以利用计算机记录下每一位顾客的相关材料，如过去的交易记录、顾客的有关特性等，通过对顾客资料的统计、分析，结合企业的实际，判定出每一位顾客的价值，从而界定出顾客的重要程度，对于企业的重要顾客，除了要关注其今后的购买情况，还可以采取特殊的营销服务，重要顾客由于从产品和服务上得到了充分满足，有可能向其周围人群广为宣传，从而成为企业新顾客的介绍者，由此会出现顾客生顾客现象，使企业的顾客群不断扩大。

（四）旅游网络营销的基础

网络营销和传统市场营销的不同主要不在于营销活动的目的不同，而是活动手段和活动基础的不同，即网络营销是建立在网络这一基础上的营销。这种不同来源于互联网除了是一种新的、强大的媒体之外，它还是一个虚拟社会。也就是说，在互联网上，人们既可以像以往那样只是接受信息，还可以像现实社会中许多组织那样形成许多虚拟组织，这些虚拟组织构成了一个虚拟社会，人们在这个虚拟社会中生活、学习、交往、购物，企业可以在这个虚拟社会中发布信息、宣传自己的活动，还可以组建自己的分销网络，销售产品，提供服务，开展消费者教育，进行公共关系活动和宣传，以及组织和实施各种更为丰富多彩的营销活动。

1. 旅游网络营销的技术基础

（1）计算机网络。

互联网营销不同于传统营销的基础是技术基础的变化，它是建立在计算机网络技术基础上的。

互联网技术的发展突飞猛进，营销者必须不断地熟悉和掌握互联网技术，才能利用这一技术，满足顾客需求，实现企业的营销目标。

互联网技术于1969年诞生于美国。20多年后，这项技术产生出一个全新的行业——互联网产业，从而使美国经济在20世纪90年代获得了长时期的持续发展。一方面，包括电子商务、互联网产业基础设施、互联网软件等在内的互联网产业迅猛发展，成为推动美国经济增长的强大动力；另一方面，互联网使美国公司的经营方式发生了根本性的变化。产品设计、生产、营销和运输各个环节的效率大大提高，库存大幅度减少，推动了劳动生产率的提高，此外，互联网还提高了服务行业的生产率。

有三种与互联网营销密切相关的计算机网络（如表8－1所示）。

表 8-1　作为互联网营销基础的计算机网络

网络空间	Internet	内联网	外联网
扩展	全球的	企业的	商务伙伴
集中	利益相关者	成员信息沟通	分销渠道沟通

Internet 是广域网，连接着世界范围内的计算机及其服务器和各种网络设备，Internet 非常适合于各种利益相关者之间的多方沟通。

Internet 技术也能应用于建立企业内部计算机网络，这就是内联网（Intranet），它使一个企业的内部人员能够方便地进行沟通和合作。Intranet 实际上是一个微型互联网，它使用防火墙来对进入者进行限制，使企业以外的人员无法进入。虽然内联网不直接向外部利益相关者提供方便，但它的目的也包括为这些利益相关者提供更好的服务。

低成本的 Internet 可以为沟通带来越来越多的节约和方便，这意味着更多的商务及营销活动将通过互联网进行，从而演变为电子商务和互联网营销。

（2）计算机网络应用的基础结构。

计算机网络能够用于商务是建立在许多不同的技术基础之上的，这些不同的技术创造了分层、整合的结构，它包括国家信息基础结构、信息分配基础结构、电子出版基础结构、商务服务基础结构、商务应用层。

①国家信息基础结构（NII）。这是网络营销应用的最底层，因为所有的商务活动都必须由构成国家信息基础结构的一个或多个沟通网络来传输。国家信息基础结构的组成包括电视和广播、有线电视、电话网络、移动通信系统、计算机网络和互联网。在很多国家，在 NII 各个部分之间，存在着以提高竞争力来增强整体效率的趋势。

②信息分配基础结构。这个层次由用于发送和接收信息的软件组成。它的目的是把信息从服务器传到顾客处。例如，它可以把一份用超文本标记语言（HTML）编写的文件从网络服务器传送到运行 IE 的顾客那里。信息可以是非格式化的，也可以是有格式的。电子数据交换（EDI）、E-mail 和超文本传输协议（HTTP）等就是信息传送软件的实例。

③电子出版基础结构。就内容而言，网络是这个层次最好的例子。它允许企业出版一系列文本和多媒体。该基础结构有三个关键的网络元素：统一资源定位器（URL）专门用来识别服务器；网络协议；HTML，即结构化标记语言。值得注意的是，电子出版层还与一些由 TCP/IP 为 NII 层的互联网部分解决的问题有关。

④商务服务基础结构。这个层次的主要目标是支持公共商务过程。几乎每个商务活动都涉及收回出售商品和服务的货款问题。通过商务服务层提供的保密措施和电子资金转移，可以保证传送信用卡信息的安全。另外，商务服务还包括用于加密和认证的工具。

⑤商务应用层。以上这一系列的基础结构都是服务于各种应用的目的，包括商务应用。

2. 旅游网络营销的理论基础

（1）网络整合营销理论。

互联网使顾客在整个营销过程中的地位得到提高，互联网的发展使得顾客可以直接与产品或服务的生产者进行直接沟通，顾客对营销过程的参与增强；因为互联网上丰富的信息及获取的方便性使顾客的选择余地变得很大，顾客选择的主动性也得到了加强。企业必须严格贯彻从消费者需求出发，以满足消费者需求为归宿的现代营销思想，否则将难以在市场竞争中取胜。

首先，网络营销要求把消费者整合到整个营销过程中来，从他们的需求出发开始整个营销过程，在营销过程中，不断地与消费者交流，每一个营销决策都要从消费者的角度出发，这就要求企业从被动了解市场变为主动了解市场，从被动为顾客提供需求愿望变为主动寻找顾客的需求愿望。

其次，网络营销要求将企业的分销体系及各种利益相关者更紧密地整合到一起，在互联网上，再也没有什么是可以夸夸其谈、弄虚作假的了。在不同互联网分销商、不同互联网情景下不可能再像传统营销条件下那样可以采取不同销售条件、销售价格，企业更不可能像现在这样虚假广告满天飞，随意编造案例、篡改批文、乱贴认证，因为顾客可以很容易地到相应网站求证。把相关群体整合到一起为顾客提供方便，更表明企业的信心和实力。

最后，最关键的是要把企业利益和顾客利益整合到一起，再也不能只是站在企业取得利润的立场上制定营销策略，不仅创造顾客真正需要的东西，而且创造能为企业带来利润的东西，必须使这二者在网络营销的条件下得到统一。这就要求从传统的4P（product，price，place，promotion）转到4C（consumer，cost，convenience，communications）上来，把产品先搁到一边，加紧研究消费者的需要与欲望（consumer），不要再卖你所能制造的产品，而要卖消费者所确定想购买的产品；不要总想着价格，而要看一看顾客为获得和使用这种产品的全部成本（cost）是多少；不要老想着怎么才能把产品卖出去，而是多想一想怎样才能使顾客方便（convenience）地进行比较、选择、购买和使用；最后，请忘掉促销。在20世纪90年代，正确的词汇是沟通（communications）。

所以网络营销过程的起点是顾客需求，营销决策4P是在满足4C要求前提下的企业利润最大化，最终实现的是顾客需求的满足和企业利润最大化。而由于顾客个性化需求得到了良好满足，他对企业的产品、服务形成良好的形象，这种良好的形象逐步演变为对企业产品、服务的偏好，促使他在第二轮购买时首选该企业的产品和服务；随着第二轮的交互，产品和服务可能更好地满足了顾客需求。如此循环往复，一方面，顾客的个性化需求不断得到满足，从而建立起对企业的忠诚意识；另一方面，由于这种满足针对的是个性化很强的需求，就使得其他企业的进入壁垒变得很高，也就是说，其他生产者即使生产类似的产品也难以获得顾客认同。这样，企业和顾客的关系就变得非常密切，甚至牢不可破，形成"一对一"的营销关系。这一理论体现了以顾客需求为出发点，企业和顾客不断交互的特点，它的赛程是双向的。

（2）软营销理论。

软营销是相对于传统的强势营销而言的。强势营销是工业化大规模生产时代的营销方式，传统营销中最能体现强势营销特征的是广告和人员推销。广告和人员推销这两种促销手段是一种以信息灌输，甚至是轰炸的方式求得在顾客心中留下深刻印象，而不管你是需要还是不需要，喜欢还是不喜欢它的产品或服务，这是营销者对消费者智力极度蔑视而对广告等促销手段过度自信的表现。

在互联网上，这种以企业为主动方的强势营销，无论它是有直接商业利润目的的推销行为还是没有直接商业目标的主动服务，都会遭到唾弃，甚至是报复。因为消费者不再像传统环境下那样无力反击，不满意的顾客除了传统的投诉方式外，还可以直接在互联网上发布他的不满或者攻击提供劣质产品或服务的企业。

在互联网上，顾客搜索、调阅信息的手段发生了根本性的变革，顾客不再是不能逃离企业的广告轰炸，而是可以对企业的广告视而不见。所以，“网络礼仪”成为一种极为重要的方法和技巧，网络礼仪是互联网上一切行为都必须遵循的规则，网络营销也不例外。软营销的主要特征体现在遵循网络礼仪，通过对网络礼仪的巧妙运用获得希望的营销效果。概括地说，软营销和强势营销的一个根本区别在于：软营销的主动方是顾客，而强势营销的主动方是企业。个性化消费需求的回归也使消费者在心理上要求自己成为主动方，而互联网的互动特性又使他们成为主动方真正有了可能。他们不欢迎不请自到的广告，但他们会在某种个性化需求的驱动下自己到互联网上寻找相关的信息、广告，此时的情况是企业在那里静静地等待着消费者的寻觅，一旦消费者找到了，这时企业就应该活跃起来，使出浑身解数把他留住，力求创造永久的忠诚。

当然，这并不意味着网络营销中企业完全处于被动状态，企业仍然可以通过一些必要的方法、途径和手段，吸引顾客浏览企业信息，接受企业的产品和服务。主动应当是双向的，而不应该总是一个主动、一个被动。

（3）直复营销理论。

互联网直销是指生产厂家通过互联网把产品直接销售给最终用户。目前常见的方法有两种，一是企业在互联网上建立自己的网站，申请域名，制作主页，由网络管理员专门处理有关产品的销售事务；二是企业委托信息服务商在其网站上发布信息，企业利用相关信息与客户联系，直接销售产品，虽然在这一过程中有信息服务商参与，但主要销售活动都是在买卖双方之间直接完成的。

网络直销的优点是多方面的。第一，网络促成供需直接见面，企业可以直接从市场上获得真实的第一手资料，合理安排生产。第二，买卖双方都可以从网络直销中获得经济利益，这是因为网络直销大大降低了产品的流通和营销成本，企业能以较低的价格、较高的利润销售产品，顾客也能以较低的价格购买到所需要的产品，所以网络直销是一种双赢的策略。第三，营销人员可以利用网络工具，如 E-mail、BBS 等，随时根据用户的愿望和需要，开展各种形式的促销活动，以便迅速扩大产品的市场占有率。第四，企业能够通过互联网及时了解到用户对产品的意见和建议，并针对这些意见和建议提供技术支持和服务，及时解决顾客的困难，化解可能产生的矛盾和冲突。

仅从销售的角度来看，网络营销是一种直复营销。“直”是指不通过中间商而直接把产品销售给最终用户，网络上销售产品时顾客通过互联网直接向企业下订单付款；“复”是指企业与顾客之间的交互、回复和重复，企业和顾客之间相互了解对方的努力、行为并做出明确的回应，使双方满意并不断进行合作。企业可以统计到这种明确回复的数据，可以对以往的营销做出评估。网络商务的最大优点就是企业和顾客的交互，不仅可以以订单作为测试的基础，还可获得顾客的其他数据甚至建议。所以，仅从网络销售来看，网络营销是一种典型的直复营销。

直复营销理论的关键在于它说明了网络营销是可测试、可度量、可评价的，这就从根本上解决了传统营销效果评价困难的难题，为更科学地营销提供了可能。有了及时和准确的营销效果评价，就可及时改进以往的营销努力，从而获得更满意的结果。所以，在网络营销中，营销测试是一项应着重强调的核心内容。

（五）旅游网络营销的现状

中国在线旅游热逐年升温，根据艾瑞咨询最新监测结果，2013 年第三季度在线旅游预订市场交易规模达到585.6亿元，同比增长17.1%。10月份艺龙网、同程网、携程网和去哪儿4家垂直类酒店预订网站的团购客房订单量为83.2万间/夜，成交额达1.9亿元，平均售价约为291.7元。而从互联网细分行业来看，该行业处于快速发展时期，其用户增速明显快于其他行业，但行业内品牌综合知名度却较低。这一方面说明，行业尚未成熟，潜在市值巨大。另一方面说明，在线旅游企业品牌建设薄弱。随着行业竞争加剧，用户留存将越发重要，在线旅游企业品牌建设迫在眉睫。

为研究整体互联网企业品牌建设现状及发展，艾瑞咨询于2013 年6 月针对22 个互联网细分领域，开展艾瑞互联网品牌价值调查。调查通过 iUserSurvey 在 iClick 社区上联机调研，总计成功回收27 624 份问卷，就企业关心的品牌价值及在线用户行为进行了访问。其中，在线旅游行业共搜集样本1 016 份。

1. “择优而用”时代来临，网站品牌粘性优势凸显

如果说“去携大战”是信息不对称所造成的阶段性结果，那么在线旅游模式之争也必将无实质意义。随之而来的则是信息过剩，网站品牌粘性凸显，用户“择优而用”的时代即将来临。

根据艾瑞2013 年品牌价值调查显示，携程旅游网的地位依然难被撼动。从第一提及品牌上看，携程旅游网提及率依然排名第一，达到44.9%；去哪儿网（13.1%）排名第二，其他品牌提及率均未超过10%。这也从侧面反映出目前在线旅游网站市场占有率一家独大的局面。

但随着行业发展，OTA 企业优势将逐渐被弱化已成为不争的事实。调查结果显示，无论是品牌提示后提及，还是用户使用频率，各个模式间的平均差距已经逐渐被缩小。同时，用户已经将关注重点更多地放在信息的多样性和准确性上。因此，谁最了解用户需求，谁最能拿出有针对性的产品和服务满足用户需求，谁就最有可能在此轮竞争中获得成功。

2. “入口之争”向“品牌之争”转变

据艾瑞咨询统计预测，2015 年中国在线旅行预订市场交易规模将达到3 630 亿元。面对如此庞大的潜在市场，各家纷纷通过投资入股、开放平台等方式，渗透至各环节之中。通过网络巨头的流量优势，分流客户，加剧了“入口”的争夺。

但随着行业的发展，信息不对称局面的结束，用户开始选择适合自己的在线旅游网站，而非被动依靠“入口”进行使用和浏览。调查结果显示，用户进入在线旅游网站时，超过三分之一的用户首先会将网站保存至收藏夹，再通过收藏夹来进行直接访问，其次才是以搜索网站名称的方式进入网站。因此各家企业在强调“入口”作用的同时，

更应将网站的品牌植入用户的心中，这样才能在行业快速发展中处于不败的地位。

3. *在线旅游服务移动化是品牌的价值延伸*

桌面互联网增速已经趋于合理，而下一场用户争夺战已经在移动互联网市场开启。据艾瑞的监测数据显示，至2013年9月，过去一年移动市场发展迅猛，移动APP端和移动网页端用户全年增长率分别达64.03%、52.01%。虽然，移动互联网未必能改变整体互联网发展格局，但潜在价值证明，移动互联网仍是各类互联网企业的必争之地。在线旅游行业作为电子商务的细分领域，其移动化将更多地源于桌面互联网品牌的垂直延伸，因此品牌是争取移动互联网用户的必须要素。

品牌被认定为一种无形资产，并且是用以区分其他同类产品和服务的重要因素，即所谓的品牌形象。在本次调查中，品牌形象被分为理性形象和感性形象，分别从表现和性格两个方面进行测量。但结果显示，在线旅游网站的理性形象区分度很低，用户无法有效地对各家网站进行区分。其中，理性形象大都集中在时效性强，景点、门票选择多和有丰富的优惠信息上。而在用户比较关注的问题上，如支付安全和隐私安全方面，则很少有网站符合。在感性品牌形象分析中，整体网站表现缺乏亮点。在企业集中区域，覆盖的形容词很少，说明消费者对在线旅游品牌仍没有形成情感上的认同。

综上所述，在线旅游市场争夺战将越演越烈，“入口之争”也将逐渐转变为“品牌之争”。对在线旅游网站来说，了解用户需求只是第一步，更需要将品牌建设落到实处，从认知度、品牌形象、品牌绩效、品牌吸引力等多个指标进行综合考虑，最终将企业品牌的种子播种在用户的心中。

项目2　旅游网络营销的未来

中国幅员辽阔，旅游资源丰富多彩，对于旅游行业来说，如何利用好这些旅游资源，吸引更多的客户，网络营销可以说是当之无愧的首选。这不仅是因为互联网网民人群高达4亿多，基本覆盖中国城市人群，还因为互联网具备多种丰富的表现形式，能够充分展现旅游景区。DM互动营销中心观察了近几年旅游网络营销的开展状况，总结出旅游网络营销未来发展趋势。

一、旅游网络营销未来发展趋势

1. *以消费者为本，引爆旅游行业营销导火索*

网络营销区别于传统营销的根本是网络的互动和跨时空特性，以及消费者需求的个性回归。其核心是将原本以产品为中心的营销策略，改变为以消费者为中心，从传播学的角度讲，互联网络只能算是一种新兴的媒介，虽然这种媒介覆盖了传统媒介（包括报纸、杂志、电话、传真、电视、广播等）的大部分特点，然而网络的影响力却不止这些。清华大学总裁班网络营销专家、知名讲师刘东明表示，触过网的人都明白，它所触及的不是技术也不是媒介，而是一种以信息为标志的生活方式，而消费者生活方式的变化必然导致市场营销手段的变化。对于旅游业来说，互联网的出现无疑是一大福音，网络为旅游者提供了丰富方便的资讯，更为旅游业提供了丰富多样的展示方法与渠道。

2. 个性化服务成为网络营销亮点

美国航空公司目前采用 Broda Vison 公司的一对一销售软件，加强其为经常坐飞机的人服务站点。通过编制出发机场、航线、座舱和餐饮喜好以及他们自己和家人爱好的简介表，这些人员可以提高订票过程的效率。借助这些简介表和快速联系乘机人员的某种方式，在学校放假的几周时间里，美国航空公司为孩子的父母提供坐飞机到迪尼斯乐园的打折优惠机票，这是一种全新的销售方法。刘东明指出，网络营销具有以个性化迅速赢得数以百万计的用户的能力，这种能力正在创造出以前不能以快捷方式销售的产品以及巨大的商机。

3. 服务体验，携程教你怎么“玩”

携程在南京禄口机场开了一家“携程度假体验中心”，店面装修风格明快，店里摆放着几台笔记本电脑，穿戴整齐的工作人员来回走动请客人使用电脑，教他们如何上携程网预订酒店、机票或是度假产品，销售柜台则成了“陪衬”。这个度假体验中心和普通意义上的销售柜台不同，销售柜台面积小，主要是给销售人员做个基地；度假体验中心面积更大，气派，设备好，功能更多，客人可以使用这里的笔记本电脑直接下单预订酒店床位、机票和名目繁多的度假产品。

虽然度假体验中心给携程销售带来很大帮助，但“携程度假体验中心”的工作人员却不是携程的销售人员，没有销售指标，销售部依然有专门的人员在机场内发放会员卡，并会把客人带到这里进行亲身体验。正是因为没有销售压力，“携程度假体验中心”的工作人员不会像一般的销售人员那样喋喋不休地“推销”，在用户体验方面可以取得更好的诱人效果。刘东明指出，体验式营销一定要明确我们的目标，不是卖东西，而是让消费者感受我们的产品和服务，爱上他们。显然，销售型的服务会让顾客反感，而帮助、顾问式的服务则会让顾客赏心悦目。

4. 小米 + 步枪，线上线下整合营销

从发展趋势来看，网络营销的实施是必然的，但不可否认的是目前我国网络营销仍处于较低阶段，由于人才、认识等各个方面的问题，网络营销发展起来尚需一个较长的过程，传统营销渠道以及策略仍然会在一个时期内占主导地位。刘东明表示，对于传统行业进入网络，一步跨越显然是不现实的，正确的做法是把网络营销和传统营销紧密结合，两条腿走路，才能更好、更快、更有效率地满足顾客需要，更好地发展旅游市场营销，从而促进旅游市场的繁荣兴旺。

5. 绿色营销促进旅游业可持续发展

随着全球环境保护意识的增强，世界各国都在实施可持续发展战略，在现实发展中，旅游业是“无烟产业”的提法已受到质疑，“旅游者带走的只有照片，留下的只有脚印”，随着旅游业的推进，世界有太多精美如画但很敏感的环境受到破坏，而且问题变得越来越复杂，这些有损环境资源现象，直接影响到旅游业本身的发展。因此，旅游业必须要走可持续发展道路，必须加强绿色营销。首先，树立以资源价值观为中心的绿色营销观念。其次，确定绿色营销目标。再次，树立绿色营销组合战略。刘东明表示旅游业在确立绿色营销观念和目标的基础上，在旅游产品的设计、价格、包装、分销、促销和销售服务等各个环节上要始终贯彻绿色原则，并科学地予以组合运用。加强开展绿色旅游营销，使旅游业真正成为与环境友好、和谐的产业，是符合旅游者回归大自然、爱护旅游生态环境的潮流，走旅游业可持续发展道路，一条极富生命力的营销策略。

6. 深度挖掘旅游文化内涵，开展旅游品牌营销

现代企业越来越重视品牌的建设，以品牌为核心进行营销也成为现代企业竞争的核心。我国旅游业品牌建设的精髓应在于悠久的历史和厚重的文化，但目前我国旅游业的品牌营销对旅游产品的文化内涵挖掘还远远不够，致使旅游产品的生命周期不能有效延长。因此，必须首先深度挖掘旅游文化内涵，才能使旅游产品立于不败之地。比如，河南开封的清明上河园主题公园，是宋代著名画家张择端《清明上河图》的再现，这个主题公园正是因为很好地挖掘了历史文化的内涵，在全国主题公园旅游处于低谷的情况下，它却能以年均收益1 500万元以上的规模发展。同时，要注意“深度”挖掘是一个循序渐进的过程，又是一个需要不断融入创新因素的过程，不是一成不变地在原有基础上的延续。其次在深度挖掘旅游文化内涵的基础上开发设计的旅游产品要走品牌化道路，要塑造和传播品牌形象，这是品牌营销的主要任务。刘东明表示，旅游品牌营销依据旅游本身文化特色，策划具有自身特色的品牌形象，赋予旅游产品品牌强大的生命力，然后根据成功地塑造品牌目标形象的要求、目标市场状况以及自身的综合条件等各种因素，科学、合理地选择和组合传播的方式，所选择和组合的传播方式要能够全面、准确、直观地表现出品牌的目标形象特点来，同时也要充分考虑到企业自身经济条件，要注意对投入与产出效益的研究，尽量花最少的钱而取得最大的效果。另外，旅游公共部门（政府及各旅游行政部门）也要发挥一定的作用，在营销方面主要集中于对地区、省和全国的整体性促销上，从而带动旅游业有序健康地发展。

7. 优势合作才能克敌制胜

在新经济时代，企业规模已经不是克敌制胜的唯一法宝。中小规模旅游服务机构应充分利用电子商务手段，实现跨区域合作，建立统一的旅游资源研发中心和统一的网络营销平台，互通有无，协力合作，形成强大的“虚拟旅行社”联盟，利用地域优势与大型旅游服务机构同台竞争。刘东明指出，电子商务是“抗强扶弱”的有效手段，自20世纪末以来，在全球范围内已经上演了无数次“小鱼吃大鱼”的成功实践。对于旅游服务这种资源分散、个性化要求高的行业，谁的资源整合能力强，对市场反应快，谁就掌握了竞争优势。

8. 资源与市场之间横向整合

这种模式会以某种关联关系为纽带形成，比如一些发展成熟的旅游目的地，依托于目的地营销系统平台，整合本地化的各种星级酒店和旅馆资源；以同星级酒店跨区域网络营销联盟，满足该星级顾客特别是固定会员群体的需求；以经典旅游线路为核心整合线路中不同酒店资源，成立网络营销联盟平台；以其他某种关联属性为基础，成立旅游业网络联盟及其网上营销中心。在原有资源和能力基础上的深度推广和系统提升，资源积累到一定程度后会对上下游产业链形成深刻变革。

9. 网络营销口碑虚拟化

旅行社发展电子商务应认真研究网络的传播特性，对于企业的品牌形象来说，口碑的作用是很大的。在我们过去的认知中，口碑的形成，主要是在相互熟悉的人们之间口

口相传。但是在网络世界里，口碑却是通过素不相识的陌生人进行传播的。它无影无形、来去无踪，具有明显的虚拟化特征，因此很容易被我们所忽视。但是，由于网络所特有的无限延展性，信息传播可以有效突破时空限制，瞬间到达社会生活的各个层面和角落。对于有意涉足旅游电子商务的旅行社来说，如何通过不断努力，在网络世界中形成良好的“虚拟口碑”，是一个值得研究的问题。从目前来看，不少旅行社对于如何在网上宣传自己，似乎还比较懵懂，企业的品牌传播方式也有欠妥当。比如，有些旅游经理人求成心切，往往不分场合和对象，急于表现自己；也有些朋友不顾别人的感受，在各种论坛、BBS和群组里面大量发布自己旅行社的广告信息；还有极少数人在网上交流过程中表现轻浮，盲目自大。如此种种，不但不会取得良好的宣传效果，还会引起别人的反感。

二、博客营销

博客是blog的中文译名，英文blog起源于weblog，意思是网络日志。blog一词早在1997年就提出，但给其冠以中文名字“博客”，还是2002年才完成的事情。博客通常是公开的，人们可以发表自己的网络日志，也可以阅读别人公开的博客，因此，博客成为个人思想、知识在互联网上实现共享和交流的一种形式，而众多的博客使用者也因为相同的兴趣而在互联网上聚集起来，这也为企业使用博客进行营销提供了目标市场载体。博客营销，就是利用博客这种网络应用形式开展的网络营销。

（一）博客营销的优势

相比传统营销，博客营销作为一种新兴营销方式，具有不可比拟的优势。

1. 目标市场定位准确

同传统的营销方式相比，博客营销的目标客户更为准确。一方面，博客读者往往具有相同的兴趣，企业利用这一目标客户集中的特性开展营销，可以大幅提高广告的效率、降低广告的成本。另一方面，企业可以通过不断更新博客内容，以持续更新的信息吸引读者的关注，能够很好地保持和提高客户的忠诚度。

2. 营销成本低

这里所说的营销成本低包括建立博客平台成本低和营销推广费用低。

（1）建立博客平台成本低。目前博客平台的建立一般有2种方式：①在已有的企业网站上增设博客频道；②选择第三方博客托管网站开设博客账号。无论是哪种方式，企业均只需投入很少的资金，而且风险也较小。

（2）营销推广费用低。无论是在博客中进行用户在线调查，抑或在博客中投放广告，或者进行其他形式的促销推广，所带来的费用成本都是比较低的。

3. 互动性强

当企业的博客比较受欢迎时，博客也成为企业与读者交流的场所，读者可以在企业博客文章后面提出问题、发表评论，从而使企业了解读者对文章所传递的信息的看法；文章作者也可以及时回答读者的问题、回复读者的评论。

4. 自主灵活

在传统营销模式下，企业往往需要通过媒体来发布广告和新闻，但企业无法掌握这些资源，导致企业的营销受到很大限制。而企业博客均由企业自主掌控，企业可以自己决定文章、图片、视频的发布与编辑。这就使得企业摆脱了媒体的限制，真正掌握了传播的话语权，自主灵活地进行营销活动。

（二）博客快速发展的原因

博客快速发展与博客自身的特点是密不可分的。

开放性是博客的一大特征。用户只要在相关网站进行注册后，就能随心所欲地书写自己想写的内容。

分享是博客赖以存在的基础，共享是博客精神的核心。博客们分享自己在各方面的点点滴滴，当每个博客以自己的网页组成博客们的共同主题时，无数的分享便构成了一个共享。而这种共享不仅是一种信息的共享，更是一种思想的共享。

互动性更是博客精神的精髓。用户在自己的博客拥有属于自己的读者，并能与读者实现充分的互动。博客里每一次的留言都会使写博者获得充分的满足感。

（三）博客营销的应用

1. 宣传企业文化、推广产品

由于博客具有跨时空性、读者广泛的特点，因此，它也成为企业宣传企业文化、推广产品的重要渠道。以谷歌公司为例，2006 年 2 月 14 日西方情人节这天，谷歌中国开通了其博客网站——google 黑板报（www. googlechinablog. com）。谷歌黑板报上面的文章，均是由谷歌公司的员工所撰写，内容主要是关于谷歌的企业文化、谷歌的产品与使用技巧、谷歌的技术与发展，等等。正如谷歌中国对其黑板报的定位：“Google（谷歌）中国的博客网志，走进我们的产品、技术和文化。”通过开设黑板报（博客），让谷歌产品的用户更好地了解其产品、技术和文化。

2. 与消费者沟通

博客是一种信息发布和传递的工具，它具有很好的互动性，能实现企业与消费者的沟通。全球最大的网上零售商亚马逊在其网站上为书籍作者开通博客，一方面为作者提供了一个推广自己书籍产品的渠道和机会；另一方面也使得作者与消费者之间建立了平等对话的平台，双方形成了长期、有效的沟通。最终结果都是对亚马逊有利的：企业的专业形象得以强化、消费者忠诚度提高、在线销售效果更佳。

3. 开展公关

博客是一种沟通工具，在进行公关活动的时候也能体现其价值，企业若能利用博客的口碑效应，则可以快速引起消费者的注意并影响到公众。2005 年 1 月，美国通用汽车公司副董事长鲍勃·鲁茨开通了自己在通用汽车网站上的博客——FastLane Blog，博客文章的主题主要集中在汽车设计、新产品、企业战略等方面。由于鲍勃在文章中能够诚实深入地直接面对社会公众对通用汽车的正、负面评论，使得这一博客很快就成为最受欢迎的企业博客之一，为通用汽车在博客公众中增添了影响，从而建立起了口碑和信誉俱佳的客户关系网络。

三、微信营销

微信，改变了酒店营销模式。

如果说布丁酒店成为首家与微信平台直连的生活服务类商家，可以实现微信订房是崭露头角的话，那么现在布丁酒店的微信功能可以说是真正在改变酒店营销模式。

2013年1月15日，腾讯微信团队宣布微信的用户数量已经达到3个亿。5月7日，全球移动互联网大会（GMIC）上，腾讯开放平台副总经理侯晓楠披露，微信月活跃用户已达1.9亿。

2012年11月12日，布丁酒店微信客户端订房功能正式上线，截至2013年5月10日，布丁酒店微信用户近55万，入住成功的订单中，新用户占61%，日均订单264个。微信、APP、手机端官网（touch. podinns. com）构成了布丁酒店移动互联网布局的三大基石。

如果你的资讯还只停留在微信可以进行酒店订房，说明你真的OUT了，布丁酒店通过与腾讯官方密切合作，已把一个改变酒店营销模式的产品呈现出来。

1. 自定义菜单

布丁酒店微信客户端实现了个性化的菜单定制，在微信底部的对话栏中提供“我的布丁”“预订”“最新活动”三个菜单选项，这比起原先用户主动发起的对话式交互有了很大的进步，布丁酒店微信客户端不再只是消息推送与回复。而是增加了自定义菜单后，原有的布丁酒店账号瞬间变身成为一个轻APP。原来用户需要到会员卡特权里面寻找订房功能，要分好几个步骤来实现，比较繁琐。现在打开布丁酒店微信账号即可直接选择订房，大大缩减了其预订流程。据了解，自定义菜单上线后，其订单量有了一个很大的提升。布丁酒店与腾讯官方通过大量调研，把客户最需要的“我的布丁”“预订酒店”“最新活动”三个项目最先放到我们的自定义菜单中以提供最佳的用户体验。当然，后期还可以根据自定义菜单点击率等情况进行调整。

2. 门店详情页

在布丁酒店官网（www. podinns. com）中，每家门店都有单独的门店详细介绍页面，为用户预订提供了一个很好的参考。通过不断研究与优化，现在布丁酒店微信端同样也加入了每一个门店单独的主页（门店详情页），更适合移动端用户体验，也更适合微信用户人群习惯。页面涵盖门店基本资料（门店照片、价格、地址、电话等）、特享优惠、交通、美食和餐馆、旅游线路等。

3. 入住前定制化消息

2008年，央视“3·15晚会”曝光垃圾短信事件，把大家的目光集中到了短信营销上来。据国外研究机构最新研究表明，只有12%的Facebook帖子和29%的推文有人阅读，但98%～99%的短信都有用户打开。其最根本原因在于短信所具有的强社交属性。不可否认，在用户眼中，微信俨然成为短信的升级版。

时至今日，短信营销还是很多公司的一个重要营销渠道。以格瓦拉电影网为例，在其网站上成功订票以后，可以选择短信发送取票码，用户将收到一条短信。电影放映当天，用户又会收到一条提醒短信，包含电影院地址、播放时间以及客服电话等信息。电影放映结束后，还将收到一条短信，提醒用户写影评。按照标准资费，三条短信的营销成本是0.15元，假如以每个月售出10万张票、平均一个用户买两张票来计算，一年的短信成本是90 000元。这还不包括其他会员短信营销，是一笔不小的费用。假如，把这些事情放在微信上来做会是什么结果？让我们来看一下布丁酒店的例子：

布丁酒店现已实现入住前定制化消息的推送。用户只要通过微信订房即可在成功预订后及入住当天收到一条微信图文消息。后期，我们会在入住中、入住后也加入图文消息推送。每条彩信的成本最低在 0.15 元左右，按照每位客人需要预订成功后、入住前、入住中、离店后 4 条图文消息计算，传统营销成本是 0.6 元/人，但在微信上做的成本为 0，按照现在布丁的微信日订单量来算，一年可以节省 57 000 元左右的成本。

当然，图文只是第一步，后面还可以做成图、文、声结合的内容消息，既节省了营销成本，又提升了用户体验。

4. 腾讯官方商家后台管理系统

自移动互联网发展以来，大数据管理被无数次提及，而腾讯官方提供的商家后台管理系统也正是为了切合这一趋势。现已涵盖了以下五大模块：

(1) 消息管理：包含自动消息回复和功能性消息编辑功能，优化对用户的消息服务，提升用户体验。

(2) 营销管理：主要对群发消息进行管理，这里特别提一下，酒店可以根据不同营销需求精准推送消息给用户。

(3) 门店管理：即对门店详情页面显示内容进行管理。

(4) 用户管理：用户信息管理模块，给每个用户打上各种标签，为精准营销提供服务。

(5) 数据统计：各式各样的数据为后期运营提供重要帮助。

可以看到，从用户体验出发，提供精准营销工具，一个完善的酒店行业微信营销平台已经呈现出来。

大数据时代，即是讲求精准营销，在用户想要订房的时候推送给他符合他要求的酒店信息，这对用户来说是十分有价值的。通过每个自定义菜单的点击量呈现、每次推送消息的点击率分析、用户分层等功能，从而实现有效精准消息推送，根据用户不同需求发送个性化的内容，让主动添加布丁酒店的用户都感受到接收属于自己想要的内容，与被强制推送短信、邮箱广告形成鲜明的心理对比。从而也不断颠覆传统营销方式。

四、大数据的挑战

许多公司在大数据领域都面临着一些挑战，这是因为它们长期只将信息系统用于关键流程。这种做法的其中一个后果就是，关键数据常常零散地分布于多重功能和业务单元。比如说，航空公司的乘客体验数据分布于航班运营、行李运送、忠诚度项目、客户投诉数据库以及外部渠道，如社交媒体。

为了能向客户营销产品及就突发事件处理做出更好的决策，航空公司需要将所有的信息都整合到一个数据仓库中，并统一算法规则，这意味着大量的资金投入。创建一个综合的客户信息库不仅仅是花费巨大，而且难度巨大，不管你有多大的资金投入。

信息系统在大型的知名旅游企业中的长期应用的另外一个结果是，大数据技术架构必须与现有的软硬件和数据库实现兼容。那些“古老的”工具和它们所含的数据仍然是必需的，在分析和提高旅游运营和乘客关系中仍能起到作用。

大数据技术可能是创业公司和纯粹的在线旅游企业的唯一技术，但大型企业却在更多元化的环境下为可见的未来做准备。这些都对 IT 架构在新旧系统上的整合和效果提出了挑战。

此外，许多旅游企业使用的实时化 IT 结构不能在 Hadoop 或其他开源环境中运行。被称作 TPF（transaction processing facility）的技术在 20 世纪 60 年代至 70 年代间由 IBM 研发出来，直至今日一直在完善中。

由于现在大环境对开源系统的青睐，TPF 正在淡出市场，但是许多航空公司和一些酒店仍在使用 TPF。这些系统无法转移到大数据平台上，将被完全取代。

旅游公司以及许多其他领域的企业现在面临的一个挑战是：如何保持大数据方面的持续竞争优势？举个例子，一些美国航空公司曾经在收益管理和客户忠诚度分析等领域建立起了早期的竞争优势。而现在，这些项目在航空业都很常见，在酒店业和铁路客运领域也一样。保持竞争优势需要持续不断的创新、独特的数据或者对新技术的试验。

你的想法呢？你认为大数据给你带来的最紧迫的挑战是什么？

1. 数据型旅游未来是否会取代旅行社

衣食住行中的“行”如今已成潮流，旅游产业链上涌现了众多的垂直服务领域，尤其是在互联网时代，以数据为基础的直接面对消费者的旅行服务，从服务智能化、便捷程度到服务模式都对过去的旅行社组团模式形成了挑战，这就使消费者从过去习惯的“代办”方式逐渐向自助旅行方式转变。那么，就整个行业来看，旅行社组团的方式还有多少生命力？数据型旅游未来会取代旅行社吗？

在展望未来的旅行社之前，我们需要先思考如下问题：旅行社作为依然普遍的出行选择方式，他们提供的服务，只是集合买方需求以团体价格订购酒店机票业务么？只是提供全程跟班式、保姆式、翻译式的领队导游服务就可满足旅游者的需求么？旅行社的盈利模式只是从旅游者处赚取利润么？盈利空间只在旅游者购买旅游产品和酒店、餐车等供应商提供的价格间的差价么？只在组团（打包）的服务费么？

更深入更根本的课题在于：旅游者追求什么样的旅游产品，产品（旅游服务）是否应该有如下特征：

①个性灵活：自由自在，不受（少受）约束，可随需改变。

②便捷性：预定简单轻松，无需人工预约（而通过系统自动预约）、可直接消费。

③经济性：购买前比价同类商品或服务（去哪儿网、淘宝货比三家的做法），不是选最低而是选最高性价比。

当今的移动互联网在大数据和云计算的支持下，已初步具备提供满足旅游者上述三个特点服务的技术可行性及可操作性。

2. 智能化的旅行时代

大数据和云计算为移动互联网的普及奠定了基础。智能手机日趋强大而且个性化的功能、越来越快的无线互联网络为旅游者们提供了新的便利——旅游者出行前无需做细致繁琐的行程规划，不预订酒店，不再为省钱或是安排最佳行程而找攻略。直接出行，真正实现自由自主、随心所欲的畅游。

智能手机的世界为每一位旅行者提供了如此多的可能，如蚂蜂窝旅行攻略、航班管家、今夜酒店特价等服务类的手机 APP。旅游者想出发时，只需拿起证件、手机、背包即可动身，抵达目的地后尽兴游览，日暮西沉时使用手机根据位置、星级、价格、酒店风格等个人偏好查找、选择、比价、预订，就可以找到喜欢的酒店，并借助一些旅行类

APP，以低廉价格享受舒适住宿。同样，一些景点门票打折销售、嘀嘀打车、火车票和机票预订等手机应用也满足了旅游者们自主、随时完成旅游信息查询、价格比较、预定购买支付等旅游需求。

大数据、云计算技术的支持下，旅游者们通过手机不仅接收到了景点景区、酒店餐厅、娱乐场所、火车航空公司的推广宣传和促销广告，同时通过手机移动支付功能完成了购买行为。旅游者们手机上付款购买的同时，商家们通过电子钱包、支付宝、财付通等方式24小时收款，随后安排落实该旅游者购买的吃住行等相应的服务。

手机的增强现实（augmented reality，简称AR）功能让游客们在某地点拍照后自动显示出该地的历史照片甚至视频，再现历史，让人回到过去。同时听筒或扬声器中自动播放对该场景的历史人文轶事等种种介绍（例如游览故宫时租借的导游讲解机在各点讲解）。游客有不明白的地方，还可以使用搜索等功能，自动获取答案。

此外，手机的语音播放功能、云技术支持的翻译，基于地理位置的介绍推送功能的良好整合将取代导游翻译的工作，出国旅游的语言和信息障碍即将消失。

综上所述，云计算大数据技术支持的互联网可以为每个旅游者自动找到所需旅游信息，自动安排路线行程，自动预订支付，自动导游翻译服务，自动帮助旅游者和其他旅游者、亲友交流互动。

3. 他山之石：日本的未来新型旅行社

中国的互联网还处于发展中，完全依靠手机等移动互联网设备旅游还处于初级阶段。让我们将目光转向日本，看看未来旅行社形态在日本是如何初露端倪的。

2013年6月8日旅讯网报道，日本国家旅游局为方便游客出行推出的智能手机应用程序“Japan-i”，可以让游客在日本旅游时根据所处地理位置随时查看附近相关的美食、购物等信息，并同时提供相关优惠券供旅游者下载使用，使用该应用程序可浏览最新的日本旅游信息。

游客可以在个性化的旅游过程中随性在多家服务商中比对查找适合自己的商家后下载优惠券再去消费。消费券为中日双语，方便旅游者做出选择，消费时则转换为日文信息展示给商家，免除了语言不通的障碍。旅游者还可以点击手机上部导航栏中的“地点”按钮，直接输入地名查找搜索其他地区的优惠。消费完毕使用分享按钮，相关信息可以邮件、新浪和腾讯微博等形式自动分享出去。对商家来讲，又一次免费的传播或是广告完成了。

Japan-i的前台功能相对简单，但其背后却有可能隐藏着复杂的数据收集、筛选、分析、使用功能。这款应用程序既有效地满足了消费者个性化的需求，也把旅游者从出游前做攻略、订酒店等繁琐的劳心劳神的策划活动中解放出来，可以说是基本满足了当今时代旅游者的基本需求：个性灵活、便捷经济。作为国家层面的推送，相信该软件可以覆盖到入境日本的汉语自助游旅行者，为日本旅游带来良好的社会和经济效益。

事实上，相对日本雄厚的技术实力和高速的网络，该应用程序功能十分简单，并未充分利用日本的网络技术资源。设想，如果把手机的语音播放功能、云技术支持的翻译和推送功能加上，则一个随身导游翻译就应运而生了。

在游客开始使用该应用时，实力强大的日本科技界肯定会对该游客的各项行为数据

（查看的信息、查看的时间、搜索的时间、搜索关键字语义内海、使用时段、路线等）进行收集分析，推算出该游客的个性偏好，并在今后根据该游客的个性偏好等因素主动推送可能受到该游客喜欢的吃住游购行等商家信息，并帮该游客制定行程后引导消费。

值得一提的是，该软件的服务提供者为东京地图出版株式会社（Tokyo Chizu Publishing Co.，Ltd.），既非传统旅行社，也不是OTA。日本国家旅游局委托一家地理位置数据服务商（非旅行社）提供旅游服务。

进一步猜测，应用运营商通过该软件的自动计算及统计功能可在游客消费后向吃、住、行、购、游、娱商家收取佣金。而传统旅游者通过旅行社或OTA组织的旅行团的过程就此变身为数据服务商提供行程（推送广告）、游客一步步完成旅游计划、游客满意、商家获利。作为该应用运营者的数据服务商则客观上起到旅行社的作用，完成了旅行社的相关业务，挣得了旅游业的利润。

在云数据、互联网时代，以旅游者为对象、以组织策划旅游行为做主营业务的单位，只有顺应和借助大数据和云计算的潮流才能生存下去。展望未来，随着市场份额的减少，传统旅行社要么做旅游基础设施建设者或是旅游行业的投资机构，要么向数据型旅行服务公司转变。

十年前兴起的零负团费、以自费项目进店购物补团费等旅游产品并不能博得消费者的好感；固定的散客游行程无法满足当今旅游者越发丰富的个性，旅游过程中受限于导游领队及同团团友，不能随兴趣爱好实时改变行程等局限性使得旅游者在旅游时尽量选择自助游的形式，能避免参团就不参团。

传统旅行社或是OTA如不及时转型，改变服务方式、战略思路、经营模式，只保守地一味拼价格、不善用创新技术、拒绝用数据管理和服务游客，只有面临数据型旅游服务商不断蚕食直至完全攫取其市场的尴尬。

腾讯、百度、阿里巴巴、高德地图，谁将第一个挥舞时代科技的利器，借助自身已蓄积的数据和研发能力、平台和线下商务渠道等第一个进军此领域，依然有好戏可看。

知识拓展

艾瑞咨询：2012年中国在线旅游产业五大盘点

2012年是中国在线旅游行业快速发展的一年，预计全年该市场交易规模将达1 700亿元，较2011年增长约30%。对行业本身而言，2012年无疑是结构调整的关键一年。由于各自特征不同、发展成熟度不一、模式演变各异，在线机票、在线酒店、在线度假等不同领域发展呈现出不同的特点。艾瑞咨询对其2012年的表现一一进行总结和点评：在线机票预订稳中有变，用户体验得到显著提升；在线酒店市场在价格战中不断创新开拓；在线度假市场跳出传统思维，走出一条以要素为核心的在线之路；移动互联网深刻改造旅游预订业；旅游内容成为企业挖掘的金矿。

盘点一：在线机票预订稳中有变，用户体验得到显著提升。

相关事件一：非常准、航旅纵横为用户提供实时的航班信息。

近年，航班延误现象多发，给乘客和接送机人员的安排和出行带来极大不便。非常准、航旅纵横等航班信息实时查询和行程管理应用面世，迅速得到用户的广泛欢迎。

相关事件二：国际机票 GDS 获准入华。

2012 年 10 月 1 日，中国正式向国际 GDS 开放，机票分销市场迎来多家 GDS 共同参与的新局面。

相关事件三：国内预订企业纷纷进入国际机票预订领域。

2012 年 3 月，携程国际机票预订平台正式上线，新增近万条国际航线；艺龙、同程等 OTA 也纷纷上线国际机票预订业务；Trafree 等创业型技术公司也纷纷投身国际机票搜索预订市场。

艾瑞咨询点评：2012 年中国机票在线预订市场在往年的基础上继续渗透，在稳定的发展过程中，机票预订及消费环节中的用户体验在逐步提升，这些提升主要来自于非常准、航旅纵横等应用的出现，在很大程度上缓解了航班延误、航班取消等事件给用户带来的信息不对称，使得用户能更合理地安排自己的出行；中国放宽对国际 GDS 的准入限制，标志着之前中航信在国内机票领域唯一的分销系统格局将被打破，国际机票 GDS 可将其领先的技术、产品、解决方案带到中国；国内的 OTA、技术公司对海外机票业务的拓展，让国际机票的预订体验迎来前所未有的突破。

盘点二：在线酒店市场在价格战中不断创新开拓。

相关事件一：核心 OTA 酒店在线预订价格战。

2012 年第二季度，各大 OTA 宣布加大酒店预订业务促销力度，主要通过返现、返券等促进现付酒店产品预订，通过打折降价促进预付酒店（主要为酒店团购）产品预订。如芒果提出将投入 8 000 万元现金补贴酒店预订，最高返现 50%；同程网提出“返现 9 000万，与客户共成长”活动“点评返奖金”；携程预授权 5 亿美元开展低价促销。

相关事件二：核心企业扩展酒店库存量。

国内酒店方面，截至 2012 年 12 月，艺龙可预订酒店数量约 4 万家，携程可预订酒店数量近 4 万家；国际酒店方面，2012 年 8 月，携程与 Booking. com 达成合作实现系统直连，通过携程可预订 Booking. com 超过 20 万家的海外酒店，而艺龙也可通过母公司 Expedia 预订 16 万家海外酒店。

相关事件三：酒店分销丰富化。

2012 年 12 月，携程和国内最大的团购网站美团达成酒店团购产品的合作，用户可在美团上预订携程相关的团购产品。艺龙最早开发开放的分销体系，为相关银行、电商网站、创业型 OTA、创新 APP 等提供酒店库存，形成了庞大的分销系统，同时在酒店团购方面也与多家团购网站建立合作。

艾瑞咨询点评：2012 年中国在线酒店预订细分领域最大的关键词是价格战，在价格战的影响下，核心企业以牺牲利润为代价换取在线预订的市场份额，携程、艺龙、同程等的酒店在线预订率都有不同程度的提升。在竞争策略方面，除了价格战之外，核心企业在库存扩展和渠道拓展等供应链打造方面均有持续的动作。

盘点三：在线度假市场跳出传统思维，走出一条以要素为核心的在线之路。

相关事件一：在线旅游企业开展以目的地为核心的在线度假业务。

2012 年 5 月 23 日，淘宝网与丽江市政府共同签署了战略合作协议，双方将结合丽江旅游资源和淘宝网电子商务平台进行长期合作，将丽江的客栈、旅游线路和机票等产品作为推广重点。

2012年底，同程旅游网与8 000家景区实现合作，提供以景区目的地为核心的多种自助游打包产品预订，并开展百场景区“会员日”活动，为用户提供吃住行游购娱的综合预订服务。同时，与驴妈妈合作的景区数量达到6 000家，途牛的门票预订业务获得快速发展。

相关事件二：途牛、悠哉淡化出发城市数量概念。

2012年，途牛、悠哉等旅游网站的出发城市数量均有回落。截至2012年年底，悠哉网站显示国内出发城市为4座，途牛出发城市为14座，均较往年有所下降。

相关事件三：度假公寓、度假酒店预订火热。

2011年12月成立的途家网，在2012年业务得到高速发展；截至2012年底，途家可提供国内多个度假热门城市或景点的公寓预订，成为用户度假住宿的新选择。青芒果、松果网等度假型住宿单位预订网站也开始为更多的用户所熟知和使用。

相关事件四：高铁网络进一步扩大。

2012年12月26日，京广高铁北京西—郑州东段将开通运营，届时京广高铁也将全线贯通，京穗之间的最快铁路运行时间将缩短到8小时以内。哈尔滨到大连的哈大高铁也于12月1日通车。

艾瑞咨询点评：中国传统旅行社行业的发展以“组团+地接”的打包产品为核心，在线度假业务最初虽然以该模式为起点，但发展到2012年，在线度假开辟出了一条以“目的地”为核心的多元化产品之路，这种从整体打包产品到要素产品组合的转变迎合了用户个性化、多样化的选择，成为新的发展趋势。相关的在线旅游企业满足和顺应新需求的方式也不尽相同，携程网拥有机票、酒店方面的优势，艺龙向游客提供有竞争力的酒店预订服务为切入点，同程、驴妈妈围绕目的地景区门票为核心展开，途牛、悠哉则以周边游为突破口。随着机票、火车、自驾车等相关基础设施进一步完善，以要素为核心的预订服务将迎来更长足的发展。

盘点四：移动互联网深刻改造旅游预订业。

相关事件一：核心旅游企业不断巩固自身APP体验。

机票、酒店的预订标准化程度相对较高，核心在线旅游企业不断更新和升级自身手机APP应用，其中携程、艺龙、去哪儿提供iPad版APP，抢占用户平板预订桌面。米途订酒店、酒店管家、酒店达人、今夜酒店特价等优秀酒店预订APP逐渐被用户认可和使用。

相关事件二：扫码认证逐渐被市场认可。

二维码为景区门票、滑雪、温泉等预订的流行提供了有力的认证保障，保证交易安全性的同时，提升了用户与商家或景区的交易便捷性。

相关事件三：Passbook、微信会员卡提升机票预订消费便捷性。

2012年6月，苹果公司在全球开发者大会上宣布iOS 6系统将提供操作一个全新的应用——Passbook，这款应用可以整合来自各类服务的票据，包括电影票、登机牌、积分卡和礼品卡等。

微信会员卡是微信的平台级应用，其与用户航空公司会员信息的绑定，开创了用户手机预订机票的新模式，同时也让航空公司找到一条扩大直销规模的新渠道。

艾瑞咨询点评：旅游度假天生的移动、位置属性使得其与移动互联网拥有强烈的结合性，如LBS与酒店预订的结合，而旅游度假预订行为与消费行为的分离也使得移动技术有广阔的应用场景，移动支付、移动认证的推广也将使得用户的体验极大提升，如苹果的Passbook、支付宝的移动支付、微信的会员卡等都将极大促进旅游度假服务便捷性的提升。

盘点五：旅游内容成为企业挖掘的金矿。

相关事件：旅游计划、媒体、社区大量涌现。

2012年，在线旅游的内容成为创业企业涌现和风投关注的一大板块，如规模已经较大的蚂蜂窝、游多多等，关注出境的穷游网、途客圈、自在客等，专注于旅游社交媒体的途秀网、面包旅行等，专注移动客户端的在路上等，都在与内容相关的旅行计划、社交媒体等领域跃跃欲试。

艾瑞咨询点评：中国在线预订市场的预订、交易环节发展相对成熟，相关企业发展偏重资产运营，而在内容方面一直未能有海外旅游市场Tripadvisor级的成功旅游媒体产生，加之内容的处理、聚合相比于预订而言资源门槛低，这使得国内旅游内容成为众多创业企业掘金的首选，相信随着经验的积累、技术的突破，散布在互联网上无规则无标准的内容能够被有效地挖掘和整合，以此实现内容的巨大商业价值，推动国内旅游服务闭环的实现。

结语

总而言之，在线机票预订在稳定增长中持续优化各个产业链环节；在线酒店预订成核心企业竞争焦点；在线度假市场仅在各个企业谋篇布局而蓄势待发的阶段；支付、移动互联网、数据挖掘等技术的应用则将推动在线旅游行业的巨大发展。艾瑞咨询认为，这些变化或趋势在2013年必将进一步深化，在线旅游整体行业的渗透率和成熟度也必将持续而快速地提升。

习题与实践

一、名词解释

1. 网络营销
2. CRS
3. GDS
4. 博客营销
5. 微信营销
6. 大数据

二、选择题

1. 旅游网络营销的特点有（　　）。

A. 跨时空　　B. 互动性　　C. 异质化　　D. 普遍性

2. 旅游网络营销的理论基础有（　　）。

A. 服务营销　　B. 直复营销

C. 软营销　　D. 网络整合营销

3. 旅游信息化平台建设始于（　　）。

A. 1996 年　　B. 1999 年　　C. 2001 年　　D. 2003 年

4. Blog 一词最早出现于（　　）。

A. 1997 年　　B. 1998 年　　C. 1999 年　　D. 2000 年

5. 微信作为一种最新的通信手段，出现于（　　）。

A. 2011 年　　B. 2012 年　　C. 2013 年　　D. 2014 年

三、判断题

1. 旅游网络营销能够降低企业成本，提高业务量。（　　）

2. 旅游企业建立电子商务网站的目的是树立企业形象，宣传企业产品。（　　）

3. 旅游网络营销的一个理论基础是强势营销。（　　）

四、简答题

1. 简述旅游网络营销在中国的发展概况。

2. 旅游网络营销的特点是什么？

3. 请简述旅游网络营销的现状。

4. 请问旅游网络营销的未来发展趋势如何？

五、技能训练

1. 登录浏览同程网，分析其产品和渠道优势有哪些？你认为哪些人是同程网的目标客户？同程网的网站设计和内容分别有哪些优点和缺点？

2. 学习相关网络技术，建立一个商务型酒店的网站，要求具备网站营销等功能。

本模块小结

本模块首先介绍了旅游网络营销的概念、产生和发展，旅游网络营销的基础，并分析了旅游网络营销的特点、现状。在此基础上，还介绍了博客营销、微信营销和大数据等最新的内容。

参考文献

[1] (美) 菲利普·科特勒，等. 旅游市场营销 [M]. 谢彦君，译. 大连：东北财经大学出版社，2006.
[2] 赵毅，叶红. 新编旅游市场营销学 [M]. 北京：清华大学出版社，2006.
[3] 李天元，曲颖. 旅游市场营销 [M]. 北京：中国人民大学出版社，2013.
[4] 吉登星. 旅游市场营销与对策 [M]. 南昌：江西高校出版社，2008.
[5] 俞慧君. 旅游市场营销 [M]. 上海：南开大学出版社，2005.
[6] 李光瑶，石斌. 旅游市场营销 [M]. 北京：清华大学出版社，2013.
[7] 谢彦君，梁春媚. 旅游营销学 [M]. 北京：中国旅游出版社，2008.
[8] 刘德光. 旅游市场营销学 [M]. 北京：旅游教育出版社，2006.
[9] 吴金林，李丹. 旅游市场营销学 [M]. 北京：高等教育出版社，2010.
[10] 钱炜，等. 饭店营销学 [M]. 北京：旅游教育出版社，2004.
[11] 李晓. 服务营销 [M]. 武汉：武汉大学出版社，2004.
[12] 马勇，刘名俭. 旅游市场营销管理 [M]. 大连：东北财经大学出版社，2011.
[13] 谷慧敏. 世界著名饭店集团管理精要 [M]. 沈阳：辽宁科学技术出版社，2001.
[14] 肖升. 旅游市场营销 [M]. 北京：旅游教育出版社，2010.
[15] 张红英. 旅行社营销 [M]. 上海：复旦大学出版社，2011.
[16] 刘丽萍. 旅行社计调与营销实务 [M]. 大连：东北财经大学出版社，2012.
[17] 中华人民共和国旅游法（2013）.
[18] 携程旅行网（http://www.ctrip.com）
[19] 中国旅游研究院. 中国旅行社产业发展报告（2012）.
[20] 中国旅游新闻网（http://www.cntour2.com）
[21] 中国国际旅行社企业网站
[22] 喜来登酒店集团企业网站
[23] 广之旅国际旅行社有限公司企业网站
[24] 中青旅国际旅行社有限公司企业网站
[25] 百度（http://www.baidu.com）
[26] 腾讯（http://www.qq.com）
[27] 博锐管理在线（http://www.boraid.com）
[28] 搜狐网（http://www.sohu.com）
[29] 艾瑞咨询（http://www.iresearch.cn）
[30] 钛媒体（http://www.tmtpost.com）